Arbeitsrecht Fälle und Schemata für Dummies

Oliver Haag

Arbeitsrecht Fälle und Schemata für dummies®

2. Auflage

Mit Zeichnungen von Andreas Gerhardt

WILEY

WILEY-VCH GmbH

Arbeitsrecht Fälle und Schemata für Dummies

Bibliografische Information der Deutschen Nationalbibliothek

Die Deutsche Nationalbibliothek verzeichnet diese Publikation in der Deutschen Nationalbibliografie; detaillierte bibliografische Daten sind im Internet über `http://dnb.d-nb.de` abrufbar.

2. Auflage 2026

Coverillustration: © Ingo Bartussek – stock.adobe.com
Zeichnungen: Andreas Gerhardt
Korrektur: Petra Heubach-Erdmann, Düsseldorf
Satz: Straive, Chennai, India
Druck und Bindung: CPI Group (UK) Ltd, Croydon, CR0 4YY

Print ISBN: 978-3-527-72273-0
ePub ISBN: 978-3-527-85087-7

C9783527850877_220725

Über den Autor

Dr. jur Oliver Haag ist Professor für Wirtschaftsrecht an der Hochschule Konstanz mit den Lehr- und Tätigkeitsschwerpunkten Corporate Compliance, Handels- und Gesellschaftsrecht sowie Arbeitsrecht. Zuvor war er mehrere Jahre als Rechtsanwalt und Chefsyndikus in der europäischen Luft- und Raumfahrtindustrie vorwiegend mit nationalen und internationalen Unternehmenstransaktionen, Restrukturierungen und Beteiligungsmanagement beschäftigt. Neben seiner Tätigkeit als Hochschullehrer ist er für verschiedene Bildungsträger in der berufsbegleitenden Erwachsenenbildung sowie als Of Counsel einer auf Unternehmensrecht spezialisierten Anwaltskanzlei für nationale und internationale Unternehmen und Verbände tätig. Er verfügt über umfangreiche Praxis- und Lehrerfahrung und hat zahlreiche Beiträge zum Unternehmensrecht veröffentlicht, unter anderem *Arbeitsrecht für Dummies*.

Auf einen Blick

Inhaltsverzeichnis

Einführung

Am Arbeitsrecht kommt niemand vorbei. Und nun hat es auch Sie »erwischt«, denn Ihre Studien- und Prüfungsordnung oder Ihre Ausbildungsordnung sieht diese Thematik vor. Vielleicht haben Sie sich auch freiwillig im Rahmen eines Wahlangebots für das Arbeitsrecht entschieden. Ob freiwillig gewählt oder aufgrund der Vorgaben Ihres Studienplans unfreiwillig betroffen; seien Sie versichert: Die Materie ist aus Ihrem jetzigen und künftigen (Berufs-)Leben nicht wegzudenken und daher so oder so »unvermeidbar«. Schon die alten Römer haben es auf den Punkt gebracht: **Non scholae, sed vitae discimus** – Nicht für die Schule, sondern für das Leben lernen wir. Für kaum ein anderes Rechtsgebiet gilt dies so sehr wie für das Arbeitsrecht – denn egal ob Sie später als Arbeitnehmer oder als selbstständiger Unternehmer tätig werden: Berührungspunkte mit dem Arbeitsrecht sind unvermeidbar, kurzum, am Arbeitsrecht kommt niemand vorbei.

Arbeitsrecht – Fälle und Schemata für Dummies wird Sie bei der Prüfungsvorbereitung im Rahmen Ihres Studiums oder Ihrer Ausbildung unterstützen und Ihnen das notwendige Handwerkszeug für das erfolgreiche Bestehen Ihrer Prüfungen vermitteln.

Über dieses Buch

Arbeitsrecht – Fälle und Schemata für Dummies wird Ihnen zunächst das notwenige Verständnis für die juristische Prüfungssystematik und Herangehensweise bei der Lösung typischer Prüfungssituationen vermitteln. Zur Unterstützung bedienen wir uns dabei bestimmter *Schemata*, also vorgefertigter Prüfungsabfolgen, die systematisiert die Abarbeitung der rechtlichen Aufgabenstellung erleichtern. Anschließend haben Sie anhand typischer Klausur- und Prüfungsfälle hinreichend Gelegenheit, das Lösen von rechtlichen Fällen selbstständig zu üben und Ihre eigenen Lösungen anhand der hier enthaltenen Beispielfälle auf Richtigkeit und Vollständigkeit zu überprüfen.

Dabei werden Sie hoffentlich merken, dass Lernen auch Spaß machen kann. Vor allem dann, wenn das Erlernte auch fürs tägliche Leben von Interesse und von Nutzen ist. Dass dies beim Arbeitsrecht der Fall ist, steht außer Zweifel, denn – und das wissen Sie ja schon – am Arbeitsrecht kommt niemand vorbei.

Bücher mit Fällen oder Schemata zum Arbeitsrecht gibt es viele – übrigens auch einige wirklich gute. *Arbeitsrecht – Fälle und Schemata für Dummies* wird mit diesen nicht konkurrieren, sich aber klar abgrenzen: Fälle und Schemata werden kombiniert und auf typische Prüfungs- und Klausursituationen konzentriert und sachgerecht dargestellt. Dabei wendet sich dieses Buch vorrangig an Studierende der Betriebswirtschaft und Wirtschaftswissenschaften, kann aber sicher auch für die Studierenden des (Wirtschafts-)Rechts ein wertvoller Begleiter und Ratgeber sein.

Was dieses Buch nicht will

Arbeitsrecht – Fälle und Schemata für Dummies ist kein Lehrbuch zum Arbeitsrecht – wenn Sie ein Lehrbuch suchen, empfehle ich Ihnen *Arbeitsrecht für Dummies*. Die Darstellung des materiellen Arbeitsrechts im Sinne einer klassischen Lehrbuchvermittlung will und kann hier nicht erfolgen. Auch erhebt dieses Buch keinen Anspruch darauf, mit der fallbezogenen Vorgehensweise eine erschöpfende Darstellung aller möglichen und unmöglichen Klausurfälle zu bieten. Und natürlich kann auch eine individuelle Rechtsberatung durch einen fachlich versierten Fach- oder Rechtsanwalt nicht ersetzt werden. Dafür erhalten Sie aber auf den folgenden Seiten eine komprimierte Anleitung zum Umgang mit juristischen Klausuraufgaben, Prüfungsschemata und zur Lösung typischer Klausur- und Prüfungsaufgaben im betriebswirtschaftlichen, wirtschaftswissenschaftlichen und (wirtschafts-)rechtlichen Studium.

Törichte Annahmen über den Leser

Die Leser dieses Buchs für ungebildet oder ignorant zu halten, wäre töricht. Dass Sie sich für dieses Buch entschieden haben, belegt vielmehr das Gegenteil: Sie haben eine komprimierte, auf das Wesentliche konzentrierte Darstellung einer Rechtsthematik gewählt, die Ihnen in überschaubarem Umfang und damit überschaubarer Zeit das notwendige Rüstzeug für Ihre anstehenden Prüfungen vermittelt. Dabei soll auch der Spaß nicht zu kurz kommen – Jura muss nicht zwangsläufig eine trockene Materie sein. Ganz im Gegenteil. Die folgenden Seiten werden Ihnen beweisen, dass Recht, insbesondere Arbeitsrecht, lebendig ist und äußerst unterhaltsame Fälle bereithält. Oder stoßen Sie in Ihren anderen Fächern etwa auch auf »Ossis«, »schwere Alkoholiker«, unglaublich clever mitdenkende Reinigungskräfte, »Junkies«, »wild gewordene Pädagogen« oder gar »Busengrapscher«?

Wie Sie dieses Buch lesen

Wenn Sie bereits Zugang zu der manchmal wundersamen Welt der juristischen Denk- und Arbeitsweise gefunden haben, können Sie direkt mit den Schemata und der Fallbearbeitung in den Teilen II und III durchstarten. Wenn Sie den Zugang zur Juristendenke dagegen noch suchen oder ihn trotz mehr oder weniger intensiver Suche bislang nicht gefunden haben, dann sollten Sie sich zunächst intensiv mit Teil I »So geht's: Falllösungen und Schemata für Jura-Neulinge« beschäftigen. Und wer weiß: Vielleicht finden diejenigen unter Ihnen, die schon »alles« wissen, dort auch noch ein paar nützliche Hinweise.

Organisieren Sie sich unbedingt eine aktuelle Sammlung der wichtigsten arbeitsrechtlichen Gesetze und halten Sie diese immer griffbereit. Regelmäßig ist der (unkommentierte) Gesetzestext das einzige bei den Klausuren zugelassene Hilfsmittel. Dieses Buch werden Sie dagegen in der Klausur nicht dabeihaben können – schade eigentlich.

Teil I: So geht's: Falllösungen und Schemata für Jura-Neulinge

Juristen denken in Ansprüchen – gerne ausgehend von der Fragestellung »wer will was von wem woraus«. Zur Beantwortung und damit zur rechtlichen Lösung eines Lebenssachverhalts (»Fall«) bedienen Sie sich bestimmter Arbeitstechniken. Hilfreich ist dabei die Zuhilfenahme von Prüfungsschemata. Bevor Sie sich mit den Schemata und der Falllösung selbst befassen, wird im ersten Teil Grundsätzliches zur juristischen Denk- und Arbeitsweise, der Falllösung und dem Arbeiten mit Schemata erklärt.

Teil II: Schemata

Im zweiten Teil lernen Sie die wichtigsten Prüfungsschemata im Arbeitsrecht kennen. Gut für Sie ist dabei deren zahlenmäßige Überschaubarkeit. Sie werden sehen, dass man mit einigen grundlegenden systematisierten Prüfungsschritten sehr viele klassische arbeitsrechtliche Fragestellungen klausursicher abarbeiten kann.

Teil III: Fallbearbeitung

Dieser insgesamt 20 Fälle umfassende Teil stellt den Schwerpunkt des Buches dar. Sie werden mit klausur- und prüfungstypischen Sachverhalten befasst und sehen, wie man nach der Erfassung des Sachverhalts und der Aufgabenstellung zunächst eine systematisierte Gliederung im Sinne einer Lösungsskizze erstellt, bevor es anschließend an die Ausformulierung der Falllösung geht.

Die hier abgebildeten Fälle sind häufig an echte Lebenssachverhalte angelehnt oder entsprechen diesen sogar vollständig. Die schönsten Geschichten schreibt nämlich immer das Leben – denken Sie also nicht, dass die manchmal etwas extrem wirkenden Sachverhalte in Rechtsklausuren zwingend das Resultat der (wirren) Gedanken Ihres Professors sind. Die Sachverhalte, die vor den Arbeitsgerichten landen, sind in Teilen unterhaltsamer als alles, was man sich am Schreibtisch ausdenken könnte.

Teil IV: Der Top-Ten-Teil

Entsprechend der Tradition der … *für Dummies*-Bücher enthält der Top-Ten-Teil einige besonders wichtige Hinweise, die Ihnen als bemitleidenswertem Studierenden das Leben vor und in der Prüfung erleichtern können.

Symbole, die in diesem Buch verwendet werden

Hier gebe ich Ihnen Tipps, wie Sie etwas besser verstehen oder sich leichter merken können.

Hier stelle ich Ihnen einen Punkt vor, den Sie sich unbedingt merken sollten.

Hier warne ich Sie vor Fehlern und Trugschlüssen, die häufig vorkommen.

Wie es weitergeht

Wir starten mit Teil I »So geht's: Falllösung und Schemata für Jura-Neulinge«. Wenn Sie mit dieser Thematik bereits vertraut sind, können Sie die folgenden Seiten getrost überblättern. Aber wer weiß – vielleicht entdecken Sie in Teil I ja doch noch etwas Neues …

Teil I
So geht's: Falllösung und Schemata für Jura-Neulinge

IN DIESEM TEIL …

Juristische Klausuren und Prüfungen bestehen typischerweise aus einer Mischung aus Falllösung im Gutachtenstil und allgemeinen Wissensfragen. In diesem Teil finden Sie Hinweise zur systematischen Herangehensweise an die Klausuraufgaben, die Zuhilfenahme von Lösungs-Schemata, Tipps zur Falllösung und eine Anleitung zur juristischen Denk- und Arbeitsweise.

IN DIESEM KAPITEL

- Allgemeine Hinweise zur Herangehensweise an Klausuraufgaben
- Die Fünf-W-Frage: wer will was von wem woraus
- Der Fünf-Punkte-Plan zur Fallbearbeitung
- Das Dreigestirn zur Prüfung einzelner Anspruchsgrundlagen

Kapitel 1
So lösen Sie Fälle

Um Ihnen die Bearbeitung Ihrer arbeitsrechtlichen Klausuraufgaben zu erleichtern, erläutere ich Ihnen zunächst, wie Sie sinnvollerweise an Prüfungen herangehen und mit welcher Ausgangsfrage Sie Sachverhalt und Aufgabenstellung am besten erfassen. Zur Fallbearbeitung selbst bedienen Sie sich eines Fünf-Punkte-Plans, um das Dreigestirn der Anspruchsgrundlagen zu erfassen.

Allgemeine Hinweise zur Herangehensweise an Klausuraufgaben

Die Klausuren der Rechtsvorlesungen bestehen in der Regel zu etwa der Hälfte bis zu zwei Dritteln aus der Lösung eines oder mehrerer Lebenssachverhalte (Fälle) und nur im Übrigen aus herkömmlichen Wissens- und Verständnisfragen. Die Wissens- und Verständnisfragen können – je nach Aufgabenstellung – stichwortartig, ausformuliert oder im Wege einer Multiple-Choice-Prüfung abgearbeitet werden. Regelmäßig macht Ihnen der jeweilige Dozent hierzu klare Vorgaben – falls er das vergessen sollte, fragen Sie ihn (sinnigerweise vor und nicht während der Prüfung)!

Besteht Ihre Aufgabe in der Lösung eines Falles, wird von Ihnen in der Regel ein sprachlich voll ausformuliertes Gutachten zu allen wesentlichen rechtlichen und wirtschaftlichen Aspekten des Falles erwartet.

Machen Sie sich bewusst, dass grundsätzlich alle im Fall (Sachverhalt) enthaltenen Informationen für die Lösung der Aufgabenstellung einer Rolle spielen – denn sonst wären diese im Sachverhalt nicht enthalten. Wenn Ihre Lösung also etliche Informationen des Sachverhalts nicht abgearbeitet hat, kann etwas nicht stimmen und Sie haben mit an Sicherheit grenzender Wahrscheinlichkeit etwas übersehen.

Meist hat die Lösung des Falles im sogenannten *Gutachtenstil* zu erfolgen, einer speziellen juristischen Arbeitstechnik. Das Beherrschen dieser *Subsumtionstechnik* unterscheidet Juristen von anderen Wissenschaftsdisziplinen und darauf sind sie natürlich besonders stolz. Wenn Sie nicht Jura, sondern BWL, VWL oder ein anderes Fach (aus den Wirtschaftswissenschaften) studieren, so sind die Rechtsdozenten mit ihren Anforderungen an Gutachtenstil und Subsumtionstechnik häufig etwas weniger streng. Grundzüge werden aber auch von diesen Studierenden erwartet und Sie werden gleich sehen, dass die Beherrschung des Gutachtenstils und der Subsumtionstechnik das Abarbeiten und Lösen juristischer Aufgabenstellungen ungemein erleichtert.

Die Fünf-W-Frage: Wer will was von wem woraus

Rechtlich denkt man bei der Lösung von Aufgaben in sogenannten *Ansprüchen* ausgehend von der Frage *wer will was von wem woraus.*

Eine gesetzliche Definition des Begriffes Anspruch enthält §194 Abs.1 BGB: Ein Anspruch ist das Recht, von einem anderen ein Tun (zum Beispiel Zahlung, Beschäftigung, Urlaubsgewährung) oder Unterlassen (zum Beispiel Diskriminierung) zu verlangen.

Wer

Wer ist die Frage nach dem Anspruchsteller, also der Person, die einen bestimmten Anspruch geltend machen und durchsetzen will.

Was

Was ist die Frage nach dem konkreten Begehren des Anspruchstellers. Hier müssen Sie häufig die erste intellektuelle Hürde nehmen, denn das Was gibt Ihnen der Klausursachverhalt nicht immer eindeutig vor. Wenn dort steht, »Anton will Zahlung seines Arbeitsentgelts«, ist das Was eindeutig. Fehlt eine solche Eindeutigkeit, dann müssen Sie das Was danach bemessen, was den Interessen des Anspruchstellers vernünftigerweise entspricht. Ergibt sich also aus dem Sachverhalt, dass es zwischen den Parteien um die Ausstellung eines Arbeitszeugnisses geht, dann kann das Was kein Begehren auf Schadensersatz sein.

Wem

Das *Wem* ist die Frage nach dem Anspruchsgegner, also der Person, von der der Anspruchsteller (Wer) etwas begehrt (Was). Das konkrete Begehren kann in einem Tun oder einem Unterlassen bestehen.

Woraus

Die Frage nach dem *Woraus* ist der entscheidende und regelmäßig schwierigste Teil der Fünf-W-Frage. Hier geht es um die *Anspruchsgrundlage*, also um eine gesetzliche Bestimmung oder eine konkrete vertragliche Vereinbarung, nach der der Anspruchsteller (Wer) das Begehrte (Was) vom Anspruchsgegner (Wem) verlangen kann. Die Anspruchsgrundlage (Woraus) kann dabei in einem einzelnen Paragrafen zu finden sein oder aber in der Reihe von Paragrafen, einer sogenannten Paragrafenkette.

Lassen Sie sich nicht entmutigen: Anspruchsgrundlagen sind gar nicht so schwer zu finden und zum Glück auch zahlenmäßig überschaubar. Die wichtigsten für das Lösen arbeitsrechtlicher Fälle erforderlichen Anspruchsgrundlagen werden Sie auf den folgenden Seiten kennenlernen. Zudem sind Anspruchsgrundlagen regelmäßig wie folgt aufgebaut: Wenn bestimmte Tatbestandsvoraussetzungen vorliegen, dann tritt die begehrte Rechtsfolge ein.

Lassen Sie uns die Fünf-W-Frage sogleich anhand eines konkreten Beispiels üben:

Arbeitnehmer Armin Arm wurde von seinem Arbeitgeber Gerd Gemein zurechtgewiesen, weil er die Abgabe eines wichtigen Angebotes trotz konkreter Terminvorgabe verbummelt hatte. Aus Wut über die Zurechtweisung schlägt Arm den Telefonhörer absichtlich so fest auf das im Eigentum des Gemein stehende Telefon, dass dieses funktionsunfähig ist. Gemein möchte den entstandenen Schaden (Kosten des Telefonapparats) von Arm ersetzt haben.

wer will was von wem woraus?

Gemein (wer) möchte von Arm (wem) Schadensersatz für das zerstörte Telefon (was).

Als Anspruchsgrundlage (woraus) kommt hier zunächst § 280 Abs. 1 BGB in Betracht.

§ 280 Schadensersatz wegen Pflichtverletzung(I) Verletzt der Schuldner eine Pflicht aus dem Schuldverhältnis, so kann der Gläubiger Ersatz des hierdurch entstehenden Schadens verlangen. Dies gilt nicht, wenn der Schuldner die Pflichtverletzung nicht zu vertreten hat.

Die Anspruchsgrundlage enthält explizit die vom Anspruchsteller (Gemein) begehrte Rechtsfolge Schadensersatz. Damit die Rechtsfolge Schadensersatz eintreten kann, müssen die Tatbestandsvoraussetzungen des § 280 Abs. 1 vorliegen: Aus dem Wortlaut des Paragrafen lassen sich folgende vier Tatbestandsvoraussetzungen ableiten:

1. **Schuldverhältnis**

   Zwischen dem Anspruchsteller (Gemein) und dem Anspruchsgegner (Arm) muss ein Schuldverhältnis bestehen, aufgrund dessen der Anspruchsteller als Gläubiger vom Anspruchsgegner als Schuldner eine Leistung fordern kann (§ 241 Abs. 1 BGB).

Gemein kann aufgrund des bestehenden Arbeitsvertrages von Arm die vereinbarte Arbeitsleistung fordern.

2. **Pflichtverletzung**

   Arm hat eine Pflicht aus dem Arbeitsvertrag verletzt. Er hat mit dem Eigentum seines Arbeitgebers und Vertragspartners Gemein sorgsam umzugehen und dieses nicht zu beschädigen oder zu zerstören (§ 241 Abs. 2 BGB).

3. **Verschulden**

   Dies geschah auch schuldhaft, nämlich mit Absicht und damit vorsätzlich (§ 276 BGB).

4. **Schaden**

   Schließlich ist dem Gemein dadurch auch ein Schaden entstanden.

Da alle Tatbestandsvoraussetzungen vorliegen, tritt nun die von der Anspruchsgrundlage angeordnete Rechtsfolge ein: Gemein kann von Arm Ersatz des entstandenen Schadens verlangen.

Sie sehen also, dass mit der Fünf -W-Frage »wer will was von wem woraus« eine systematische Herangehensweise an die Aufgabenstellung gesichert ist.

Gewöhnen Sie es sich von Anfang Ihrer juristischen Veranstaltungen an, rechtliche Probleme und Herausforderungen immer mit dieser Ausgangsfrage anzugehen und damit gezwungenermaßen strukturiert vorzugehen.

Wenn Sie sich zunächst die Fünf-W-Frage korrekt beantworten, müssen Sie »nur« noch eine Anspruchsgrundlage auffinden, die das Begehrte als Rechtsfolge enthält. Ist die Anspruchsgrundlage gefunden, gilt es, deren Tatbestandsvoraussetzungen eine nach der anderen abzuarbeiten. Die Beherrschung dieser Technik ist bereits ein großer Schritt für das erfolgreiche Bestehen juristischer Klausuren.

Der Fünf -Punkte-Plan zur Fallbearbeitung

Da Sie nun mit der Systematik der Herangehensweise an juristische Klausuraufgaben vertraut sind, können wir uns der Hauptanforderung zuwenden, die von Ihnen in den Prüfungen erwartet wird: die Fallbearbeitung.

Um den Klausursachverhalt zu erfassen und einer passablen Lösung zuzuführen, hilft Ihnen der bewährte Fünf-Punkte-Plan zur Fallbearbeitung:

1. **Lesen**
2. **Verstehen**
3. **Fallfrage(n) erkennen**
4. **Anspruchsgrundlage(n) finden und gliedern**
5. **Formulieren**

Schauen Sie sich diese fünf Punkte im Einzelnen an.

Lesen

Wichtig ist zunächst das genaue Erfassen des Sachverhalts. Lesen Sie daher den Sachverhalt mehrfach (mindestens zweimal) konzentriert durch.

Falls Sie der Meinung sind, dass der Sachverhalt Lücken enthält, verändern oder »verbiegen« Sie ihn nicht, und fangen Sie nicht an, eigene Interpretationen über vermeintlich Unerwähntes anzustellen. Der Sachverhalt ist in der Regel vom Aufgabensteller sorgfältig erstellt und enthält alle für die Lösung erforderlichen Informationen.

Verstehen

Verschaffen Sie sich Klarheit über den Sachverhalt. Nehmen Sie sich die erforderliche Zeit, um den Sachverhalt zu erfassen und zu verstehen. Welche Personen sind beteiligt, in welchem Verhältnis stehen diese zueinander, gibt es Angaben zu Daten oder Zahlen und so weiter. Gegebenenfalls helfen folgende Instrumente, um das Erfassen und Verstehen zu bewerkstelligen:

- ✔ **Sachverhaltsskizze:** Sollten mehrere Personen beteiligt sein, kann es zweckmäßig und hilfreich sein, den Sachverhalt grafisch aufzuzeichnen. So können die Beziehungen zwischen den Personen übersichtlicher dargestellt und folglich auch die Ausgangsfrage »wer will was von wem woraus« leichter erfasst werden.
- ✔ **Datentabelle/Zeitstrang:** Sollte der Sachverhalt mehrere Daten enthalten, so kann es zweckmäßig und hilfreich sein, diese tabellarisch oder mittels eines Zeitstranges systematisiert darzustellen. Daten und Zahlen im Sachverhalt spielen regelmäßig für die Lösung eine erhebliche Rolle.

Gehen Sie grundsätzlich davon aus, dass alle Angaben im Sachverhalt für die Lösung eine Rolle spielen. Trennen Sie dennoch die wichtigen von den unwichtigen Informationen und prüfen Sie stets, ob die wichtigen Informationen auch in Ihrer späteren Lösung verarbeitet wurden. Um das Wesentliche vom Unwesentlichen zu unterscheiden, fragen Sie sich *was ist rechtlich (für die Lösung) von Interesse*?

Fallfrage(n) erkennen

Verschaffen Sie sich anschließend Klarheit über die Fallfrage(n). Nur was gefragt wird, müssen Sie auch bearbeiten und beantworten.

Klassischerweise enthält die Klausur entweder eine oder mehrere konkrete Fallfrage(n) oder eine offen gestellte Frage:

- ✔ **Konkrete Fallfrage(n):** Sie erkennen diese Frage(n) aufgrund der sprachlich eindeutigen Formulierung. Beispielsweise: Kann A von B Zahlung des Arbeitsentgeltes fordern? Ist die Kündigung des C wirksam? Hat D gegen E einen Anspruch auf Entschädigung? und so weiter. Es liegt auf der Hand, dass dann »nur« die konkret gestellte(n) Frage(n) zu bearbeiten und zu beantworten sind. Ausführungen zu nicht explizit gefragten Themen werden Ihnen keine Punkte bringen und Sie nur wertvolle Bearbeitungszeit kosten!

- **Offen gestellte Frage(n):** Diese Frage(n) erkennen Sie ebenfalls anhand der sprachlichen Formulierung. Beispielsweise: Welche Ansprüche hat A gegen B? Prüfen Sie die Ansprüche des C. Wie ist die Rechtslage? und so weiter. Es liegt auf der Hand, dass Sie bei derartigen offenen Fragestellungen alle ernsthaft in Betracht kommenden Ansprüche zwischen den beteiligten Personen bearbeiten und beantworten sollen.

Anspruchsgrundlage(n) finden und gliedern

Nun beginnt die eigentliche rechtliche Arbeit: die Suche nach der oder den einschlägigen Anspruchsgrundlagen. Häufig kommen mehrere Anspruchsgrundlagen ernsthaft in Betracht.

Prüfen Sie diese in der Reihenfolge *Ansprüche aus Vertrag vor Ansprüchen aus Gesetz.*

Auch wenn sie zum gleichen Ergebnis führen, müssen Sie *alle* in Betracht kommenden Anspruchsgrundlagen auffinden und erörtern. Die wichtigsten Anspruchsgrundlagen für die Lösung arbeitsrechtlicher Klausurfälle lernen Sie auf den folgenden Seiten kennen. An dieser Stelle sollten Sie sich aber nochmals klarmachen, dass alle Anspruchsgrundlagen gewisse Tatbestandsvoraussetzungen enthalten, die erfüllt sein müssen, damit ein Anspruch gewährt wird. Diese Voraussetzungen müssen Sie genau untersuchen. Hier ist sauberes und sorgfältiges Arbeiten wichtig, damit Sie nicht die eigentlichen Probleme übersehen. Erstellen Sie sich daher eine Gliederung oder Lösungsskizze, aus der sich die Reihenfolge Ihrer Prüfung logisch und stringent ergibt. Machen Sie sich Notizen zu den einzelnen Gliederungspunkten und insbesondere zu den einzelnen Tatbestandsvoraussetzungen der zu prüfenden Anspruchsgrundlagen. Eine gute Lösungsskizze ist die »halbe Miete« für die Ausformulierung Ihrer Lösung.

Formulieren

Nachdem Sie die vorgenannten vier Punkte abgearbeitet haben, formulieren Sie nun die Lösung des Falles. Hierzu hat sich in der juristischen Ausbildung der *Gutachtenstil* bewährt. Dieser zwingt gemeinsam mit der *Subsumtionstechnik* zu einem schrittweisen Abarbeiten aller Tatbestandsvoraussetzungen der einschlägigen Anspruchsgrundlage(n).

Im Gutachtenstil müssen Sie die für einschlägig erachtete Anspruchsgrundlage zunächst im Konjunktiv voranstellen. Angewendet auf unser obiges Beispiel, könnten Sie folgendermaßen formulieren:

»Gemein könnte gegen Arm einen Anspruch auf Schadensersatz für das zerstörte Telefon haben gem. § 280 Abs.1 BGB«.

Danach erörtern Sie die Tatbestandsvoraussetzungen der jeweiligen Anspruchsgrundlage im Einzelnen. Wie ausführlich Sie dies tun, hängt von der Schwierigkeit des jeweiligen Falles ab.

Im obigen Beispielsfall haben wir das bereits erledigt und durch die Prüfung der einzelnen Tatbestandsvoraussetzungen anhand des konkreten Sachverhalts sogleich subsumiert, das heißt die Übereinstimmung zwischen Tatbestandsvoraussetzungen und Sachverhalt geprüft.

Liegen wie im Beispielsfall alle Tatbestandsvoraussetzungen vor, greifen Sie Ihren im Konjunktiv formulierten Eingangssatz wieder auf und formulieren ihn nun als Ergebnis:

»Da alle Tatbestandsvoraussetzungen vorliegen, kann Gemein von Arm gemäß § 280 Abs. 1 BGB Schadensersatz für das zerstörte Telefon verlangen.«

Der von den Juristen geübte Gutachtenstil ist übrigens kein Selbstzweck und dient auch nicht der Gängelung der Studierenden. Durch den Gutachtenstil und der damit verbundenen systematischen Vorgehensweise werden Situationen und Probleme einer gründlichen Analyse unterzogen. (Nur) So wird es möglich, eine angemessene Lösung zu finden. Die meisten unternehmerischen Fehlentscheidungen beruhen schließlich darauf, dass die Situation nicht ausreichend oder nicht richtig analysiert wurde.

Das Dreigestirn zur Prüfung einzelner Anspruchsgrundlagen

Nachdem Sie nun bereits viel über Anspruchsgrundlagen und Fallbearbeitung gelernt haben, lassen Sie uns noch einen tieferen Blick in die juristische Systematik wagen.

Genau genommen ist nämlich die Feststellung, dass aufgrund des Vorliegens aller Tatbestandsvoraussetzungen einer Anspruchsgrundlage auch deren Rechtsfolge eintritt, zwar korrekt, aber systematisch noch unvollständig.

Dies folgt daraus, dass nach der Rechtssystematik ein Anspruch auf ein bestimmtes Tun oder Unterlassen dauerhaft erst und nur dann gegeben ist, wenn der Anspruch

1. **wirksam entstanden,**
2. **nicht untergegangen und**
3. **noch durchsetzbar ist.**

Anspruch (wirksam) entstanden

Diesen Teil der Prüfungssystematik kennen Sie bereits. Wenn die Tatbestandsvoraussetzungen einer Anspruchsgrundlage vorliegen, so tritt die angeordnete Rechtsfolge ein. In unserem obigen Beispielsfall war dies der Schadensersatzanspruch von Gemein gegen Arm für das von Arm zerstörte Telefon. Wir haben daher zurecht festgehalten, dass der Anspruch des Gemein besteht bzw. entstanden ist. Bei der Prüfung der Tatbestandsvoraussetzungen haben wir uns dabei auf die einschlägige Anspruchsgrundlage § 280 Abs. 1 BGB konzentriert.

Da Anspruchsgrundlagen aber nicht isoliert und losgelöst von unserer Rechtsordnung betrachtet werden können, sondern Bestandteil derselben sind, müssen Sie über die eigentlichen Tatbestandsvoraussetzungen hinaus prüfen, ob sogenannte *rechtshindernde Einwendungen* dem Anspruch entgegenstehen. Wichtige rechtshindernde Einwendungen sind zum Beispiel:

- ✔ Geschäftsunfähigkeit aufgrund des Lebensalters oder Geisteskrankheit (§§ 104, 105 BGB)
- ✔ Beschränkte Geschäftsfähigkeit aufgrund des Lebensalters (§ 108 BGB)
- ✔ Formnichtigkeit (§ 125 BGB)
- ✔ Gesetzeswidrigkeit (§ 134 BGB)
- ✔ Sittenwidrigkeit (§ 138 BGB)

In Ihrer Prüfungssituation und Falllösung müssen Sie rechtshindernde Einwendungen nur dann thematisieren, wenn sich aus dem Sachverhalt ein entsprechender Hinweis ergibt, beispielsweise indem ein Beteiligter noch nicht volljährig ist (»Der 17-jährige Bernd«).

Anspruch (nicht) untergegangen

Der zweite Teil der Prüfungssystematik überprüft, ob der einmal wirksam entstandene Anspruch weiterhin besteht oder anschließend (wieder) untergegangen (»erloschen«, »vernichtet«) ist. Der Anspruch geht unter, wenn sogenannte *rechtsvernichtende Einwendungen* vorliegen. Wichtige rechtsvernichtende Einwendungen sind zum Beispiel:

- ✔ Anfechtung (§ 142 BGB)
- ✔ Unmöglichkeit der Leistung (§ 275 BGB)
- ✔ Abschluss eines Aufhebungsvertrages (§ 311 BGB)
- ✔ Rücktritt vom Vertrag (§ 346 BGB)
- ✔ Erfüllung des Anspruchs (§ 362 BGB)

Auch diesen Teil der Prüfungssystematik müssen Sie in Ihrer Klausurlösung nur thematisieren, wenn der Sachverhalt entsprechende Hinweise enthält. (»Da Armin Bernd beim Abschluss des Vertrages absichtlich getäuscht hat, will Bernd nun mit Armin und dem Vertrag nichts mehr zu tun haben.«)

Müssen Sie aufgrund eines entsprechenden Hinweises im Sachverhalt den etwaigen Untergang des Anspruchs prüfen, leiten Sie diese Prüfung am besten mit folgendem Eingangssatz ein:

»Der Anspruch könnte aufgrund … aber wieder untergegangen (»erloschen«, »vernichtet«) worden sein gemäß § …«

Anspruch (noch) durchsetzbar

Schließlich müssen Sie im dritten Teil der Prüfungssystematik überprüfen, ob der Anspruchsgegner durch ihm zustehende *Gegenrechte* die Durchsetzbarkeit des Anspruchs verhindern kann. Diese Gegenrechte werden als *rechts- oder anspruchshemmende Einreden* bezeichnet. Wichtige rechts- oder anspruchshemmende Einreden sind zum Beispiel:

✔ Einrede der Verjährung (§ 214 BGB)

✔ Einrede des Zurückbehaltungsrechts (§ 273 BGB)

✔ Einrede des nicht erfüllten Vertrags (§ 320 BGB)

Auch hier gilt, dass Sie diesen Teil der Prüfungssystematik in Ihrer Falllösung nur thematisieren müssen, wenn der Sachverhalt entsprechende Hinweise enthält. (»Bernd ist der Meinung, dass er nach so langer Zeit nicht mehr zur Zahlung der Rechnung verpflichtet ist.«)

Gegenrechte müssen Sie nur berücksichtigen, wenn sie ausdrücklich geltend gemacht werden. Der Anspruchsgegner muss sich auf diese also ausdrücklich berufen.

Müssen Sie aufgrund eines entsprechenden Hinweises im Sachverhalt die etwaige Hinderung der Durchsetzung des Anspruchs prüfen, leiten Sie diese Prüfung am besten mit folgendem Eingangssatz ein:

»Der Anspruch könnte allerdings nicht (mehr) durchsetzbar sein, wenn dem … (Anspruchsgegner) die Einrede der … gem. § … zusteht und dieser die Einrede auch geltend gemacht hat.«

IN DIESEM KAPITEL

Schemata als verkürzte und vereinfachte Zusammenfassungen

Vor- und Nachteile ihres Einsatzes

Kapitel 2
Das Arbeiten mit Schemata

Ein Schema ist ein Hilfsmittel, das Ihnen das Lernen eines bestimmten Themas oder aber einer bestimmten Prüfungsabfolge erleichtern soll. In der Juristerei spielen Prüfungs-Schemata eine große Rolle. Sie vereinfachen komplexe Sachverhalte und tragen so zur schnelleren Erfassung umfangreicher Aufgabenstellungen bei.

Bevor Sie im zweiten Teil dieses Buches mit den wichtigsten arbeitsrechtlichen Schemata vertraut gemacht werden, möchte ich Ihnen zunächst einige grundsätzliche Anmerkungen zum Arbeiten mit Schemata geben.

Über den Sinn und Unsinn von Schemata

Lassen Sie sich von juristischen Schemata nicht täuschen und in falscher Sicherheit wiegen. Schemata sind abstrahierte Zusammenfassungen und damit zwangsläufig eine verkürzte und vereinfachte Komprimierung.

Nicht alle juristischen Fragestellungen lassen sich verkürzt und vereinfacht in verständlicher Art und Weise darstellen – sonst wäre die Juristerei wohl auch nicht zu Recht eine der komplexesten Wissenschaftsdisziplinen.

Sie werden daher von anderen juristischen Büchern und gegebenenfalls auch von Ihren Dozenten eine teils deutliche Ablehnung von schematischen Prüfungshilfen erleben. Die Argumente gegen Schemata sind auch durchaus substanziell, nicht von der Hand zu weisen und in großen Teilen überzeugend. Gegenüber dem schematischen Auswendiglernen oder schematischen Herangehen an Prüfungsaufgaben ist das wirkliche Durchdringen und selbstständige Erarbeiten des systematischen Lösungsweges ohne Zweifel zu bevorzugen.

Schemata als Hilfsmittel

Dies ist aber nicht der Ansatz dieses Buches: Erfahrungsgemäß legen Studierende, die mit Rechtsfächern »nur« im Nebenfach befasst werden, nicht durchgängig gesteigerten Wert auf ein vollständiges Durchdringen und Erfassen der eigentlich »fremden« Materie. Im Vordergrund steht vielmehr häufig das Bedürfnis, sich des Nebenfaches schnell zu »entledigen«. Dabei soll aber (natürlich) eine gute Note erreicht werden. Und dies mit überschaubarem Arbeits- und Lernaufwand. Hier können Schemata eine wertvolle Hilfe leisten.

Und auch für Studierende des Wirtschaftsrechts und der klassischen Rechtswissenschaften spielen Prüfungs-Schemata eine wichtige Rolle (auch wenn dies nicht immer zugegeben wird). Denn das systematisierte Bearbeiten juristischer Aufgaben »giert« geradezu nach systematisierten Bearbeitungshilfen. Auch existieren insbesondere in den unternehmensnahen Rechtsgebieten oft »gewohnheitsrechtliche« Vorgehensweisen, die außerhalb des eigentlichen Gesetzeswortlauts anerkannt und ständig praktiziert werden. Diese sind ohne Prüfungs-Schemata nicht zu fassen.

Ob Sie sich die folgenden Schemata nun aneignen oder nicht. Vergessen Sie niemals, dass Grundlage der juristischen Prüfungen der einschlägige Gesetzestext ist! Lösen Sie also Klausuraufgaben niemals »blind« auf Basis eines (auswendig) gelernten Schemas, sondern arbeiten Sie mit dem Gesetzestext. Dort ist meist mehr Hilfreiches zu finden, als Sie denken!

Teil II
Schemata

IN DIESEM TEIL …

Lernen Sie die wichtigsten Prüfungs-Schemata des Arbeitsrechts kennen. Die Schemata helfen Ihnen bei der Abarbeitung der Klausuraufgabe systematisch und damit nachvollziehbar und logisch vorzugehen. Dass beim Arbeiten mit Schemata nicht alles Gold ist, was glänzt, haben Sie im vorgehenden Teil erfahren. Denken Sie also bitte stets daran, dass Schemata nur Hilfsinstrumente sind, die das eigenständige Denken zwar unterstützen, aber nicht ersetzen können!

Kapitel 3
Einführende Hinweise

Die nachfolgenden Schemata basieren auf Erfahrungswerten und sind in dieser oder leicht abgeänderter Form in etlichen arbeitsrechtlichen Veröffentlichungen vorzufinden. Regelmäßig orientieren sich die hier verwendeten Schemata an der allgemein anerkannten Prüfungssystematik. Da insbesondere die Rechtsprechung dazu neigt, sich nicht immer stringent an der dogmatischen Abfolge festhalten zu lassen, weichen die Ausführungen in den Urteilsbegründungen in Aufbau und Reihenfolge teilweise von der klassischen Prüfungsabfolge ab. Da die Vorgehensweise der Rechtsprechung auch für die Rechtspraxis durchaus überzeugend sein kann, habe ich sie teilweise übernommen. Einzelne Unterpunkte habe ich mit Anmerkungen und Kommentierungen versehen, wenn dies zum Verständnis des jeweiligen Schemas erforderlich ist.

Sollte Ihr Dozent abweichende Schemata zur Verfügung stellen, so prüfen Sie, ob die Abweichungen tatsächlich vorhanden sind. Oftmals fließt nämlich derselbe Wein – nur eben durch einen etwas anderen Schlauch.

Die gewählte Reihenfolge der nachfolgenden Prüfungs-Schemata orientiert sich am Lebenszyklus eines Arbeitsverhältnisses. Nach den wichtigsten Schemata des Individualarbeitsrechts folgen die des kollektiven Arbeitsrechts.

IN DIESEM KAPITEL

Übersichtlich auf Doppelseiten

Anschaulich illustriert

Kapitel 4
Wichtige arbeitsrechtliche Schemata

In diesem Kapitel finden Sie die folgenden Schemata:

- ✔ Abgrenzung Arbeitsverhältnis – freie Mitarbeit
- ✔ Entschädigung nach dem Allgemeinen Gleichbehandlungsgesetz (AGG)
- ✔ Entgeltfortzahlung im Krankheitsfall
- ✔ Urlaubsanspruch und Urlaubsberechnung
- ✔ Anspruch aus Betriebsrisiko und Annahmeverzug des Arbeitgebers
- ✔ Anspruch wegen vorübergehender Verhinderung
- ✔ Schadensersatzanspruch des Arbeitgebers
- ✔ Anfechtung des Arbeitsvertrages
- ✔ Wirksamkeit einer Befristung des Arbeitsvertrages
- ✔ Ordentliche Kündigung
- ✔ Außerordentliche Kündigung
- ✔ Verdachtskündigung
- ✔ Anspruch aus betrieblicher Übung
- ✔ Anspruch aus Tarifvertrag
- ✔ Anspruch auf Nachteilsausgleich
- ✔ Beteiligung des Betriebsrats bei personellen Einzelmaßnahmen
- ✔ Rechtmäßigkeitsvoraussetzungen eines Arbeitskampfes

Prüfungsschema für die Prüfung, ob ein Arbeitsverhältnis oder aber eine selbstständige (»freie«) Mitarbeit besteht

Die Abgrenzung zwischen der Eigenschaft als Arbeitnehmer und der freien, selbstständigen Tätigkeit ist ein Dauerbrenner in der juristischen Ausbildung wie in der betrieblichen Praxis. Aufgrund des hohen Bedarfs an flexiblem Personaleinsatz greifen nahezu alle Betriebe auch auf den Einsatz »freier« Mitarbeiter zu.

Die damit einhergehenden Herausforderungen liegen auf der Hand: Ein Arbeitnehmer hat Anspruch auf Arbeitsentgelt, bezahlten Erholungsurlaub, Entgeltfortzahlung im Krankheitsfall, genießt Mutterschutz und meist auch Kündigungsschutz. Der freie Mitarbeiter hat dagegen lediglich Anspruch auf die Vergütung seiner Tätigkeit.

Typische Aufgabenstellungen, die zu einer Prüfung der Abgrenzung zwischen Arbeitnehmereigenschaft und freier, selbstständiger Tätigkeit führen, sind zum Beispiel:

- ✔ Hat Bernd einen Anspruch auf Vergütung während seiner Erkrankung und bezahlten Erholungsurlaub?
- ✔ Kann die Zusammenarbeit mit Bernd ohne Einhaltung einer Kündigungsfrist beendet werden?
- ✔ Kann der schwangeren Bettina gekündigt werden?

Hilfreiche Eingangssätze zur Prüfung sind zum Beispiel:

- ✔ Bernd könnte einen Anspruch auf Vergütung während seiner Erkrankung und bezahlten Erholungsurlaub haben, wenn er Arbeitnehmer wäre und nicht – wie im Sachverhalt bezeichnet – freier Mitarbeiter.
- ✔ Die Kündigung des Bernd wäre wirksam, wenn dieser nicht als Arbeitnehmer zu qualifizieren wäre.
- ✔ Die Kündigung der schwangeren Bettina wäre nach § 17 Abs. 1 MuSchG unwirksam, wenn zwischen den Parteien ein Arbeitsverhältnis bestehen würde.

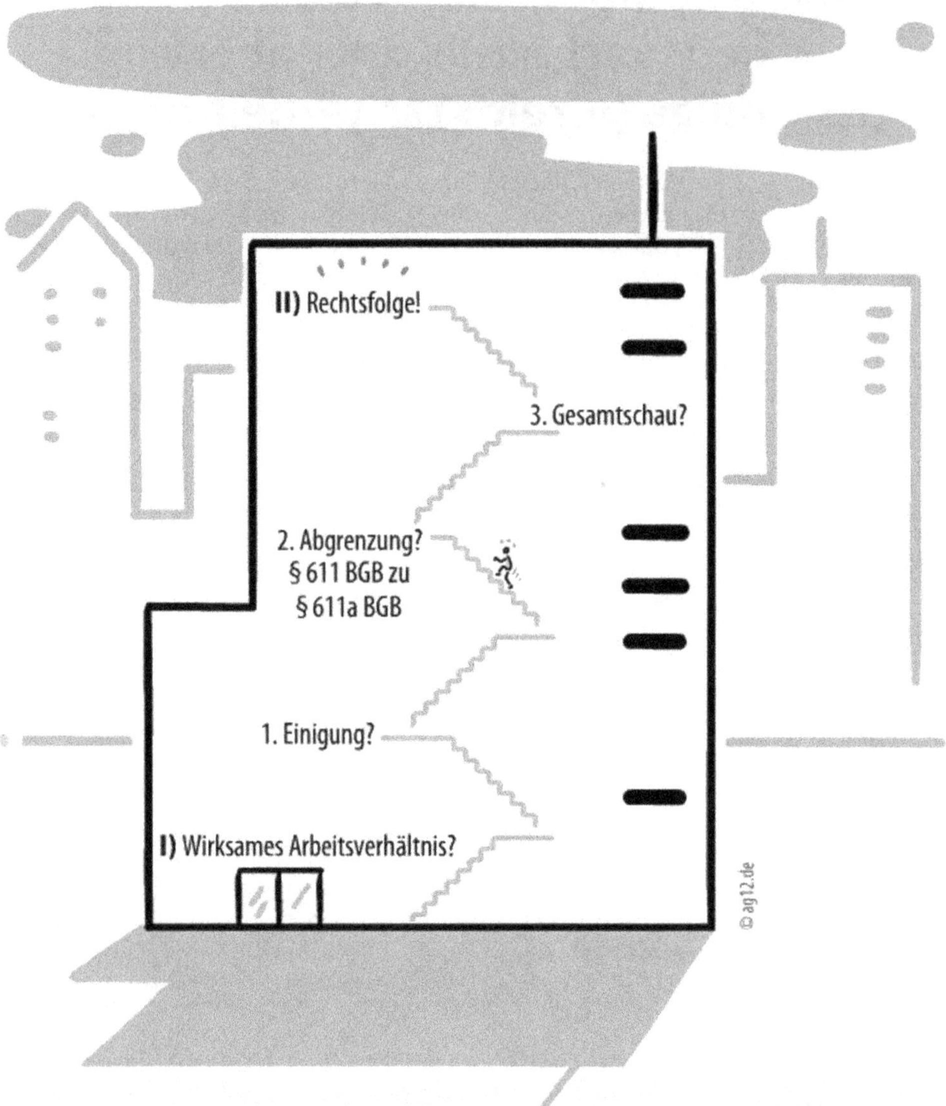
II) Rechtsfolge!
3. Gesamtschau?
2. Abgrenzung? § 611 BGB zu § 611a BGB
1. Einigung?
I) Wirksames Arbeitsverhältnis?
© ag12.de

Prüfungsschema

I. Bestehen eines wirksamen Arbeitsverhältnisses

1. Einigung (Bezeichnung des Vertrags nicht ausschlaggebend)
2. Abgrenzung zwischen freier Mitarbeit (selbstständiger Tätigkeit) und Arbeitsverhältnis
   a. Erbringen einer (unselbstständigen) Dienstleistung § 611 oder § 611a BGB
   b. Tätigkeit wird nicht im Wesentlichen frei gestaltet und Arbeitszeit wird nicht frei bestimmt § 611a Satz 3 BGB
   c. Eingliederung in die Betriebsorganisation
   d. Einsatz der gesamten Arbeitskraft
3. Gesamtschau der Tätigkeit

II. Rechtsfolge

Prüfungsschema für einen Anspruch auf Entschädigung nach dem Allgemeinen Gleichbehandlungsgesetz (AGG)

Bei Verstößen gegen das Allgemeine Gleichbehandlungsgesetz stehen dem diskriminierten Anspruchsteller Ansprüche auf Schadensersatz und Entschädigung (»Schmerzensgeld«) zu. Während der Schadensersatzanspruch in der Praxis nur eine untergeordnete Rolle spielt, hat sich die Entschädigung des § 15 Abs. 2 AGG zu einem Dauerbrenner in Ausbildung und Praxis entwickelt.

Typische Aufgabenstellungen, die zur Prüfung von Entschädigungsansprüchen nach § 15 Abs. 2 AGG führen, sind zum Beispiel:

- ✔ Die abgelehnte Bewerberin Britta ist empört und verlangt eine Entschädigung.
- ✔ Nachdem der Arbeitgeber die Bewerbungsunterlagen des Anton zurückgeschickt hat, erhält er von diesem die Aufforderung, wegen »Diskriminierung« eine Entschädigung zu bezahlen.

Hilfreiche Eingangssätze zur Prüfung sind zum Beispiel:

- ✔ Die abgelehnte Bewerberin Britta könnte einen Entschädigungsanspruch gemäß § 15 Abs. 2 AGG haben.
- ✔ Der Arbeitgeber wäre zur Zahlung einer Entschädigung verpflichtet, wenn Armin diese gem. § 15 Abs. 2 AGG verlangen könnte.

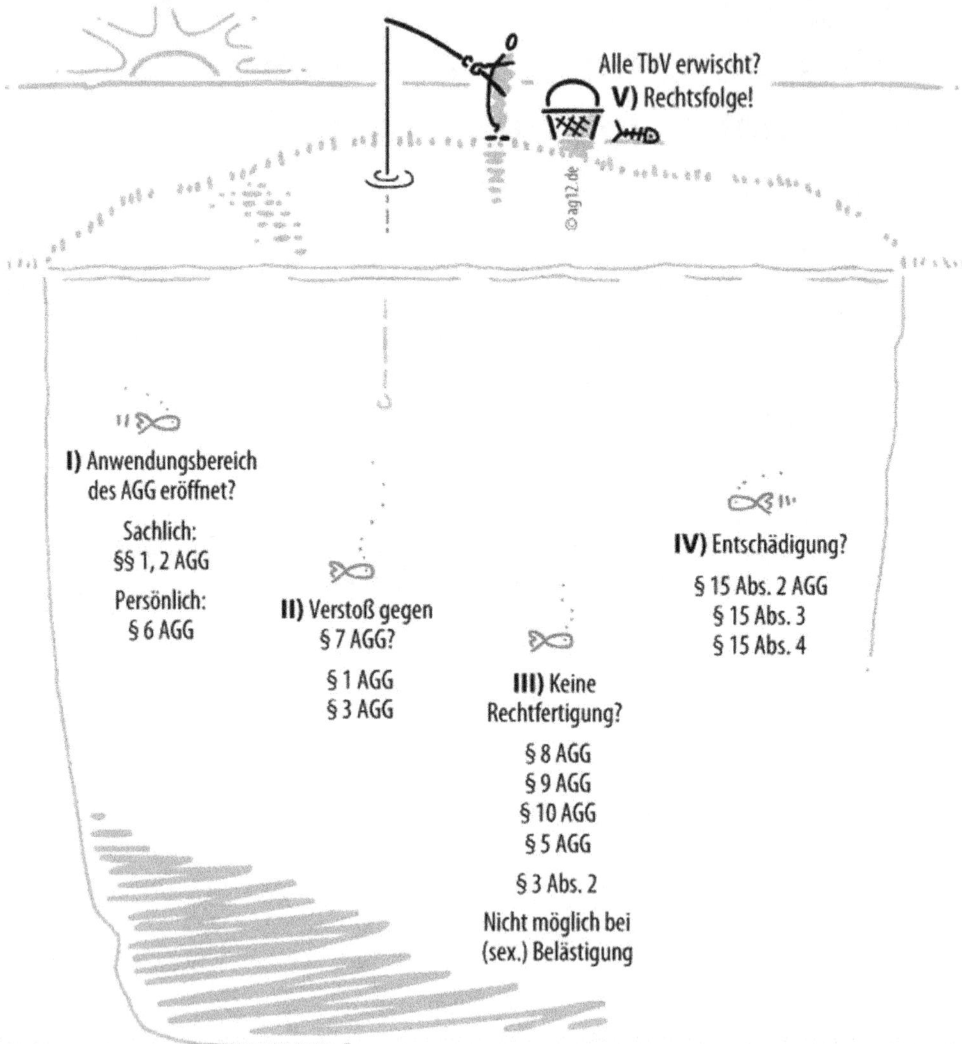
Alle TbV erwischt?
V) Rechtsfolge!
I) Anwendungsbereich des AGG eröffnet?
Sachlich:
§§ 1, 2 AGG
Persönlich:
§ 6 AGG
II) Verstoß gegen § 7 AGG?
§ 1 AGG
§ 3 AGG
III) Keine Rechtfertigung?
§ 8 AGG
§ 9 AGG
§ 10 AGG
§ 5 AGG
§ 3 Abs. 2
Nicht möglich bei (sex.) Belästigung
IV) Entschädigung?
§ 15 Abs. 2 AGG
§ 15 Abs. 3
§ 15 Abs. 4
© ag12.de

Prüfungsschema

I. Anwendungsbereich des AGG eröffnet

  1. Sachlich §§ 1, 2 AGG

  2. Persönlich § 6 AGG: Arbeitnehmer, Auszubildende, arbeitnehmerähnliche Personen, Bewerber (sofern keine »AGG-Hopper«), Organmitglieder

II. Verstoß gegen ein Benachteiligungsverbot § 7 AGG

  1. Mindestens einer der Benachteiligungsgründe in § 1 AGG betroffen

  2. Vorliegen einer Benachteiligung § 3 AGG:

    a. Unmittelbare Benachteiligung § 3 Abs. 1

    b. Mittelbare Benachteiligung § 3 Abs. 2

    c. Belästigung § 3 Abs. 3

    d. Sexuelle Belästigung § 3 Abs. 4

    e. Anweisung zu einer Benachteiligung § 3 Abs. 5

III. Keine Rechtfertigung der Benachteiligung

  1. Bei unmittelbarer Benachteiligung und Anweisung zur Benachteiligung kann eine Rechtfertigung erfolgen durch:

    a. Allgemein bei allen Benachteiligungsgründen nach § 8 AGG

    b. Bezogen auf die Benachteiligungsgründe Religion und Weltanschauung nach § 9 AGG

    c. Bezogen auf den Benachteiligungsgrund Alter nach § 10 AGG

    d. Positive Maßnahmen nach § 5 AGG

  2. Bei mittelbarer Benachteiligung ist die Rechtfertigung bereits bei der Prüfung des Vorliegens einer mittelbaren Benachteiligung zu prüfen § 3 Abs. 2 letzter Halbsatz

  3. Bei Belästigung und sexueller Belästigung ist eine Rechtfertigung nicht möglich

IV. § 15 AGG Entschädigung und Schadensersatz

  1. Verstoß gegen das Benachteiligungsgebot führt verschuldensunabhängig zum Entschädigungsanspruch nach § 15 Abs. 2 AGG (Schadensersatz nach § 15 Abs. 1 AGG setzt dagegen ein Verschulden des Arbeitgebers voraus)

  2. Kein Ausschluss / keine Einschränkung nach § 15 Abs. 3

  3. Einhaltung der Frist § 15 Abs. 4

V. Rechtsfolge

Prüfungsschema für einen Anspruch auf Entgeltfortzahlung im Krankheitsfall nach § 3 Abs. 1 EFZG

Die Überprüfung eines Anspruchs auf Entgeltfortzahlung während der Erkrankung des Arbeitnehmers ist ein Klassiker in arbeitsrechtlichen Klausuraufgaben. Auch in der Praxis spielt dieses Thema immer wieder eine Rolle, wenn Arbeitgeber die Erkrankung ihrer Arbeitnehmer entweder für vorgetäuscht oder aber für selbst verschuldet halten.

Typische Aufgabenstellungen, die die Prüfung eines Entgeltfortzahlungsanspruchs erfordern, sind zum Beispiel:

- ✔ Ist der Arbeitgeber zur Fortzahlung des Arbeitsentgelts verpflichtet?
- ✔ Hat der Arbeitnehmer Anspruch auf Fortzahlung seiner Vergütung?
- ✔ Kann der Arbeitnehmer trotz seiner Arbeitsunfähigkeit Entgeltfortzahlung verlangen?

Hilfreiche Eingangssätze zur Prüfung sind zum Beispiel:

- ✔ Der Arbeitgeber könnte die Fortzahlung verweigern, wenn dem Arbeitnehmer kein Entgeltfortzahlungsanspruch zusteht.
- ✔ Der Arbeitnehmer könnte die Fortzahlung der Vergütung verlangen, wenn die Voraussetzungen des Entgeltfortzahlungsanspruchs gemäß § 3 EFZG vorliegen.

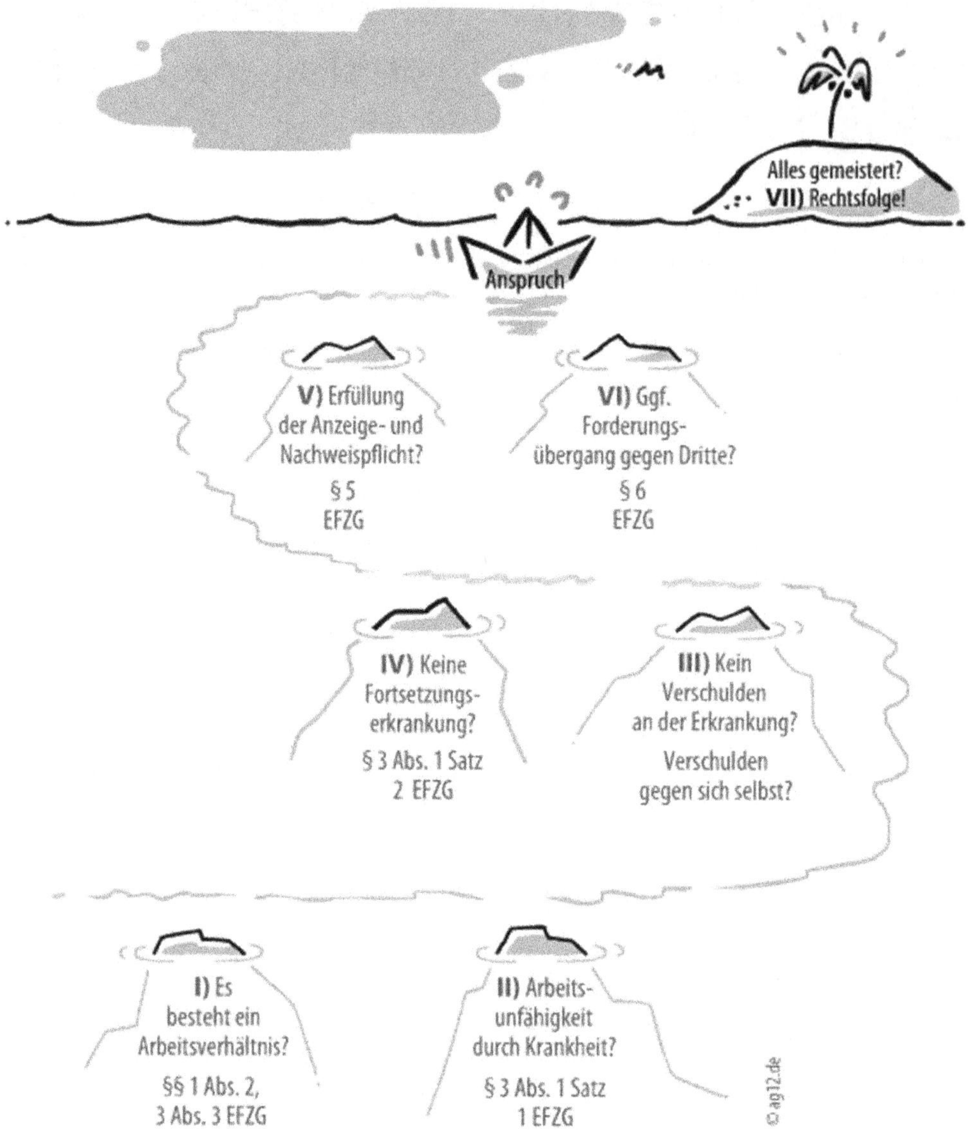
Alles gemeistert?
VII) Rechtsfolge!
Anspruch
V) Erfüllung der Anzeige- und Nachweispflicht?
§ 5 EFZG
VI) Ggf. Forderungsübergang gegen Dritte?
§ 6 EFZG
IV) Keine Fortsetzungserkrankung?
§ 3 Abs. 1 Satz 2 EFZG
III) Kein Verschulden an der Erkrankung?
Verschulden gegen sich selbst?
I) Es besteht ein Arbeitsverhältnis?
§§ 1 Abs. 2, 3 Abs. 3 EFZG
II) Arbeitsunfähigkeit durch Krankheit?
§ 3 Abs. 1 Satz 1 EFZG
© ag12.de

Prüfungsschema

I. Bestehen eines Arbeitsverhältnisses seit mindestens vier Wochen §§ 1 Abs. 2, 3 Abs. 3 EFZG

1. Anspruchsteller ist Arbeitnehmer des Anspruchsgegners § 1 Abs. 2 EFZG
2. Das Arbeitsverhältnis besteht bereits mindestens vier Wochen ununterbrochen § 3 Abs. 3 EFZG

II. Arbeitsunfähigkeit durch Krankheit § 3 Abs. 1 Satz 1 EFZG

III. Kein Verschulden des Anspruchstellers an der Erkrankung

1. Verschulden bemisst sich nicht nach § 276 BGB
2. Erforderlich ist ein »Verschulden gegen sich selbst«, das heißt ein grober Verstoß gegen das im Eigeninteresse eines vernünftigen Menschen liegende Verhalten

IV. Keine Fortsetzungserkrankung § § 3 Abs. 1 Satz 2 EFZG

V. Erfüllung der Anzeige- und Nachweispflicht § 5 EFZG (Mitteilung der Arbeitsunfähigkeit und Vorlage der Arbeitsunfähigkeitsbescheinigung), da anderenfalls Leistungsverweigerungsrecht des Arbeitgebers nach § 7 EFZG

VI. Falls einschlägig: Gesetzlicher Forderungsübergang für den Fall, dass ein Dritter der Erkrankung verursacht hat gemäß § 6 EFZG

VII. Rechtsfolge

Prüfungsschema für die Berechnung eines Anspruchs auf Urlaub nach dem BUrlG

In wirtschaftswissenschaftlichen Studiengängen wird der Umgang mit Zahlen und Daten regelmäßig viel stärker geübt als in der juristischen Ausbildung. Auch in der Praxis ist die Berechnung des korrekten Urlaubsanspruchs regelmäßig Aufgabe der nicht primär juristisch, sondern primär betriebswirtschaftlich ausgebildeten Mitarbeiter der Personalabteilungen. Die korrekte Berechnung von Urlaubsansprüchen hat allerdings ihre Tücken und erfordert das korrekte Verständnis der einschlägigen Vorschriften.

Typische Aufgabenstellungen, die zur Prüfung und Berechnung von Urlaubsansprüchen führen, sind zum Beispiel:

- ✔ Wie viel Urlaub steht dem Arbeitnehmer (noch) zu?
- ✔ Hat Armin Anspruch auf Erholungsurlaub? Wenn ja, berechnen Sie den Urlaubsanspruch auf den Stichtag xx.xx.20xx.

Hilfreiche Eingangssätze zur Prüfung und Berechnung sind zum Beispiel:

- ✔ Der Arbeitnehmer könnte einen Anspruch auf Erholungsurlaub haben gemäß §§ 1, 3 BUrlG (in Verbindung mit § … seines Arbeitsvertrages)
- ✔ Der Arbeitgeber könnte verpflichtet sein, Armin Erholungsurlaub nach den Vorschriften des BUrlG zu gewähren, wenn Armin Arbeitnehmer im Sinne des BUrlG ist und die Voraussetzungen der §§ 1, 3 BUrlG vorliegen.

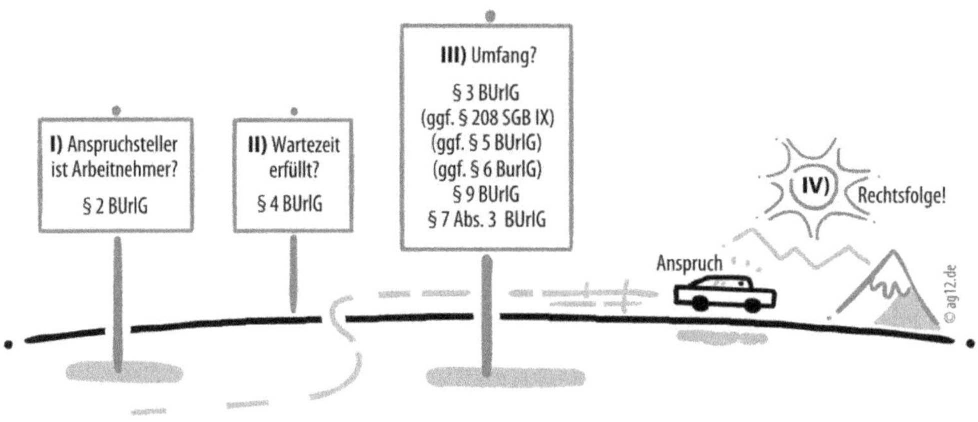

Prüfungsschema

I. Anspruchsteller ist Arbeitnehmer § 2 BUrlG

II. Wartezeit des § 4 BUrlG erfüllt

III. Umfang:

1. Gesetzlicher Mindesturlaub § 3 BUrlG
2. Gegebenenfalls zusätzlicher Urlaub aufgrund Arbeitsvertrag, einschlägigem Tarifvertrag oder besonderer gesetzlicher Regelung (zum Beispiel § 208 SGB IX Schwerbehinderung)
3. Gegebenenfalls Anspruch auf Teilurlaub nach § 5 BUrlG:
   - **a.** § 5 Abs. 1 lit. a): keine Erfüllung der Wartezeit nach § 4 BUrlG im Kalenderjahr
   - **b.** § 5 Abs. 1 lit. b): Ausscheiden vor Erfüllung der Wartezeit nach § 4 BUrlG
   - **c.** § 5 Abs. 1 lit. c): Ausscheiden nach Erfüllung der Wartezeit in der ersten Hälfte eines Kalenderjahres
   - **d.** Rundungsvorschrift des § 5 Abs. 2 BUrlG beachten
4. Gegebenenfalls Anrechnung von Vorurlaub § 6 BurlG
5. Nichtanrechnung von Krankheitstagen während des Urlaubs § 9 BUrlG
6. Urlaub nicht verfallen § 7 Abs. 3 in Verbindung mit der Rechtsprechung von EuGH und BAG (15-Monats-Frist) und Hinweispflicht durch Arbeitgeber beachtet

IV. Rechtsfolge

Prüfungsschema für den Anspruch auf Arbeitslohn trotz Nichterbringung der Arbeitsleistung – Betriebsrisiko und Annahmeverzug des Arbeitgebers

Lohnansprüche aus Betriebsrisiko und Annahmeverzug gehören ebenfalls zu den Klassikern arbeitsrechtlicher Klausuraufgaben. Auch hier spielen arbeitsrechtliche »Besonderheiten« mit klassischen zivilrechtlichen Fragestellungen zusammen und zeigen dem Korrektor, ob neben der Kenntnis des Arbeitsrechts auch die Grundlagen des Bürgerlichen Rechts »sitzen«.

Typische Aufgabenstellungen, die zu einer Prüfung der Grundsätze von Betriebsrisiko und Annahmeverzug führen, sind zum Beispiel:

- ✔ Kann der Arbeitnehmer trotz des Stromausfalls im Betrieb und der dadurch nicht erbrachten Arbeitsleistung sein Arbeitsentgelt verlangen?
- ✔ Ist der Arbeitgeber trotz der aufgrund des Hochwassers verunmöglichten Produktion zur Lohnzahlung verpflichtet?

Hilfreiche Eingangssätze zur Prüfung sind zum Beispiel:

- ✔ Der Arbeitnehmer könnte einen Anspruch auf Zahlung seines Arbeitslohnes nach § 615 Satz 3, Satz 1 BGB haben.
- ✔ Der Arbeitgeber könnte aufgrund des Betriebsrisikos in Verbindung mit § 615 Sätze 3 und 1 BGB zur Lohnzahlung verpflichtet sein.

Prüfungsschema

I. Bestehender Arbeitsvertrag

II. Bestehender Vergütungsanspruch

1. Grundsatz: ohne Arbeit kein Geld § 611a BGB
2. Ausnahme: § 615 BGB

a. Vorliegen einer Betriebsstörung § 615 Satz 3

b. Betriebsstörung liegt in der Sphäre des Arbeitgebers (grundsätzlich zählt das Betriebsrisiko ebenso wie das Wirtschaftsrisiko zur Sphäre des Arbeitgebers)

c. Annahmeverzug des Arbeitgebers § 615 S. 1 BGB (strittig)

aa. Angebot und Leistungsfähigkeit des Arbeitnehmers §§ 294–297 BGB

bb. Nichtannahme der Arbeitsleistung durch den Arbeitgeber § 293 BGB

III. Rechtsfolge

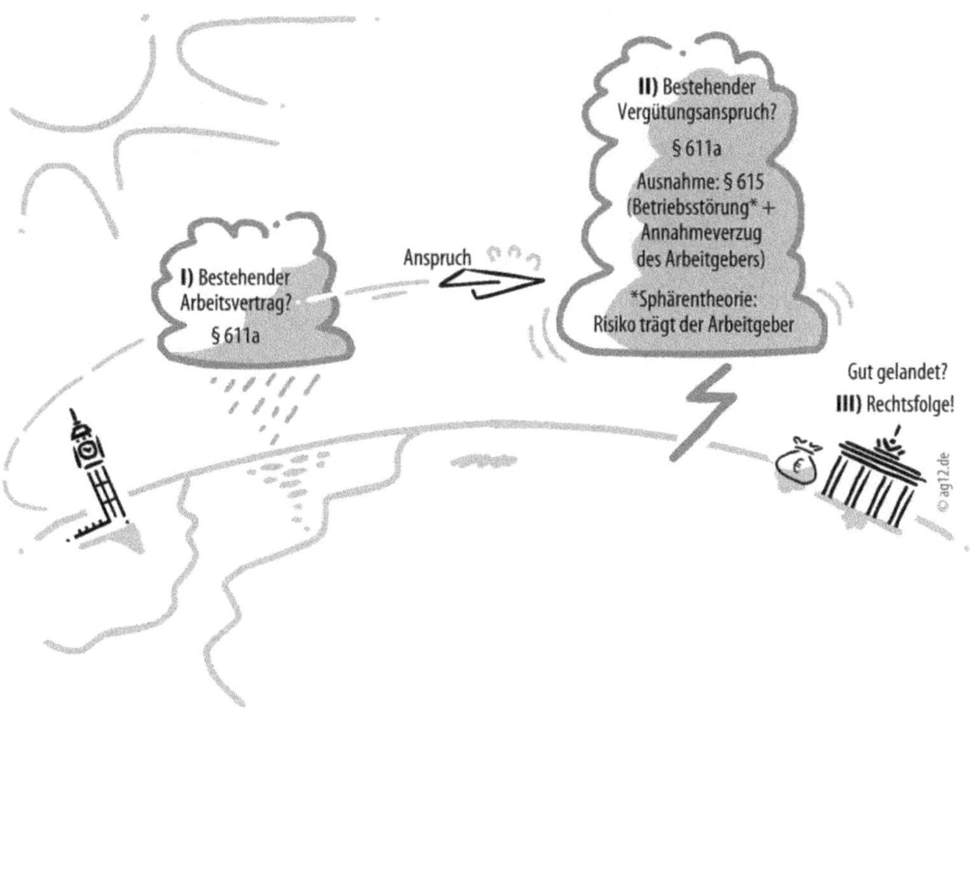

Prüfungsschema für den Anspruch auf Arbeitsvergütung trotz Nichterbringung der Arbeitsleistung – Vorübergehende Verhinderung

Der Anspruch des Arbeitnehmers auf Erhalt seiner Vergütung trotz Nichtarbeit aufgrund vorübergehender Verhinderung ist ein weiterer Klassiker in arbeitsrechtlichen Prüfungen. Aber aufgepasst: Die gesetzliche Regelung des § 616 BGB ist dispositiv, also nicht zwingend sondern durch den Arbeitsvertrag abdingbar. Ergibt sich also aus der Aufgabenstellung und/oder dem Arbeitsvertrag ein Ausschluss des § 616 BGB, dann kommt auch ein Vergütungsanspruch nach dieser Norm nicht in Betracht. Der Arbeitnehmer trägt dann selbst das Risiko vorübergehender Arbeitsverhinderung.

Typische Aufgabenstellungen, die eine Prüfung des Anspruchs auf Vergütung trotz Nichtleistung wegen vorübergehender Verhinderung erfordern, sind beispielsweise:

- ✔ Kann der Arbeitnehmer für seinen verspätungsbedingten Arbeitsausfall trotzdem seine Arbeitsvergütung verlangen?
- ✔ Ist der Arbeitgeber trotz des Nichterscheinens des Arbeitnehmers zur Lohnzahlung verpflichtet

Hilfreiche Eingangssätze zur Prüfung sind zum Beispiel:

- ✔ Der Arbeitnehmer könnte einen Anspruch auf Zahlung seiner Arbeitsvergütung nach § 616 BGB haben.
- ✔ Der Arbeitgeber könnte trotz der Verhinderung des Arbeitnehmers gemäß § 616 BGB zur Zahlung des Arbeitsentgeltes verpflichtet sein.

Prüfungsschema

I. Bestehender Arbeitsvertrag

II. Bestehender Vergütungsanspruch

1. Grundsatz: ohne Arbeit kein Geld § 611a BGB

2. Ausnahme: § 616 BGB

a. Verhinderung des Arbeitnehmers an der Erbringung seiner Arbeitsleistung

b. Verhinderung für eine verhältnismäßig nicht erhebliche Zeit (in der Regel einige Stunden bis wenige Tage)

c. Gründe für die Verhinderung liegen in der Person bzw. Sphäre des Arbeitnehmers (zum Beispiel: Unfall/schwere Erkrankung/Tod eines nahen Angehörigen; Geburt eines Kindes)

d. Kein Verschulden des Arbeitnehmers an der Verhinderung

aa. Verschulden bemisst sich nicht nach § 276 BGB

bb. Erforderlich ist ein »Verschulden gegen sich selbst«, das heißt ein grober Verstoß gegen das im Eigeninteresse eines vernünftigen Menschen liegende Verhalten

e. Kein Ausschluss des § 616 BGB

III. Rechtsfolge

Prüfungsschema für einen Anspruch auf Schadensersatz des Arbeitgebers nach § 280 Abs. 1 BGB

Auch die Prüfung von Schadensersatzansprüchen des Arbeitgebers gegen »seinen« Arbeitnehmer ist ein Dauerbrenner in arbeitsrechtlichen Klausuren. Hier spielen nämlich sowohl klassische zivilrechtliche Haftungsansprüche als auch die Besonderheiten der im Arbeitsrecht geltenden Haftungsprivilegierung des Arbeitnehmers bei betriebsbezogener Tätigkeit eine Rolle. So kann der Prüfer sich vergewissern, dass grundlegende rechtliche Fragestellungen erfasst wurden und der Studierende in der Lage ist, Grundlagen des Bürgerlichen Rechts im Rahmen arbeitsrechtlicher Modifikationen einer sachgerechten Lösung zuzuführen.

Typische Aufgabenstellungen, die zur Prüfung von Schadensersatzansprüchen führen, sind zum Beispiel:

- ✔ Kann der Arbeitgeber Ersatz des entstandenen Schadens vom Arbeitnehmer verlangen?
- ✔ Ist der Arbeitnehmer verpflichtet, den entstandenen Schaden zu ersetzen?

Hilfreiche Eingangssätze zur Prüfung sind zum Beispiel:

- ✔ Der Arbeitgeber könnte gegen den Arbeitnehmer einen Anspruch auf Ersatz des entstandenen Schadens haben, wenn die Tatbestandsvoraussetzungen des § 280 Abs. 1 BGB vorliegen. (Zur Vollständigkeit auch an die Prüfung des § 823 Abs. 1 BGB denken!)
- ✔ Der Arbeitnehmer könnte die Zahlung des Schadensersatzanspruchs verweigern, wenn dem Arbeitgeber kein Anspruch auf Schadensersatz gem. § 280 Abs. 1 BGB zusteht. (Zur Vollständigkeit auch an die Prüfung des § 823 Abs. 1 denken!)

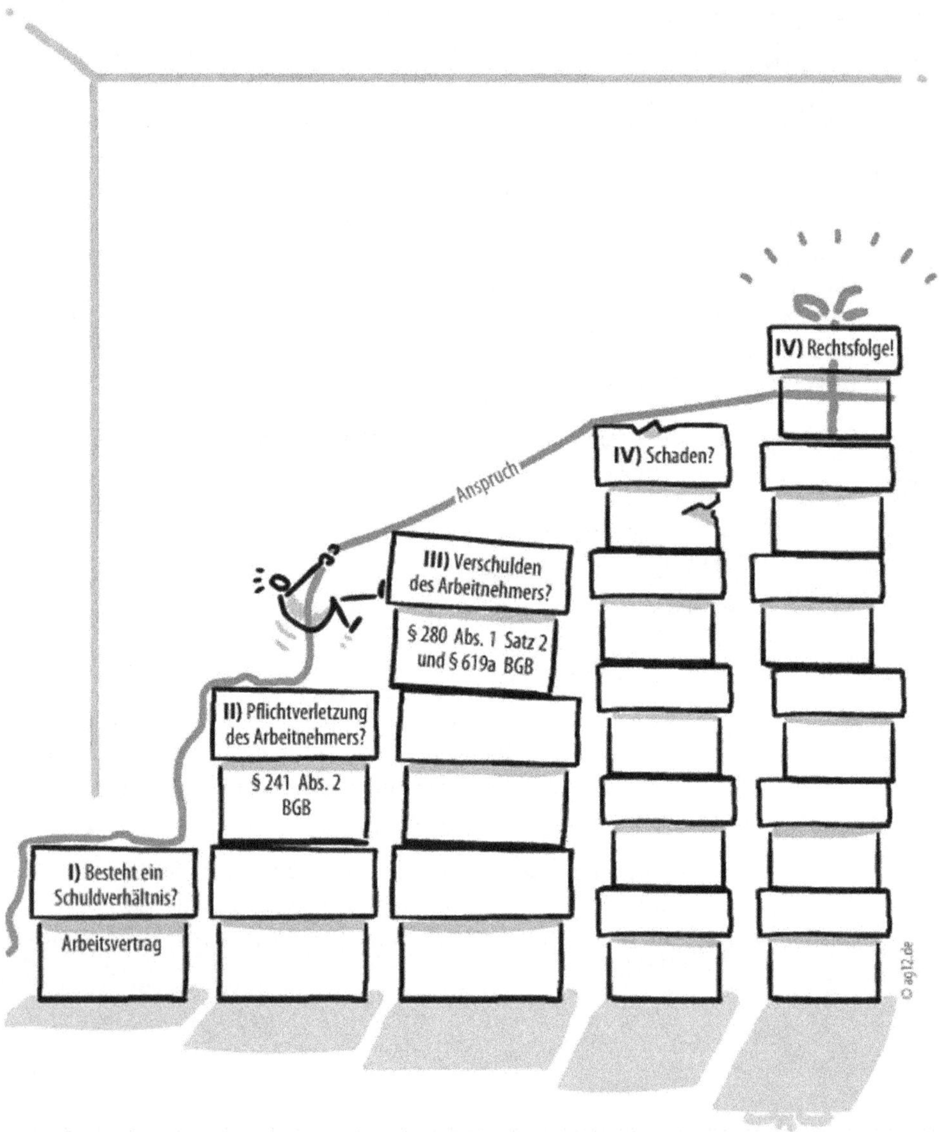
I) Besteht ein Schuldverhältnis?
Arbeitsvertrag
II) Pflichtverletzung des Arbeitnehmers?
§ 241 Abs. 2 BGB
III) Verschulden des Arbeitnehmers?
§ 280 Abs. 1 Satz 2 und § 619a BGB
IV) Schaden?
IV) Rechtsfolge!
Anspruch
© ag12.de

Prüfungsschema

I. Bestehen eines Schuldverhältnisses: Arbeitsverhältnis

II. Pflichtverletzung des Arbeitnehmers: Es genügt die Verletzung einer arbeitsvertraglichen Nebenpflicht § 241 Abs. 2 BGB

III. Verschulden des Arbeitnehmers § 280 Abs. 1 Satz 2, § 619a BGB:

1. Ausgangspunkt ist auch im Arbeitsverhältnis zunächst § 276 BGB, das heißt Haftung für Vorsatz und Fahrlässigkeit
2. Aufgrund der besonderen Situation des Arbeitnehmers wird dieser jedoch über § 254 BGB analog in seiner Haftung privilegiert, wenn die schadensauslösende Handlung bei einer betriebsbezogenen Tätigkeit begangen wurde:
   - **a.** Bei Vorsatz und grober Fahrlässigkeit: volle Haftung des Arbeitnehmers
   - **b.** Bei mittlerer (»normaler«) Fahrlässigkeit: anteilige Haftung von Arbeitnehmer und Arbeitgeber (Quotelung) je nach Einzelfall
   - **c.** Bei leichter Fahrlässigkeit: keine Haftung des Arbeitnehmers

IV. Schaden

V. Rechtsfolge

Prüfungsschema für die Anfechtung des Arbeitsvertrages

Die Anfechtung des Arbeitsvertrages beziehungsweise der auf den Abschluss des Arbeitsvertrages gerichteten Willenserklärung ist ein weiterer Dauerbrenner in arbeitsrechtlichen Klausuren. Die einschlägigen Sachverhalte gehören zwar zum Arbeitsrecht, die Lösung erfolgt aber nach den klassischen Regeln der Anfechtung des Bürgerlichen Rechts. Wieder so ein Thema, bei dem es dem Korrektor gelingt, Grundlegendes aus beiden Rechtsgebieten gemeinsam abzuprüfen, häufig in Verbindung mit im Bewerbungsgespräch gestellten Fragen, die vom Bewerber (und späteren Arbeitnehmer) unwahr beantwortet wurden.

Typische Aufgabenstellungen, die zur Prüfung der Anfechtungsvoraussetzungen führen, sind zum Beispiel:

- Kann der Arbeitgeber den Arbeitsvertrag anfechten?
- Als der Arbeitgeber später erfährt, dass ihn der Arbeitnehmer im Vorstellungsgespräch belogen hat, möchte er mit diesem nichts mehr zu tun haben.

Hilfreiche Eingangssätze zur Prüfung sind zum Beispiel:

- Der Arbeitgeber könnte die Anfechtung erklären, wenn die Voraussetzungen einer wirksamen Anfechtung gemäß §§ 142, 119 ff. BGB vorliegen.
- Mit der Erklärung, dass er mit dem Arbeitnehmer nichts mehr zu tun haben will, könnte der Arbeitgeber die Anfechtung des Arbeitsvertrages gemäß §§ 142, 143 BGB erklärt haben. Die Anfechtung wäre wirksam, wenn die Anfechtungsvoraussetzungen vorliegen.

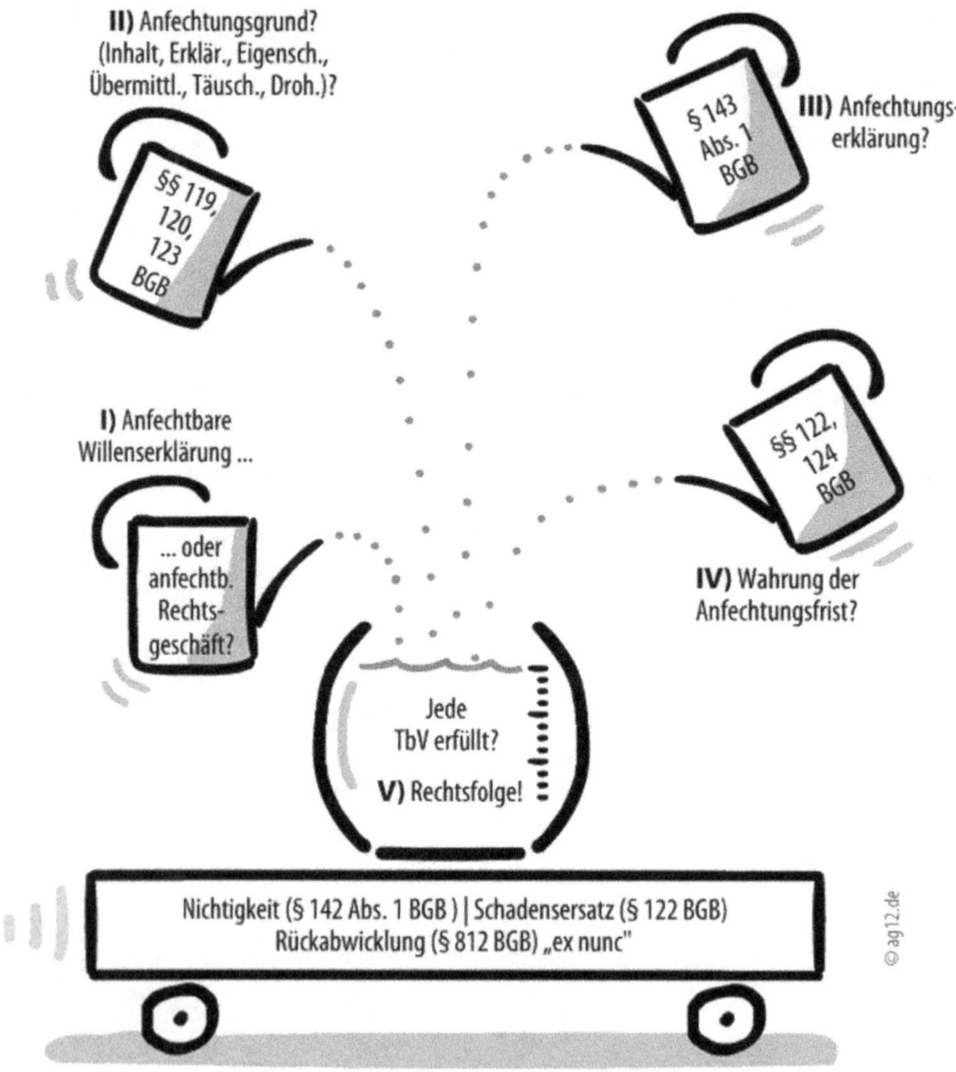
II) Anfechtungsgrund?
(Inhalt, Erklär., Eigensch.,
Übermittl., Täusch., Droh.)?
§§ 119, 120, 123 BGB
§ 143 Abs. 1 BGB
III) Anfechtungs-erklärung?
I) Anfechtbare Willenserklärung ...
... oder anfechtb. Rechts-geschäft?
§§ 122, 124 BGB
IV) Wahrung der Anfechtungsfrist?
Jede TbV erfüllt?
V) Rechtsfolge!
Nichtigkeit (§ 142 Abs. 1 BGB) | Schadensersatz (§ 122 BGB)
Rückabwicklung (§ 812 BGB) „ex nunc"
© ag12.de

Prüfungsschema

I. Vorliegen einer anfechtbaren Willenserklärung / eines anfechtbaren Rechtsgeschäfts

II. Vorliegen eines Anfechtungsgrundes

1. Inhaltsirrtum § 119 Abs. 1 1. Fall BGB
2. Erklärungsirrtum § 119 Abs. 1 2. Fall BGB
3. Eigenschaftsirrtum § 119 Abs. 2 BGB
4. Falsche Übermittlung § 120 BGB
5. Arglistige Täuschung § 123 Abs. 1 1. Fall BGB
6. Widerrechtliche Drohung § 123 Abs. 1 2. Fall BGB

III. Anfechtungserklärung § 143 Abs. 1 BGB

IV. Wahrung der Anfechtungsfrist

1. § 122 BGB »unverzüglich« für die Anfechtungsgründe der §§ 119, 120 BGB
2. § 124 BGB »binnen Jahresfrist« für die Anfechtungsgründe des § 123 Abs. 1 BGB (beachte Fristbeginn § 124 Abs. 2 und Zehn-Jahre-Höchstfrist § 124 Abs. 3 BGB)

V. Rechtsfolgen:

1. Nichtigkeit des Arbeitsvertrages gemäß § 142 Abs. 1 BGB
2. Gegebenenfalls Schadensersatz des Anfechtenden gemäß § 122 BGB
3. Rückabwicklung über § 812 BGB scheitert an der »Macht des Faktischen«, daher Vernichtung nicht rückwirkend (ex tunc) sondern für die Zukunft (ex nun), nicht ex tunc; sogenanntes faktisches Arbeitsverhältnis

Prüfungsschema für die Wirksamkeit einer Befristung des Arbeitsvertrages - § 14 TzBfG

Die Anforderungen an eine wirksame Befristung eines Arbeitsverhältnisses sind umfangreich, komplex und voller Fallstricke. Zudem führt die Unwirksamkeit der Befristung zum in der Praxis seitens des Vertragserstellers gerade nicht gewollten Ergebnis eines unbefristeten Arbeitsvertrages (vgl. § 16 TzBfG). Es kann daher nicht überraschen, dass die Prüfung der Wirksamkeit von Befristungen ein beliebtes Klausur- und Prüfungsthema ist.

Typische Aufgabenstellungen, die zur Prüfung der Wirksamkeit einer Befristung führen, sind zum Beispiel:

- ✔ Ist die zwischen den Arbeitsvertragsparteien vereinbarte Befristung wirksam?
- ✔ Hat die Entfristungsklage des Arbeitnehmers nach § 17 TzBfG Aussicht auf Erfolg?

Hilfreiche Eingangssätze zur Prüfung sind zum Beispiel:

- ✔ Die vereinbarte Befristung ist wirksam, wenn die Voraussetzungen des § 14 TzBfG gegeben sind.
- ✔ Die Entfristungsklage des Arbeitnehmers hat Erfolg, wenn die Befristung des Arbeitsvertrages unwirksam ist.

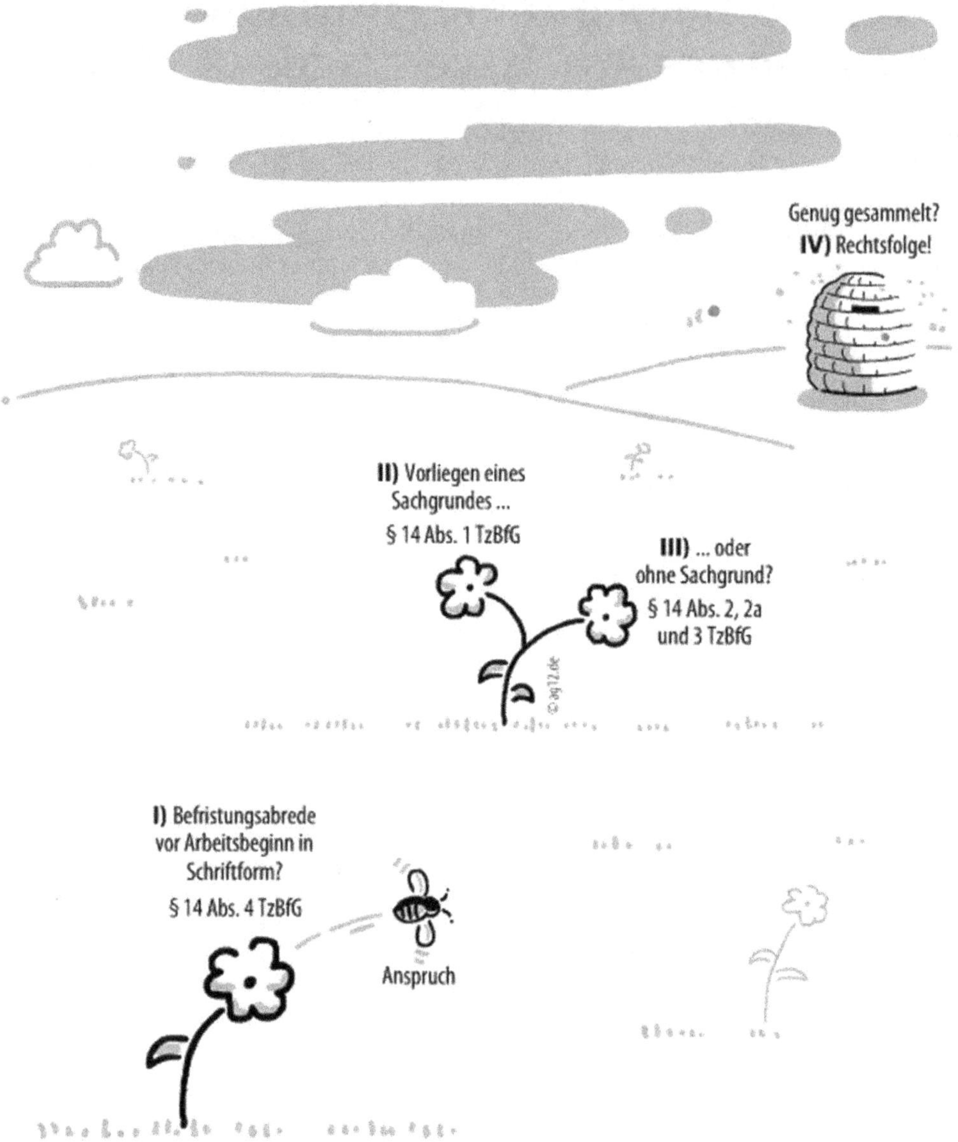
Genug gesammelt?
IV) Rechtsfolge!
II) Vorliegen eines Sachgrundes ...
§ 14 Abs. 1 TzBfG
III) ... oder ohne Sachgrund?
§ 14 Abs. 2, 2a und 3 TzBfG
© ag12.de
I) Befristungsabrede vor Arbeitsbeginn in Schriftform?
§ 14 Abs. 4 TzBfG
Anspruch

Prüfungsschema

I. Befristungsabrede vor Arbeitsbeginn in Schriftform erfolgt, § 14 Abs. 4 TzBfG

II. Vorliegen eines Sachgrundes, § 14 Abs. 1 TzBfG (fehlt dieser siehe III.):

1. Vorübergehender Bedarf an der Arbeitsleistung (z. B. Saisonarbeit)
2. Übergangserleichterung in Beschäftigung im Anschluss an Ausbildung oder Studium
3. Vertretung eines anderen Arbeitnehmers (z. B. Elternzeit- oder Krankheitsvertretung)
4. Eigenart der Arbeitsleistung (z. B. Profi-Sportler, Schauspieler)
5. Erprobung (maximal für 6 Monate zulässig)
6. Gründe in der Person des Arbeitnehmers (z. B. nur begrenzte Arbeits- und/oder Aufenthaltserlaubnis)
7. Zeitlich befristete Haushaltsmittel (insbesondere im Öffentlichen Dienst von Relevanz)
8. Gerichtlicher Vergleich
9. Sonstiger, nicht explizit von § 14 Abs. 1 TzBfG genannter Grund

III. Ohne Vorliegen eines Sachgrundes, § 14 Abs. 2, 2a und 3 TzBfG (bei Befristung mit Sachgrund siehe II.):

1. Befristungsdauer maximal zwei Jahre
2. Maximal dreimalige Verlängerung innerhalb der Höchstdauer von zwei Jahren
3. Keine Vorbeschäftigung des Arbeitnehmers (weder befristet noch unbefristet), Abs. 2 Satz 2
4. Etwaige abweichende Regelung durch Tarifvertrag
5. Sofern einschlägig: Zulässigkeit nach § 14 Abs. 2a TzBfG (Privilegierung neu gegründeter Unternehmen)
6. Sofern einschlägig: Zulässigkeit nach § 14 Abs. 3 TzBfG (Beschäftigung älterer, zuvor beschäftigungsloser oder geförderter Arbeitnehmer)

IV. Rechtsfolge

Prüfungsschema für die Wirksamkeit einer ordentlichen Kündigung

Die Überprüfung der von einem Arbeitgeber ausgesprochenen Kündigung gehört zu »den« Klassikern in der juristischen Prüfung und stellt auch den in der arbeitsgerichtlichen Praxis am häufigsten vorkommenden Fall dar.

Typische Aufgabenstellungen, die die Prüfung der Wirksamkeit einer ordentlichen Kündigung erfordern, sind zum Beispiel:

- ✔ Ist die Kündigung wirksam?
- ✔ Nehmen Sie zur Wirksamkeit der Kündigung Stellung.
- ✔ Ist die Kündigungsschutzklage begründet?
- ✔ Hat die Kündigungsschutzklage Aussicht auf Erfolg?

Hilfreiche Eingangssätze zur Prüfung sind zum Beispiel:

- ✔ Die Kündigung ist wirksam, wenn alle Kündigungsvoraussetzungen vorliegen.
- ✔ Die Kündigungsschutzklage ist begründet, wenn die Kündigung unwirksam ist. Dies ist der Fall, wenn nicht alle Kündigungsvoraussetzungen vorliegen.
- ✔ Die Kündigungsschutzklage hat Aussicht auf Erfolg, wenn die Kündigung unwirksam ist. Dies ist der Fall, wenn nicht alle Kündigungsvoraussetzungen vorliegen.

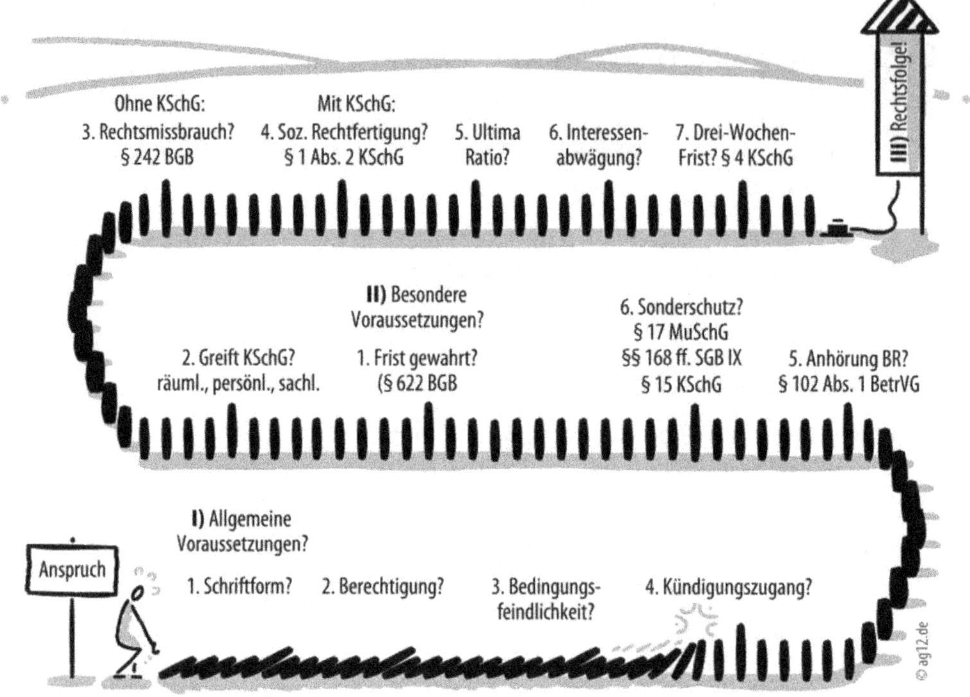

Prüfungsschema

I. Allgemeine Kündigungsvoraussetzungen

1. Schriftform gewahrt § 623 BGB, § 126 BGB
2. Kündigungsberechtigung der kündigenden Person
3. Bedingungsfeindlichkeit gewahrt
4. Zugang der Kündigung
5. Anhörung des Betriebsrats erfolgt § 102 Abs. 1 BetrVG
6. Nur soweit einschlägig: greift Sonderkündigungsschutz, zum Beispiel § 17 MuSchG (schwanger, vor kurzem entbunden), §§ 168 ff. SGB IX (Schwerbehinderung), § 15 KSchG (Betriebsverfassungsrechtliche Funktionsträger)

II. Besondere Kündigungsvoraussetzungen

1. Einschlägige Kündigungsfrist gewahrt (§ 622 BGB; Arbeitsvertrag; sofern einschlägig: Tarifvertrag)
2. Greift das Kündigungsschutzgesetz (KSchG)
   a. räumlich: Territorialitätsprinzip

b. persönlich: Betriebszugehörigkeit länger als sechs Monate § 1 Abs. 1 KSchG

c. sachlich: Schwellenwert erreicht (mehr als zehn Arbeitnehmer beziehungsweise mehr als fünf Altarbeitnehmer) § 23 Abs. 1 KSchG

3. Falls das KSchG nicht eingreift, ist die Kündigung grds. wirksam; Ausnahmen: Rechtsmissbrauch § 242 BGB (nur, wenn der Sachverhalt hierzu eindeutige Hinweise enthält) oder Verstoß gegen das Ultima-Ratio-Prinzip (ebenfalls selten, da die Kündigung außerhalb des KSchG keiner Begründung bedarf)

4. Falls das KSchG eingreift, bedarf die Kündigung zu ihrer Wirksamkeit der sozialen Rechtfertigung § 1 Abs. 2 KSchG. Hierfür muss zwingend einer der drei folgenden Kündigungsgründe gegeben sein:

   a. Personenbedingt: Hauptfall Praxis/Klausur: Erkrankung des Arbeitnehmers

      aa. Negative Gesundheitsprognose

      bb. Erhebliche Beeinträchtigung betrieblicher Interessen durch die Erkrankung

      cc. siehe nachfolgende Prüfungspunkte 5 (milderes Mittel insbesondere Versetzung auf einen weniger anspruchsvollen Arbeitsplatz) und 6

   b. Verhaltensbedingt

      aa. Schuldhafter Verstoß gegen arbeitsvertragliche Pflichten

      bb. siehe nachfolgende Prüfungspunkte 5 (milderes Mittel insbesondere Abmahnung) und 6

   c. Betriebsbedingt

      aa. Wegfall des bisherigen Arbeitsplatzes aufgrund unternehmerischer Entscheidung

      bb. Keine Möglichkeit der Weiterbeschäftigung auf einem anderen Arbeitsplatz, gegebenenfalls auch nach zumutbaren Umschulungs- oder Fortbildungsmaßnahmen oder unter geänderten Arbeitsbedingungen, wenn der Arbeitnehmer hiermit sein Einverständnis erklärt hat

      cc. Sofern einschlägig: Sozialauswahl ordnungsgemäß durchgeführt anhand der zwingenden Kriterien Lebensalter, Dauer der Betriebszugehörigkeit, Unterhaltspflichten, Schwerbehinderung

      dd. siehe nachfolgende Prüfungspunkte 5 und 6

5. Ultima-Ratio-Prinzip gewahrt

6. Interessenabwägung fällt zugunsten des Arbeitgebers aus

7. Sofern nach der Kündigungsschutzklage gefragt ist: 3-Wochen-Frist zur Erhebung der Klage gewahrt § 4 KSchG

III. Rechtsfolge

Prüfungsschema für die Wirksamkeit einer außerordentlichen (fristlosen) Kündigung

Die Überprüfung einer vom Arbeitgeber ausgesprochenen fristlosen Kündigung gehört ebenso wie die Prüfung der ordentlichen Kündigung zu »den« Klassikern in der juristischen Prüfung. Beachten Sie, dass die Aufgabenstellung auch die Prüfung beider Kündigungen vorsehen kann. Für die Praxis typisch ist nämlich, dass eine fristlose (außerordentliche) Kündigung hilfsweise mit einer fristgerechten (ordentlichen) Kündigung verbunden wird. Ist dies der Fall, so ist zunächst die Wirksamkeit der fristlosen und sodann – gegebenenfalls hilfsweise – der ordentlichen Kündigung zu prüfen.

Typische Aufgabenstellungen, die die Prüfung der Wirksamkeit einer außerordentlichen Kündigung erfordern, sind zum Beispiel:

- ✔ Ist die fristlose Kündigung wirksam?
- ✔ Nehmen Sie zur Wirksamkeit der fristlosen Kündigung Stellung.
- ✔ Ist die Kündigungsschutzklage gegen die außerordentliche Kündigung begründet?
- ✔ Hat die Kündigungsschutzklage Aussicht auf Erfolg?

Hilfreiche Eingangssätze zur Prüfung sind zum Beispiel:

- ✔ Die fristlose Kündigung ist wirksam, wenn alle Kündigungsvoraussetzungen vorliegen.
- ✔ Die Kündigungsschutzklage ist begründet, wenn die fristlose Kündigung unwirksam ist. Dies ist der Fall, wenn nicht alle Kündigungsvoraussetzungen vorliegen.
- ✔ Die Kündigungsschutzklage hat Aussicht auf Erfolg, wenn die außerordentliche Kündigung unwirksam ist. Dies ist der Fall, wenn nicht alle Kündigungsvoraussetzungen vorliegen.

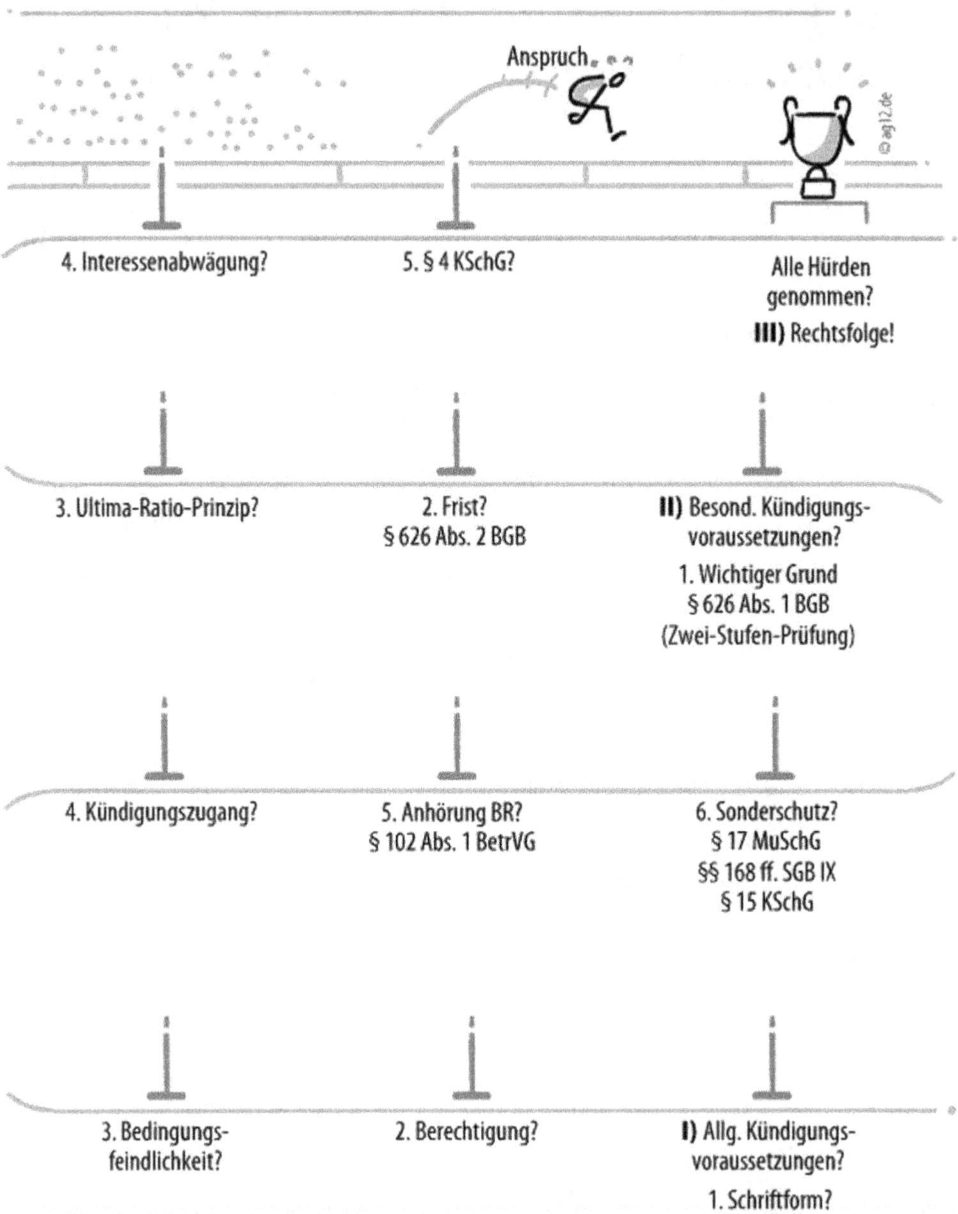
I) Allg. Kündigungs-
voraussetzungen?
1. Schriftform?
2. Berechtigung?
3. Bedingungs-
feindlichkeit?
4. Kündigungszugang?
5. Anhörung BR?
§ 102 Abs. 1 BetrVG
6. Sonderschutz?
§ 17 MuSchG
§§ 168 ff. SGB IX
§ 15 KSchG
II) Besond. Kündigungs-
voraussetzungen?
1. Wichtiger Grund
§ 626 Abs. 1 BGB
(Zwei-Stufen-Prüfung)
2. Frist?
§ 626 Abs. 2 BGB
3. Ultima-Ratio-Prinzip?
4. Interessenabwägung?
5. § 4 KSchG?
Anspruch
Alle Hürden
genommen?
III) Rechtsfolge!
©ag12.de

Prüfungsschema

I. Allgemeine Kündigungsvoraussetzungen

1. Schriftform gewahrt § 623 BGB, § 126 BGB
2. Kündigungsberechtigung der kündigenden Person
3. Bedingungsfeindlichkeit gewahrt
4. Zugang der Kündigung
5. Anhörung des Betriebsrats erfolgt § 102 Abs. 1 BetrVG
6. Nur soweit einschlägig: greift Sonderkündigungsschutz, z. B. § 17 MuSchG (schwanger, vor kurzem entbunden), §§ 168 ff. SGB IX (Schwerbehinderung), § 15 KSchG (Betriebsverfassungsrechtliche Funktionsträger)

II. Besondere Kündigungsvoraussetzungen

1. Wichtiger Grund, der die Fortsetzung des Arbeitsverhältnisses unzumutbar macht § 626 Abs. 1 BGB; nach dem BAG wird dies mit der »Zwei-Stufen-Prüfung« geprüft:
   a. Erste Stufe: Ist der Grund »an sich« ausreichend. Zu bejahen, wenn das Arbeitsverhältnis durch den Vorfall objektiv belastet ist und sich diese Belastung auch in Zukunft negativ auf die Zusammenarbeit auswirkt. Wenn dies so ist:
   b. Zweite Stufe: Ist der Vorfall auch unter Berücksichtigung aller Umstände des konkreten Einzelfalles ausreichend, um die fristlose Kündigung zu rechtfertigen (das BAG führt hier die »integrierte« Prüfung der Punkte 3 und 4 mit durch)
2. Ausschlussfrist des § 626 Abs. 2 BGB gewahrt
3. Ultima-Ratio-Prinzip gewahrt
4. Interessenabwägung fällt zugunsten des Arbeitgebers aus
5. Sofern nach der Kündigungsschutzklage gefragt ist: 3-Wochen-Frist zur Erhebung der Klage gewahrt § 4 KSchG

III. Rechtsfolge

Prüfungsschema für die Wirksamkeit einer Verdachtskündigung

Gerät der Arbeitnehmer in Verdacht, eine Straftat (gegenüber seinem Arbeitgeber) begangen zu haben, ist es für diesen unter bestimmten, engen Voraussetzungen möglich, eine Verdachtskündigung auszusprechen. Ausgesprochen wird sie regelmäßig als fristlose Kündigung. Stellt sich später die Unschuld des Arbeitnehmers heraus bleibt die Wirksamkeit der Verdachtskündigung davon unberührt. Die Kenntnis der Voraussetzungen der Verdachtskündigung kann bei entsprechenden Prüfungssaufgaben sehr hilfreich sein.

Typische Aufgabenstellungen, die die Prüfung der Wirksamkeit einer Verdachtskündigung erfordern, sind zum Beispiel:

- ✔ Kann der Arbeitgeber das Arbeitsverhältnis kündigen, obwohl noch unklar ist, ob der Arbeitnehmer die Straftat überhaupt begangen hat?
- ✔ Der Arbeitgeber möchte nicht warten, bis das polizeiliche Ermittlungsverfahren/das Strafverfahren gegen den Arbeitnehmer abgeschlossen ist. Kann er bereits jetzt das Arbeitsverhältnis kündigen?
- ✔ Ist die (Verdachts)Kündigung wirksam?

Hilfreiche Eingangssätze zur Prüfung sind zum Beispiel:

- ✔ Der Arbeitgeber kann das Arbeitsverhältnis bereits zum jetzigen Zeitpunkt/vor Abschluss des Strafverfahrens kündigen, wenn die Voraussetzungen einer Verdachtskündigung vorliegen.
- ✔ Die (Verdachts)Kündigung ist wirksam, wenn alle (Verdachts)Kündigungsvoraussetzungen vorliegen.

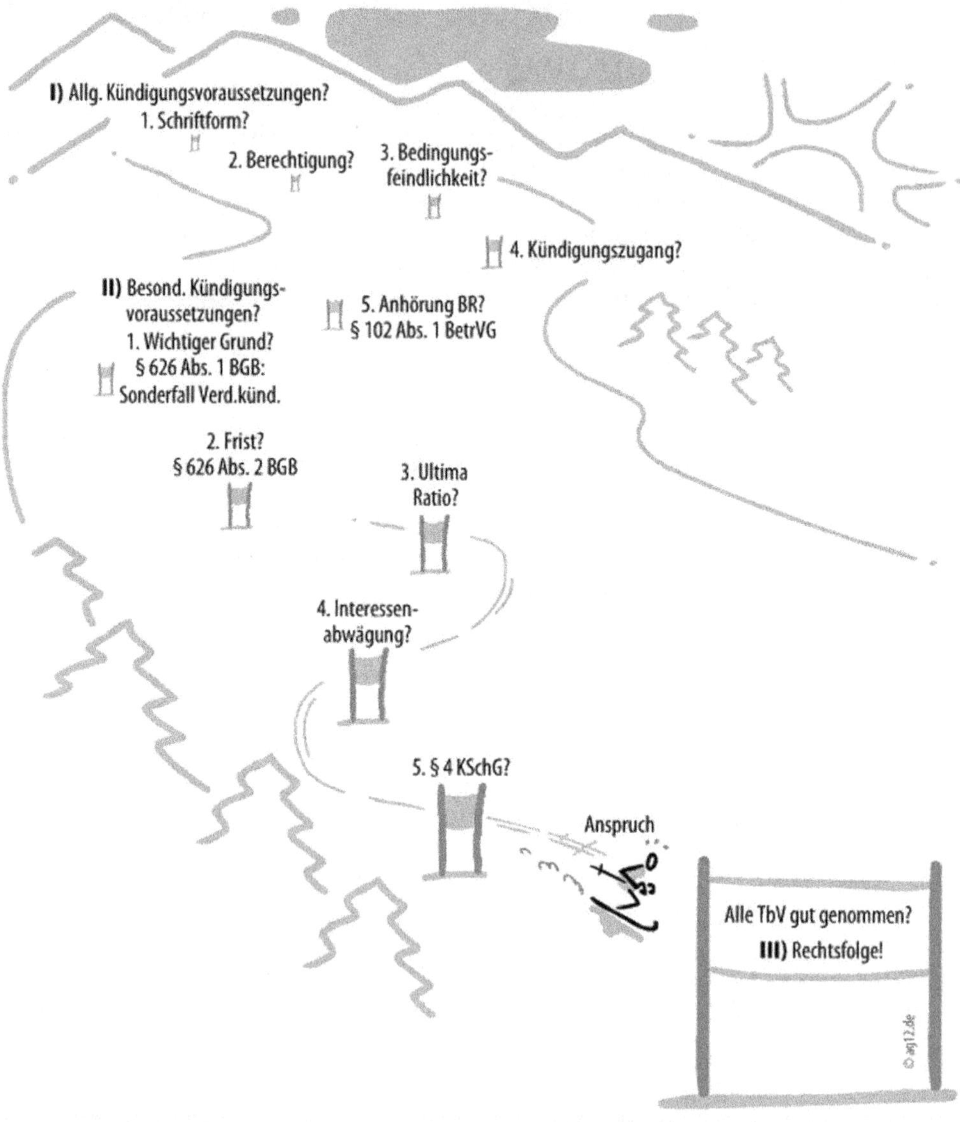
I) Allg. Kündigungsvoraussetzungen?
1. Schriftform?
2. Berechtigung?
3. Bedingungsfeindlichkeit?
4. Kündigungszugang?
II) Besond. Kündigungsvoraussetzungen?
1. Wichtiger Grund?
§ 626 Abs. 1 BGB:
Sonderfall Verd.künd.
5. Anhörung BR?
§ 102 Abs. 1 BetrVG
2. Frist?
§ 626 Abs. 2 BGB
3. Ultima Ratio?
4. Interessenabwägung?
5. § 4 KSchG?
Anspruch
Alle TbV gut genommen?
III) Rechtsfolge!
© ag12.de

Prüfungsschema

I. Allgemeine Kündigungsvoraussetzungen

1. Schriftform gewahrt § 623 BGB, § 126 BGB
2. Kündigungsberechtigung der kündigenden Person
3. Bedingungsfeindlichkeit gewahrt
4. Zugang der Kündigung
5. Anhörung des Betriebsrats erfolgt § 102 Abs. 1 BetrVG
6. Nur soweit einschlägig: greift Sonderkündigungsschutz, zum Beispiel § 17 MuSchG (schwanger, vor kurzem entbunden), §§ 168 ff. SGB IX (Schwerbehinderung), § 15 KSchG (Betriebsverfassungsrechtliche Funktionsträger)

II. Besondere Kündigungsvoraussetzungen

1. Wichtiger Grund, der die Fortsetzung des Arbeitsverhältnisses unzumutbar macht § 626 Abs. 1 BGB: Sonderfall Verdachtskündigung
   a. Kündigung erfolgt unter ausdrücklichem Hinweis auf den Verdacht einer strafbaren Handlung des Arbeitnehmers
   b. Die Straftat, derer der Arbeitnehmer verdächtigt wird, muss so schwerwiegend sein, dass sie die Fortsetzung des Arbeitsverhältnisses unzumutbar macht
   c. Es besteht ein dringender, durch objektive Tatsachen begründeter Tatverdacht gegen den Arbeitnehmer
   d. Der Arbeitgeber hat sich hinreichend um die Aufklärung des Sachverhalts bemüht (keine Verdachtskündigung »ins Blaue hinein«)
   e. Dem Arbeitnehmer wurde Gelegenheit gegeben, sich zu dem ihm gegenüber bestehenden Verdacht zu äußern und diesen zu entkräften
2. Ausschlussfrist des § 626 Abs. 2 BGB gewahrt
3. Ultima-Ratio-Prinzip gewahrt
4. Interessenabwägung fällt zugunsten des Arbeitgebers aus
5. Sofern nach der Kündigungsschutzklage gefragt ist: 3-Wochen-Frist zur Erhebung der Klage gewahrt § 4 KSchG

III. Rechtsfolge

Prüfungsschema auf Gewährung einer Sonderzahlung aufgrund betrieblicher Übung

Die betriebliche Übung »geistert« seit Jahrzehnten durch die arbeitsrechtlichen Klausuraufgaben. Auch in der betrieblichen Praxis finden Sie das Thema nach wie vor. Ist eine betriebliche Übung einmal rechtswirksam entstanden, so besteht für den Arbeitgeber so gut wie keine Möglichkeit, diese einseitig zu beenden.

Typische Aufgabenstellungen, die zu einer Prüfung eines Anspruchs aus betrieblicher Übung führen, sind zum Beispiel:

- ✔ Ist der Arbeitgeber zur Zahlung des Weihnachtsgeldes verpflichtet?
- ✔ Hat der Arbeitnehmer einen Anspruch auf die Jahressonderzahlung?
- ✔ Auf welcher Grundlage können die Arbeitnehmer die Gewährung des »13. Monatsgehalts« einfordern?

Hilfreiche Eingangssätze zur Prüfung sind zum Beispiel:

- ✔ Der Arbeitgeber wäre zur Zahlung des Weihnachtsgeldes verpflichtet, wenn dem Arbeitnehmer ein entsprechender Anspruch zusteht. Dieser könnte sich aus einer betrieblichen Übung ergeben.
- ✔ Der Arbeitnehmer könnte die Jahressonderzahlung aufgrund bestehender betrieblicher Übung fordern.
- ✔ Der Anspruch der Arbeitnehmer auf Gewährung des »13. Monatsgehalts« könnte sich aus betrieblicher Übung ergeben.

Prüfungsschema:

I. Betriebliche Übung entstanden?

   1. Wiederholtes (mindestens dreimaliges), gleichförmiges Verhalten des Arbeitgebers durch Gewährung einer zusätzlichen Leistung, auf die nach dem Arbeitsvertrag (oder sofern einschlägig nach einem Tarifvertrag) kein Anspruch besteht

   2. Übung auch gegenüber dem Anspruchsteller

   3. Kein ausdrücklicher Widerrufs- oder Freiwilligkeitsvorbehalt

II. Betriebliche Übung nicht beseitigt

   1. Änderungskündigung

   2. Widerruf (nur möglich bei existenzieller Gefährdung des Betriebs)

III. Rechtsfolge

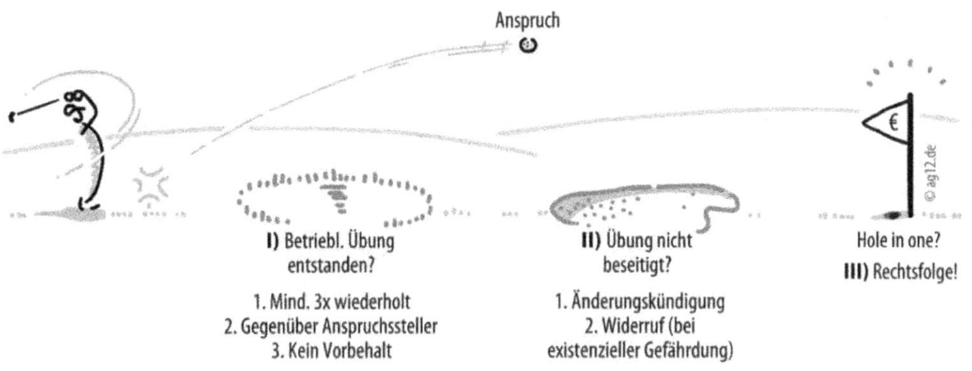

Prüfungsschema für die Geltendmachung eines Anspruchs aus einem Tarifvertrag

Die Aufgabenstellung, Ansprüche aus einem Tarifvertrag zu prüfen, kommt in den Hochschulklausuren ebenfalls vor. Allerdings muss hierzu der Klausursachverhalt zumindest Auszüge aus dem betreffenden Tarifvertrag enthalten, sodass diese Aufgabenstellungen eher selten vorkommen. Dennoch müssen Sie mit einer solchen Aufgabenstellung unter Umständen rechnen, wenn Ihr Dozent auch in der arbeitsrechtlichen Praxis aktiv ist. Dort – in der Praxis – spielen Tarifverträge eine starke Rolle.

Typische Aufgabenstellungen, die zu einer Prüfung eines Anspruchs aus einem Tarifvertrag führen, sind zum Beispiel:

- ✔ Hat der Arbeitnehmer einen Anspruch auf Zahlung des Tariflohns?
- ✔ Kann der Arbeitnehmer die im Tarifvertrag geregelte Sozialleistung fordern?
- ✔ Ist der Arbeitgeber zur Gewährung der tarifvertraglichen Konditionen verpflichtet?

Hilfreiche Eingangssätze zur Prüfung sind zum Beispiel:

- ✔ Der Arbeitnehmer könnte Anspruch auf Zahlung des Tariflohns haben, wenn der Tarifvertrag für ihn und seinen Arbeitgeber Anwendung findet.
- ✔ Die tarifvertragliche Sozialleistung würde dem Arbeitnehmer zustehen, wenn er vom Geltungsbereich des Tarifvertrages erfasst ist.
- ✔ Der Arbeitgeber wäre zur Gewährung der tarifvertraglich geregelten Konditionen verpflichtet, wenn der Tarifvertrag für ihn und seine Arbeitnehmer Wirkung entfaltet.

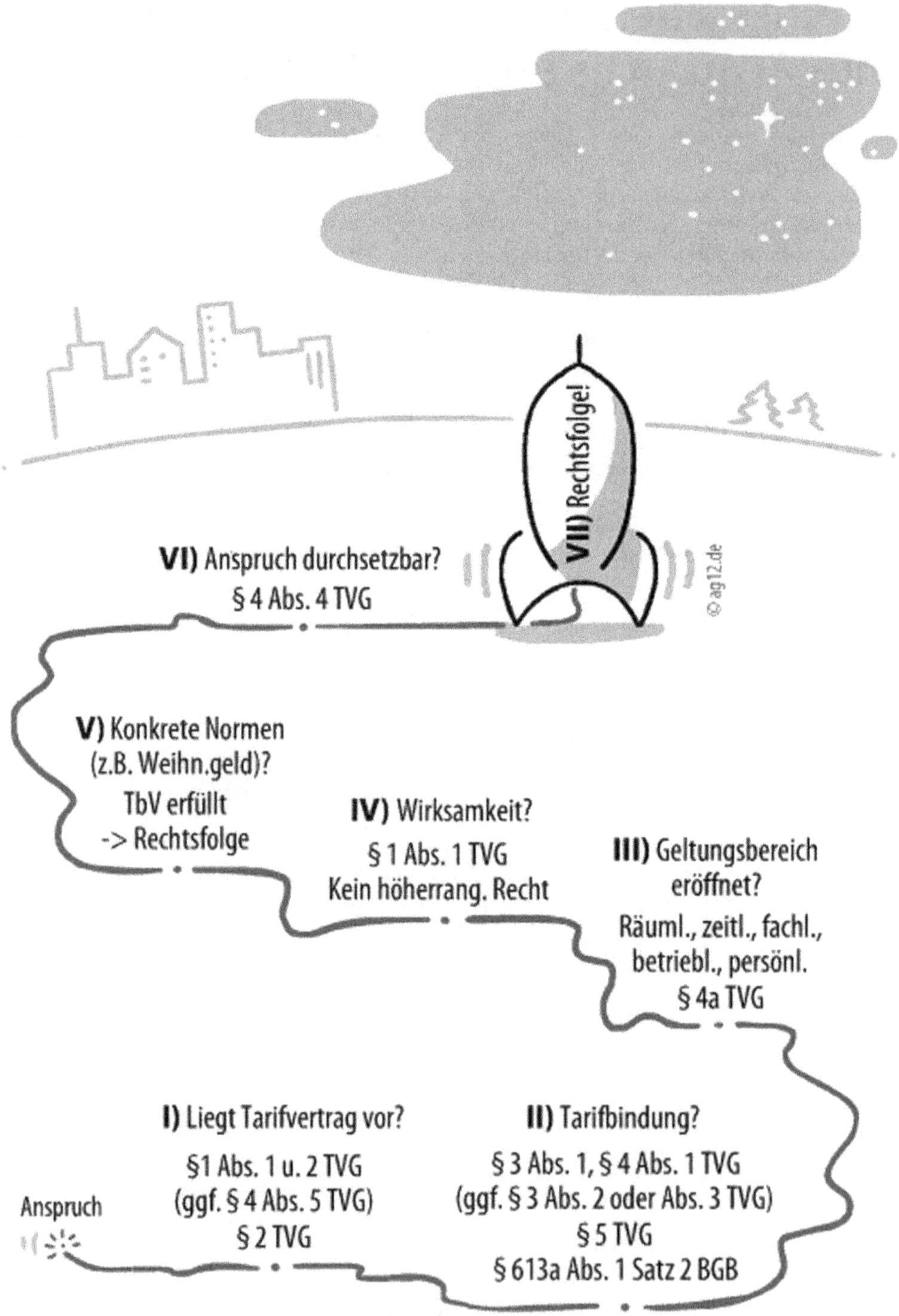
VII) Rechtsfolge!
VI) Anspruch durchsetzbar?
§ 4 Abs. 4 TVG
V) Konkrete Normen
(z.B. Weihn.geld)?
TbV erfüllt
-> Rechtsfolge
IV) Wirksamkeit?
§ 1 Abs. 1 TVG
Kein höherrang. Recht
III) Geltungsbereich
eröffnet?
Räuml., zeitl., fachl.,
betriebl., persönl.
§ 4a TVG
I) Liegt Tarifvertrag vor?
§1 Abs. 1 u. 2 TVG
(ggf. § 4 Abs. 5 TVG)
§ 2 TVG
II) Tarifbindung?
§ 3 Abs. 1, § 4 Abs. 1 TVG
(ggf. § 3 Abs. 2 oder Abs. 3 TVG)
§ 5 TVG
§ 613a Abs. 1 Satz 2 BGB
Anspruch
© ag12.de

Prüfungsschema

I. Bestehen eines Tarifvertrages

1. Vorliegen eines Tarifvertrages 1 Abs. 1 TVG (ggf. über Nachwirkung § 4 Abs. 5 TVG)

2. Schriftform § 1 Abs. II TVG

3. Vertragsparteien sind tariffähig § 2 TVG und tarifzuständig (gemäß ihren Satzungen)

II. Tarifbindung

1. Anspruchsteller und Anspruchsgegner sind tarifgebunden § 3 Abs. 1, § 4 Abs. 1 TVG, das heißt, Arbeitnehmer ist Mitglied der tarifvertragsschließenden Gewerkschaft, Arbeitgeber ist Mitglied des tarifvertragsschließenden Arbeitgeberverbands oder selbst Tarifvertragspartner (gegebenenfalls auch über § 3 Abs. 2 oder Abs. 3 TVG)

2. Tarifbindung durch Allgemeinverbindlichkeit des Tarifvertrages § 5 TVG

3. »Tarifbindung« über den Sonderfall des Betriebsübergangs nach § 613a Abs. 1 Satz 2 BGB

III. Geltungsbereich des Tarifvertrages eröffnet

1. Räumlich

2. Zeitlich

3. Fachlich

4. Betrieblich

5. Persönlich

6. Gegebenenfalls zu prüfen: Tarifkonkurrenz / Tarifpluralität / Tarifkollision § 4a TVG

IV. Wirksamkeit der tarifvertraglichen Regelung

1. Regelungskompetenz der Tarifvertragsparteien § 1 Abs. 1 TVG

2. Kein Verstoß gegen höherrangiges Recht

V. Voraussetzungen der konkreten Tarifvertragsnorm (zum Beispiel »Weihnachtsgeld«)

1. Tatbestandsvoraussetzungen erfüllt

2. Rechtsfolge

VI. Durchsetzbarkeit des Anspruchs § 4 Abs. 4 TVG

VII. Rechtsfolge

Prüfungsschema auf einen Nachteilsausgleich nach § 113 BetrVG

Die Prüfung eines individuellen Anspruchs auf Nachteilsausgleich aufgrund einer zum kollektiven Arbeitsrecht gehörenden Betriebsänderung ist ein weiterer typischer arbeitsrechtlicher Klausurfall. Durch derartige Aufgabenstellungen kann Ihr Dozent abprüfen, ob Sie das Ineinandergreifen von Individualarbeitsrecht und kollektivem Arbeitsrecht verstanden haben. Decken Ihre Vorlesungen »nur« das Individualarbeitsrecht ab, können Sie dieses Schema getrost überspringen – die Wahrscheinlichkeit der Prüfung liegt nahe null.

Typische Aufgabenstellungen, die zu einer Prüfung eines Nachteilsausgleichs führen, sind zum Beispiel:

- ✔ Hat der Arbeitnehmer einen Anspruch auf Zahlung einer Abfindung?
- ✔ Kann der Arbeitnehmer einen Ausgleich für die aufgrund der Betriebsverlegung entstehenden erhöhten Fahrtkosten verlangen?
- ✔ Ist der Arbeitgeber zur Zahlung von Abfindungen an die aufgrund der Betriebsschließung entlassenen Arbeitnehmer verpflichtet?

Hilfreiche Eingangssätze zur Prüfung sind zum Beispiel:

- ✔ Der Arbeitnehmer könnte einen Anspruch auf Zahlung einer Abfindung aus Nachteilsausgleich gemäß § 113 Abs.3, 1 BetrVG in Verbindung mit § 10 KSchG geltend machen.
- ✔ Dem Arbeitnehmer könnte ein Nachteilsausgleich für die erhöhten Fahrtkosten gemäß § 113 Abs. 2 BetrVG in Verbindung mit § 113 Abs. 3, 1 BetrVG zustehen.
- ✔ Der Arbeitgeber könnte gemäß § 113 Abs. 3, 1 BetrVG in Verbindung mit § 10 KSchG zur Zahlung von Abfindungen verpflichtet sein.

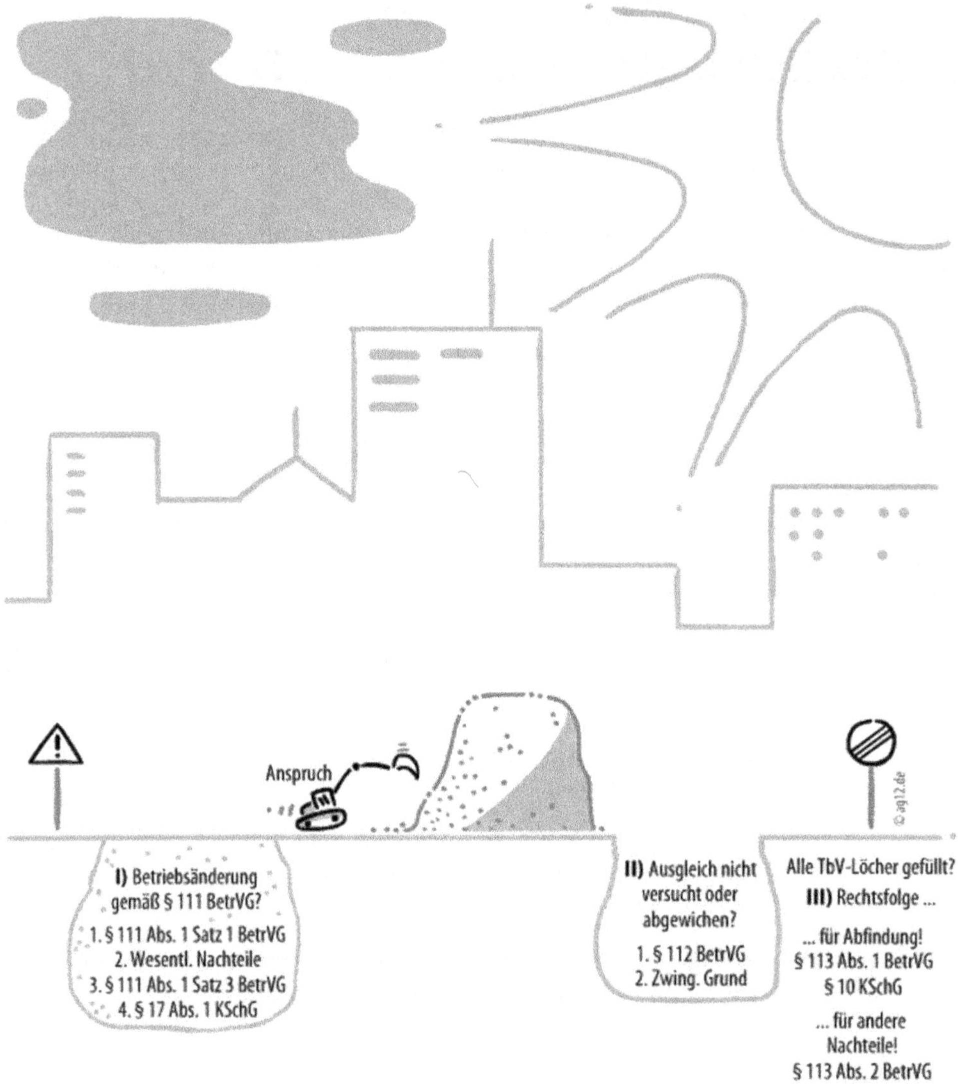
Anspruch
© ag12.de
I) Betriebsänderung gemäß § 111 BetrVG?
1. § 111 Abs. 1 Satz 1 BetrVG
2. Wesentl. Nachteile
3. § 111 Abs. 1 Satz 3 BetrVG
4. § 17 Abs. 1 KSchG
II) Ausgleich nicht versucht oder abgewichen?
1. § 112 BetrVG
2. Zwing. Grund
Alle TbV-Löcher gefüllt?
III) Rechtsfolge ...
... für Abfindung!
§ 113 Abs. 1 BetrVG
§ 10 KSchG
... für andere Nachteile!
§ 113 Abs. 2 BetrVG

Prüfungsschema:

I. Vorliegen einer Betriebsänderung gemäß § 111 BetrVG

1. Schwellenwert erreicht § 111 Abs. 1 Satz 1 BetrVG
2. Mögliche wesentliche Nachteile für Belegschaft oder erhebliche Teile der Belegschaft
3. Betriebsänderung nach § 111 Abs. 1 Satz 3 BetrVG
4. Bei bloßem Personalabbau (hierzu zählen neben der arbeitgeberseitigen Kündigung auch andere Personalmaßnahmen wie beispielsweise vom Arbeitgeber initiierte Aufhebungsverträge) gilt die Zahlenstaffel des § 17 Abs. 1 KSchG analog; bei Betrieben mit mehr als 500 Arbeitnehmern müssen mindestens 5% der Belegschaft von der Betriebsänderung betroffen sein

II. Interessenausgleich nicht versucht oder ohne zwingenden Grund davon abgewichen

1. »Versuch« erfordert vollständiges Durchlaufen des § 112 BetrVG (inkl. Anrufung der Einigungsstelle)
2. Abweichen von vereinbartem Interessenausgleich nur bei zwingendem Grund (»es bleibt aus objektiver Sicht keine andere Wahl«); Arbeitgeber ist voll darlegungs- und beweispflichtig

III. Rechtsfolge:

1. Entlassene Arbeitnehmer Abfindung entsprechend § 10 KSchG, § 113 Abs. 1 BetrVG
2. Andere wirtschaftliche Nachteile sind bis zu einem Zeitraum von zwölf Monaten auszugleichen § 113 Abs. 2 BetrVG

Prüfungsschema auf ein bestehendes Beteiligungsrecht des Betriebsrats bei personellen Einzelmaßnahmen

Die Prüfung der Beteiligungsrechte des Betriebsrats gehört zum kollektiven Arbeitsrecht. Gemeinhin wird zwischen Beteiligung in sozialen, personellen und wirtschaftlichen Angelegenheiten unterschieden. Sofern in Ihren Vorlesungen die Mitwirkungsrechte des Betriebsrats behandelt wurden, besteht also eine entsprechende Klausurrelevanz. Die Prüfung des Eingreifens eines Beteiligungsrechts bei personellen Einzelmaßnahmen steht dabei häufig im Vordergrund.

Typische Aufgabenstellungen, die zu einer Prüfung eines Beteiligungsrechts des Betriebsrats bei personellen Einzelmaßnahmen führen, sind zum Beispiel:

- ✔ Kann der Betriebsrat die beabsichtigte Einstellung des Bewerbers verhindern?
- ✔ Muss der Arbeitgeber den Betriebsrat bei der beabsichtigten Versetzung des Arbeitnehmers beteiligen?

Hilfreiche Eingangssätze zur Prüfung sind zum Beispiel:

- ✔ Der Betriebsrat kann die beabsichtigte Einstellung verhindern, wenn ihm ein Zustimmungsverweigerungsrecht zusteht.
- ✔ Der Arbeitgeber muss den Betriebsrat gemäß § 99 BetrVG beteiligen, wenn dessen Voraussetzungen vorliegen.

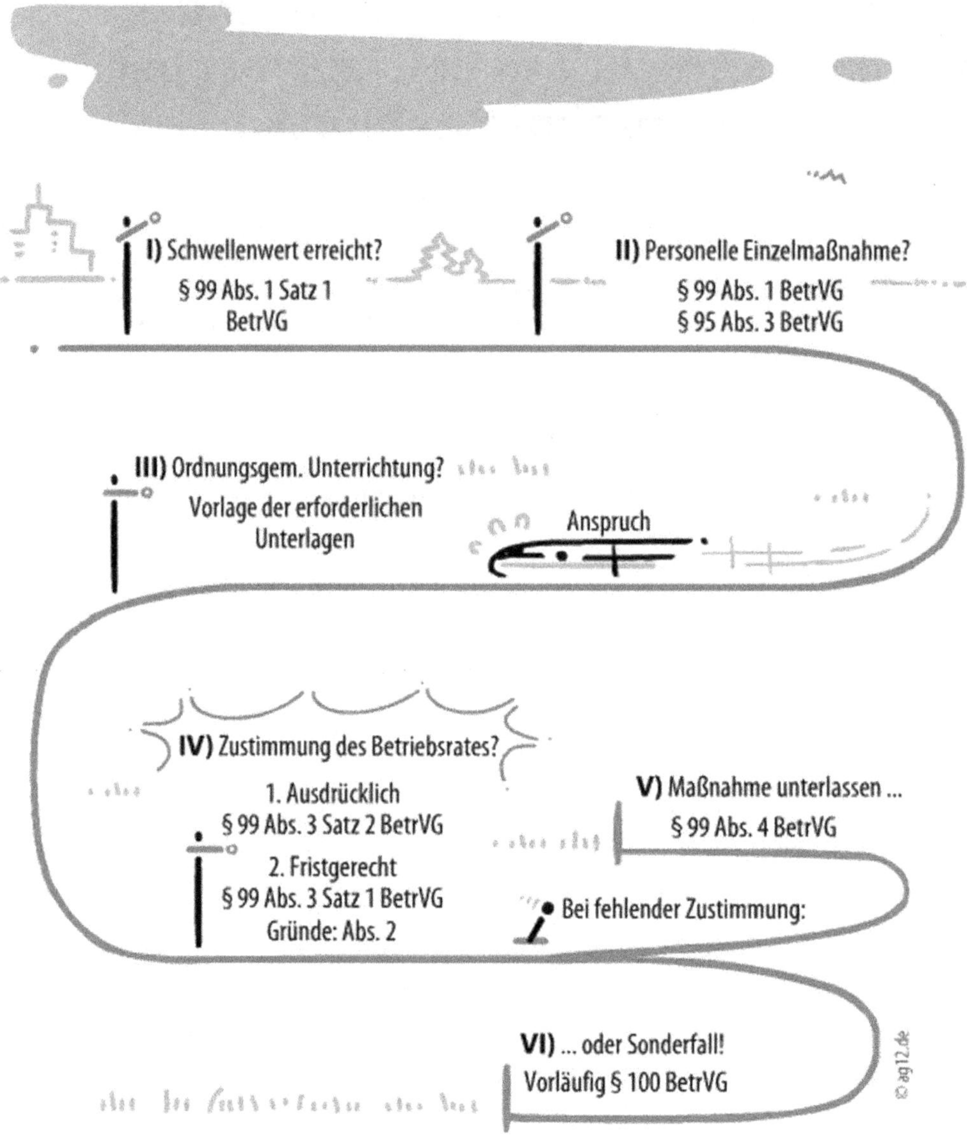
I) Schwellenwert erreicht?
§ 99 Abs. 1 Satz 1 BetrVG
II) Personelle Einzelmaßnahme?
§ 99 Abs. 1 BetrVG
§ 95 Abs. 3 BetrVG
III) Ordnungsgem. Unterrichtung?
Vorlage der erforderlichen Unterlagen
Anspruch
IV) Zustimmung des Betriebsrates?
1. Ausdrücklich
§ 99 Abs. 3 Satz 2 BetrVG
2. Fristgerecht
§ 99 Abs. 3 Satz 1 BetrVG
Gründe: Abs. 2
V) Maßnahme unterlassen ...
§ 99 Abs. 4 BetrVG
Bei fehlender Zustimmung:
VI) ... oder Sonderfall!
Vorläufig § 100 BetrVG
© ag12.de

Prüfungsschema

I. Schwellenwert erreicht gemäß § 99 Abs. 1 Satz 1: mehr als 20 Beschäftigte

II. Vorliegen einer personellen Einzelmaßnahme gemäß § 99 Abs. 1 BetrVG

1. Einstellung: Eingliederung in den Betrieb
2. Eingruppierung: Erstmalige Zuordnung zu einer Vergütungs-/Tarifgruppe
3. Umgruppierung: Wechsel der Vergütungs-/Tarifgruppe
4. Versetzung: Definition siehe § 95 Abs. 3 BetrVG

III. Ordnungsgemäße Unterrichtung des Betriebsrats unter Vorlage der erforderlichen Unterlagen

IV. Zustimmung des Betriebsrats

1. Ausdrücklich oder durch Fristablauf fingiert gemäß § 99 Abs. 3 Satz 2 BetrVG
2. Fristgerechte Verweigerung der Zustimmung des Betriebsrats gemäß § 99 Abs. 3 Satz 1, § 99 Abs. 2 BetrVG nur möglich aufgrund eines der in § 99 Abs. 2 BetrVG explizit aufgeführten Gründe:
   - **a.** Einzelmaßnahme verstößt gegen Rechtsnorm, gerichtliche Entscheidung oder behördliche Anordnung
   - **b.** Einzelmaßnahme verstößt gegen eine mit dem Betriebsrat vereinbarte Richtlinie über die personelle Auswahl
   - **c.** Einzelmaßnahme begründet die Besorgnis, dass beschäftigte Arbeitnehmer durch Kündigung oder Ähnliches benachteiligt werden
   - **d.** Einzelmaßnahme benachteiligt den unmittelbar betroffenen Arbeitnehmer
   - **e.** Eine aufgrund Verlangen des Betriebsrates erforderliche betriebliche Ausschreibung ist unterblieben § 93 BetrVG
   - **f.** Begründete Besorgnis, dass der in Aussicht genommene Arbeitnehmer oder Bewerber durch gesetzwidriges Verhalten oder Verstöße gegen die Grundsätze des § 75 Abs. 1 BetrVG den Betriebsfrieden stört

V. Bei fehlender Zustimmung ist die Maßnahme zu unterlassen; der Arbeitgeber kann das Arbeitsgericht anrufen § 99 Abs. 4 BetrVG

VI. Sonderfall: Vorläufige personelle Maßnahme § 100 BetrVG

Prüfungsschema für die Rechtmäßigkeit eines Arbeitskampfes (insbesondere Streik/ Aussperrung)

Die Prüfung der Rechtmäßigkeit eines Arbeitskampfes (in der Praxis vor allem Streik und Aussperrung) gehört ebenfalls zum kollektiven Arbeitsrecht. Ein rechtmäßiger Arbeitskampf ist sowohl zulässig als auch für die daran Teilnehmenden sanktionslos. Ist der Arbeitskampf dagegen rechtswidrig können umfangreiche Ansprüche davon Betroffener entstehen und die Teilnehmenden laufen das Risiko arbeitsrechtlicher Sanktionen. Es kann also nicht verwundern, dass auch die Frage der Rechtmäßigkeit von Arbeitskämpfen ein Klassiker unter den kollektivarbeitsrechtlichen Fragestellungen ist.

Typische Aufgabenstellungen, die zu einer Prüfung der Rechtmäßigkeitsvoraussetzungen eines Arbeitskampfes führen, sind zum Beispiel:

- ✔ Muss der Arbeitnehmer aufgrund der Streikteilnahme mit arbeitsrechtlichen Sanktionen (Abmahnung, Kündigung) rechnen?
- ✔ Ist der Arbeitgeber für die Zeit des arbeitskampfbedingten Arbeitsausfalls zur Zahlung der Vergütung an den Arbeitnehmer verpflichtet?

Hilfreiche Eingangssätze zur Prüfung sind zum Beispiel:

- ✔ Die Teilnahme am durchgeführten Streik bleibt folgenlos, sofern dieser rechtmäßig war.
- ✔ Der Arbeitgeber ist von der Zahlung der Vergütung befreit, sofern der Arbeitskampf rechtmäßig war.

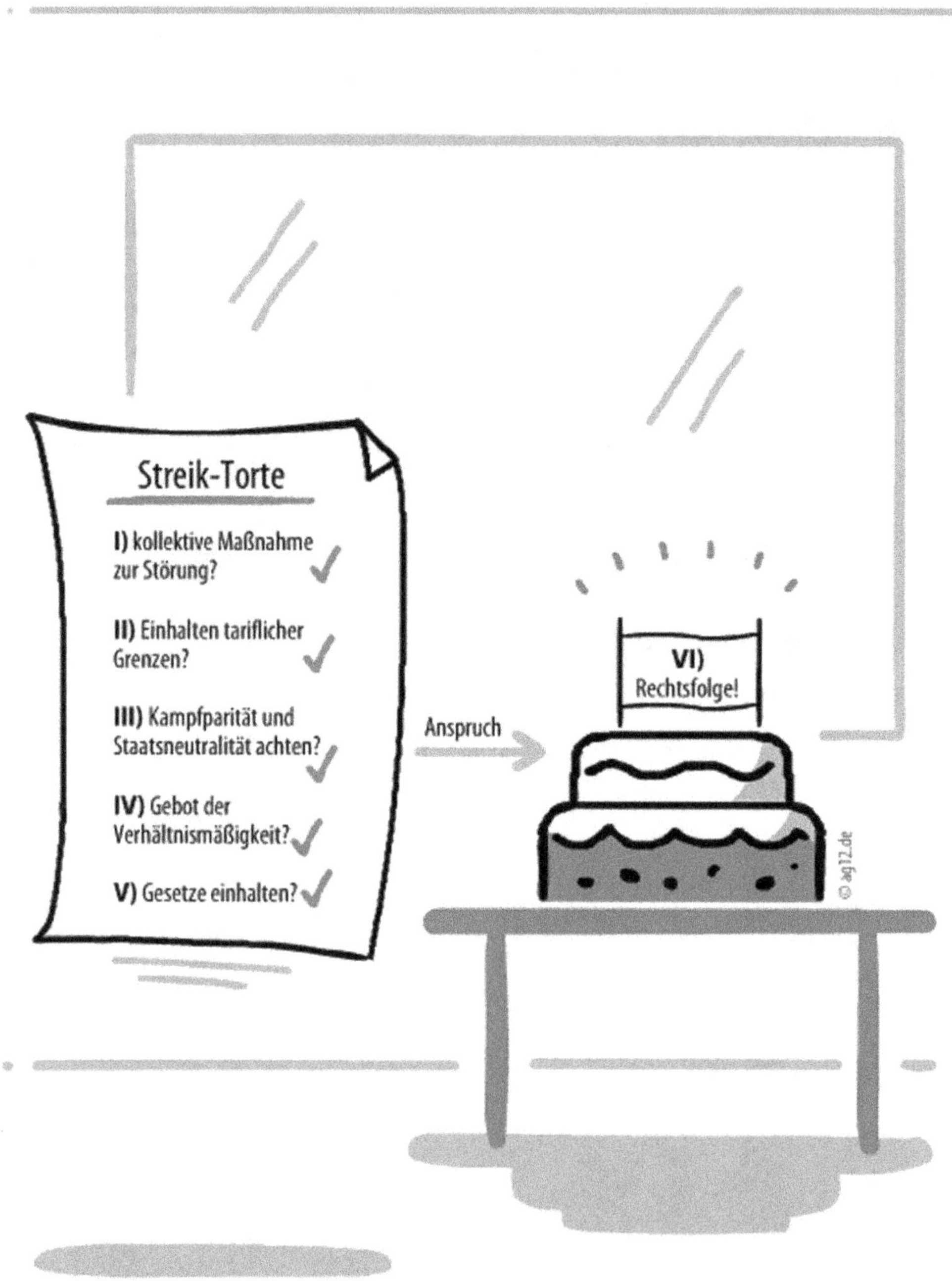
Streik-Torte
I) kollektive Maßnahme zur Störung?
II) Einhalten tariflicher Grenzen?
III) Kampfparität und Staatsneutralität achten?
IV) Gebot der Verhältnismäßigkeit?
V) Gesetze einhalten?
Anspruch
VI) Rechtsfolge!
© ag12.de

Prüfungsschema

I. Vorliegen eines Arbeitskampfes: kollektive Maßnahme zur Störung der Arbeitsbeziehungen, um ein bestimmtes Ziel zu erreichen. Hauptfälle Streik und – weniger praxisrelevant - Aussperrung

II. Einhalten der tariflichen Grenzen: Kampfziel Tarifvertrag

1. Tariffähigkeit der Kampf-Parteien (nur Gewerkschaften, Arbeitgeberverbände und einzelne Arbeitgeber; nie einzelne Arbeitnehmer oder Arbeitnehmergruppen)
2. Tarifvertraglich regelbares Ziel (kein politischer Arbeitskampf)
3. Kein Verstoß gegen die Friedenspflicht

III. Einhalten von Kampfparität und Staatsneutralität: Waffengleichheit

1. Neutralität des Staates (Wahrung der Tarifautonomie)
2. Streik durch Gewerkschaft nach Auffassung BAG grds. zulässig
3. Aussperrung durch Arbeitgeberseite grds. nur als Abwehraussperrung und nicht als Angriffsaussperrung zulässig

IV. Einhalten des Gebotes der Verhältnismäßigkeit: Arbeitskampf muss geeignet, erforderlich und angemessen sein

1. Sofern vorrangig Gerichtsschutz besteht ist dieser geltend zu machen
2. Beachtung des Ultima-ratio-Prinzips:
   - **a.** Streik: Nach BAG sind jedenfalls Warnstreiks auch schon während Verhandlungen zulässig (str.)
   - **b.** Aussperrung: Die vom BAG festgelegten quantitativen Grenzen der Abwehraussperrung sind zu beachten
3. Gebot fairer Kampfführung (Aktionen unzulässig, die auf die Zerstörung des Gegners zielen)

V. Einhalten der gesetzlichen Vorschriften: kein Verstoß gegen Verfassungsrecht, öffentliches Dienstrecht, Betriebsverfassungsrecht, Strafrecht, etc.

VI. Rechtsfolgen

Teil III
Fallbearbeitung

IN DIESEM TEIL ...

Nachdem Sie in den vorangehenden Teilen eine grundlegende Einführung in die juristische Denk- und Arbeitsweise erhalten und die wichtigsten Schemata für die Prüfung arbeitsrechtlicher Klausuraufgaben kennengelernt haben, folgt nun der »praktische« Teil.

Anhand der nachfolgenden Fälle können Sie sich mit arbeitsrechtlichen Standardthemen in Klausurform vertraut machen. Lesen Sie zunächst die einführenden Hinweise – diese erklären Ihnen die Systematik und helfen, den größtmöglichen Lerneffekt zu erzielen.

Einführende Hinweise zu den Übungsfällen

Die Reihenfolge der nachfolgenden Übungsfälle entspricht der Reihenfolge der Schemata im Teil II – auch hier bewegen wir uns also in etwa entsprechend dem »Lebenszyklus« des Arbeitsverhältnisses. Sofern Ihr Dozent die Themen für die Klausur eingegrenzt hat (es soll gerüchteweise hinter den sieben Bergen bei den sieben ... tatsächlich derart studierendenfreundliche Kollegen geben), können Sie sich natürlich sofort den relevanten Sachverhalten zuwenden. Nachhaltig ist Ihr Wissenserwerb dann aber eher nicht.

Den jeweiligen Fällen vorangestellt ist eine kurze Nennung der wesentlichen Rechtsthemen, die eine Rolle spielen. Damit wird Ihnen das Auffinden der für Sie besonders wichtigen Sachverhalte erleichtert. Zu jedem Fall erfolgen zudem zunächst kurze *Vorüberlegungen* und eine *Lösungsskizze*, bevor die eigentliche ausformulierte *Falllösung* erfolgt.

Um Ihnen das Arbeiten mit den Übungsfällen zu erleichtern, sind die Sachverhalte jeweils auf der ersten Seite des Kapitels dargestellt. Vorüberlegungen, Lösungsskizze und Falllösung beginnen immer auf der Folgeseite, damit Sie nicht bereits beim Lesen des Sachverhalts Ihre Eigenarbeit (Denken!) vernachlässigen, indem Sie auf die Lösung »schielen«. Gegebenenfalls lesen Sie zunächst (erneut) Teil I, damit Sie die systematische Herangehensweise und die juristische Arbeitstechnik präsent haben.

Bitte denken Sie immer daran, dass Sie den Korrektor mit der von Ihnen für richtig gehaltenen Lösung überzeugen müssen. Dabei gilt der Ratschlag: *Der Weg ist das Ziel.* Nicht das eigentliche Ergebnis steht im Vordergrund, sondern der überzeugend formulierte und mit belastbaren Argumenten beschrittene durch die Gesetzessystematik vorgezeichnete Weg. Vielleicht werfen Sie hierzu auch einen Blick auf die in Teil IV verorteten zehn Tipps zur Klausurbearbeitung.

Der Lerneffekt ist übrigens am größten, wenn Sie – natürlich unter Zuhilfenahme eines aktuellen Gesetzestextes – zunächst selbst versuchen, zu den Fällen eine ausformulierte Lösung, mindestens aber eine Lösungsskizze im Sinne einer Gliederung anzufertigen. Anschließend können Sie dann prüfen, ob Ihr Lösungsweg auch dem hier dargestellten entspricht.

Die Fälle, die Sie in diesem Kapitel finden, sind:

1. Ein freier Mitarbeiter?
2. Die abgelehnte Bewerberin
3. Der Schlucki
4. Allerlei rund um den Urlaub – 2. Akt
5. Die verhinderte Chefköchin
6. Kind geht vor
7. Die »mitdenkende« Reinigungskraft
8. Die Sünden der Jugend
9. Schummeln für Anfänger
10. Der Junkie
11. Eine engagierte Pädagogin
12. Der ökonomisch denkende Arbeitgeber
13. Der »Busengrapscher«
14. Der Drogist
15. Trau – Schau – Wem
16. Ein großzügiger Arbeitgeber
17. Tariflohnerhöhung oder nicht
18. Am schönen Bodensee
19. Betriebsratsallerlei
20. Ein Arbeitsk(r)ampf

Kapitel 5
Fall 1: Ein freier Mitarbeiter

Hauptthemen: Abgrenzung Arbeitnehmereigenschaft – selbstständige Tätigkeit

Sachverhalt

Ingo Isen verfügt über spezielle EDV-Kenntnisse und hat sich daher gleich nach Abschluss seines Informatikstudiums als EDV-Dienstleister selbstständig gemacht. Nachdem er einige Jahre für verschiedene Auftraggeber tätig war, wurde er ab Januar 2015 von der Saumens AG, einem internationalen Technologiekonzern mit mehreren Tausend Mitarbeitern, umfangreich mit speziellen Programmieraufgaben beauftragt. Der mit der Saumens AG abgeschlossene »Vertrag über freie Mitarbeit« legt einen Stundensatz für die Tätigkeit des Isen fest und stellt diesem im Übrigen frei, die Programmieraufgaben im Werk der Saumens AG oder von seinem eigenen »Home-Office« zu erbringen. Zudem ist vereinbart, dass Isen die beauftragten und erbrachten Arbeitsstunden von einem namentlich benannten Mitarbeiter der Saumens AG schriftlich bestätigen lassen muss, um diese dann – jeweils zum Monatsende – zuzüglich der gesetzlichen Umsatzsteuer in Rechnung zu stellen. Der Vertrag kann beidseitig jederzeit unter Einhaltung einer zweiwöchigen Frist zum nächsten Monatsende beendet werden. Da der Umfang der seitens der Saumens AG beauftragten Leistungen stetig zugenommen hat, ist es dem Isen seit rund acht Jahren zeitlich schlicht nicht möglich, auch noch für andere Auftraggeber tätig zu werden. Auch hat sich nach einem »Chefwechsel« im Juli 2018 bei der Saumens AG die Einbindung des Isen in die betriebliche Organisation der Saumens AG deutlich geändert: Isen hat einen fest zugewiesenen Büroarbeitsplatz, verfügt über einen Werksausweis sowie eine E-Mail-Adresse mit der Endung `saumens.com` und verbringt jede Woche rund 40 Stunden in den Räumlichkeiten der Saumens AG. Für den Fall des Urlaubs ist Isen zudem angewiesen worden, einen Urlaubsantrag auf den dafür bei der Saumens AG üblichen Formularen zu stellen und diesen von seinem »Chef« genehmigen zu lassen. Im Oktober 2025 findet ein erneuter »Chefwechsel« statt und der neue Vorgesetzte von Isen teilt diesem mit, dass er ab dem kommenden Monatsersten auf die Mitarbeit des Isen verzichten werde.

Frage: Kann die Saumens AG die Zusammenarbeit mit Isen einfach so beenden?

Vorüberlegungen

Fraglich ist, ob die Saumens AG die Zusammenarbeit mit Isen ohne Einhaltung einer Frist und ohne Grund beenden kann. Dies wäre dann der Fall, wenn Isen tatsächlich ein freier Mitarbeiter im Sinne eines selbstständigen Dienstleisters wäre – vergleiche § 621 BGB. Ist Isen dagegen Arbeitnehmer, so greifen für ihn die Kündigungsfristen des § 622 BGB. Zudem ist die Saumens AG aufgrund ihrer Größe und der Dauer der Beschäftigung gegebenenfalls an das KSchG gebunden.

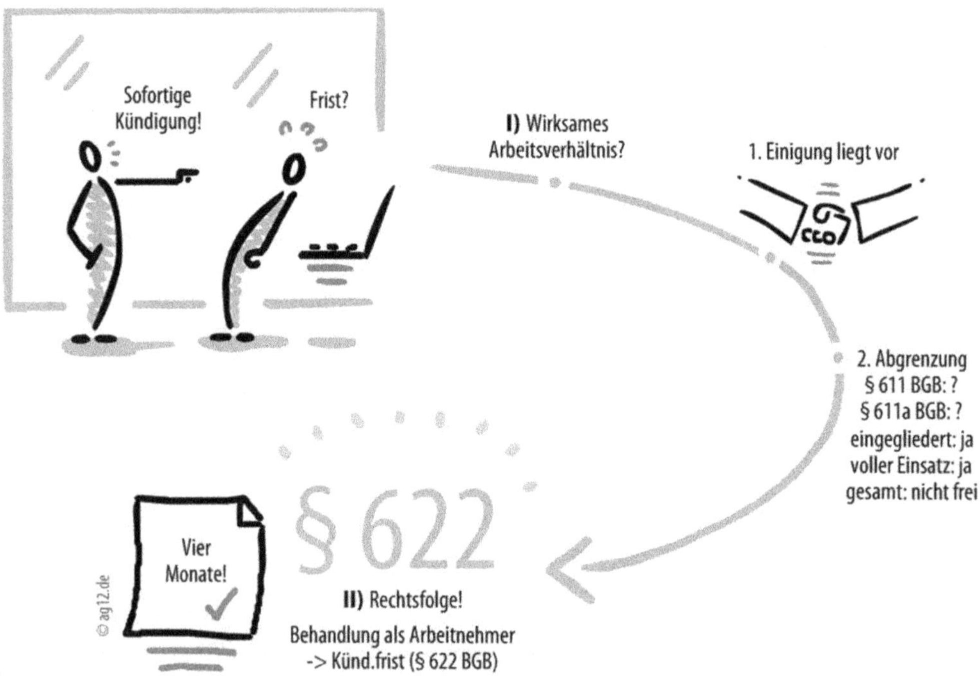

Lösungsskizze

Fraglich ist, ob zwischen der Saumens AG und Isen ein Arbeitsverhältnis oder ein freies Mitarbeiterverhältnis besteht.

I. Bestehen eines wirksamen Arbeitsverhältnisses

1. Einigung über die Zusammenarbeit (Bezeichnung des Vertrags ist dabei nicht ausschlaggebend): Einigung liegt vor; Vertrag lautet ausdrücklich auf freie Mitarbeit; auch Vertragsinhalte entsprechen freier, selbstständiger Tätigkeit (keine Vorgabe hinsichtlich des Ortes und der Zeit der Leistungserbringung, Stundensatz, Rechnungsstellung).

2. Abgrenzung zwischen freier Mitarbeit und Arbeitsverhältnis

   a. Isen erbringt eine Dienstleistung nach § 611 BGB.

   b. Isen kann aber nicht im Wesentlichen seine Tätigkeit frei gestalten und seine Arbeitszeit frei bestimmen, § 611a BGB, dort insbesondere Satz 3.

   c. Isen ist in die Betriebsorganisation eingegliedert; Umfangreiche Präsenz in den Betriebsräumen der Saumens AG; Büroarbeitsplatz, Werksausweis, E-Mail-Adresse der Saumens AG; Pflicht, Urlaubsanträge zu stellen.

   d. Isen setzt seine gesamte Arbeitszeit für die Saumens AG ein.

3. Gesamtschau: Isen ist nicht frei, sondern wird wie ein Arbeitnehmer behandelt.

II. Ergebnis: Isen ist Arbeitnehmer und kein freier Mitarbeiter.

Ausformulierte Falllösung

Fraglich ist, ob die Saumens AG die Zusammenarbeit mit Isen einfach so beenden kann. Dies wäre der Fall, wenn Isen tatsächlich ein freier Mitarbeiter und kein Arbeitnehmer ist.

I. Bestehen eines wirksamen Arbeitsverhältnisses

1. Nach dem zwischen der Saumens AG und Isen abgeschlossenen Vertrag ist Isen als freier Mitarbeiter beschäftigt.

Für die rechtliche Einordnung ist jedoch nicht die Vertragsbezeichnung ausschlaggebend, sondern die tatsächliche Ausgestaltung der Zusammenarbeit, vgl. § 611a BGB Sätze 5 und 6.

Obgleich der Vertrag also mit seinen Konditionen wie Stundensatz und Rechnungsstellung sowie freier Wahl des Leistungsortes typische Inhalte einer selbstständigen Tätigkeit enthält, muss geprüft werden, wie die Zusammenarbeit rechtlich einzuordnen ist.

2. Wichtigstes Abgrenzungskriterium zwischen einer selbstständigen, freien Tätigkeit und einer Beschäftigung als Arbeitnehmer ist dabei § 611a Satz 3 BGB. Hiernach ist selbstständig, wer im Wesentlichen frei seine Tätigkeit gestalten und seine Arbeitszeit bestimmen kann. Dabei sind alle Umstände des jeweiligen Falls in Betracht zu ziehen und in ihrer Gesamtheit zu würdigen. Widersprechen sich der abgeschlossene Vertrag und dessen tatsächliche Durchführung, so ist Letztere maßgeblich, vgl. § 611a Satz 6 BGB.

Zu Beginn der Tätigkeit des Isen für die Saumens AG im Jahr 2015 mag zunächst entsprechend der vertraglichen Vereinbarung eine freie Mitarbeit vorgelegen haben. Spätestens mit dem »Chefwechsel« im Juli 2018 und der starken Einbindung in die betriebliche Organisation der Saumens AG ist aber eine andere rechtliche Beurteilung geboten. Isen hat einen fest zugewiesenen Arbeitsplatz, verfügt – wie die anderen Arbeitnehmer der Saumens AG – über einen Werksausweis und eine Firmen-E-Mail-Adresse und muss für den Fall einer Urlaubsabwesenheit – ebenfalls wie die Arbeitnehmer der Saumens AG – das firmeninterne Urlaubsantragsformular zur Genehmigung einreichen. Hieraus folgt, dass Isen hinsichtlich Durchführung, Zeit, Ort und auch Inhalt seiner Tätigkeit in die Betriebsorganisation der Saumens AG eingebunden ist. Er kann also weder seine Arbeitszeit noch seine Tätigkeit im Wesentlichen frei gestalten.

3. In der Gesamtwürdigung der Umstände ist folglich festzuhalten, dass Isen kein freier Mitarbeiter, sondern ein Arbeitnehmer ist.

Da Isen Arbeitnehmer ist, greifen für ihn nicht die kurzen Kündigungsfristen bei (freien) Dienstverhältnissen nach § 621 BGB (konkret aufgrund der Vergütung nach Stundensätzen § 621 Nr. 1 BGB: die Vergütung nach Stunden ist der Vergütung nach Tagen gleichzusetzen). Für Isen gelten vielmehr die (Mindest-)Kündigungsfristen bei Arbeitsverhältnissen nach § 622 BGB, von denen auch durch den bestehenden Vertrag nicht zum Nachteil des Isen abgewichen werden kann (vergleiche § 622

Abs. 4 und 5). Aufgrund der mehr als zehnjährigen Betriebszugehörigkeit hat die Saumens AG folglich gemäß § 622 Abs. 2 Satz 1 Nr. 4 eine Kündigungsfrist von vier Monaten zum Monatsende einzuhalten. Zudem greifen für Isen die Vorschriften des KSchG (er ist länger als sechs Monate beschäftigt und die Saumens AG beschäftigt mehr als zehn Mitarbeiter, vergleiche §§ 1 Abs. 1, 23 Abs. 1 KSchG).

II. Als Ergebnis lässt sich daher festhalten, dass die Saumens AG die Zusammenarbeit mit Isen nicht einfach beenden kann, da dieser als Arbeitnehmer und nicht als freier Mitarbeiter der Saumens AG zu qualifizieren ist.

Kapitel 6

Fall 2: Die abgelehnte Bewerberin

Hauptthemen: Entschädigung nach AGG; Benachteiligungsverbote; Beweislast

Sachverhalt (angelehnt an ArbG Stuttgart, 15.04.2010 – 17 Ca 8907/09)

Sabine Segers, 1961 in Gera (Thüringen) geboren, hat sich bei der Maurer GmbH mit Sitz in Stuttgart auf eine ausgeschriebene Stelle als Buchhalter/in beworben. Obwohl Segers die erforderliche Qualifikation besitzt und auch über die in der Stellenausschreibung genannte Berufserfahrung verfügt, wird ihre Bewerbung nicht berücksichtigt. Sie erhält vielmehr mit einem freundlichen Schreiben und dem Dank für ihr Interesse nach einigen Wochen ihre Bewerbungsunterlagen von der Maurer GmbH zurück. Als Segers enttäuscht durch ihre Unterlagen blättert, bemerkt sie, dass ein Mitarbeiter der Maurer GmbH auf ihrem Lebenslauf handschriftlich folgende Vermerke angebracht hat: »Ossi« mit eingekreistem Minuszeichen, »DDR« mit eingekreistem Minuszeichen, »Frau« mit eingekreistem Minuszeichen. Segers ist über diese in ihren Augen ungeheuerliche Diskriminierung empört und fordert von der Maurer GmbH eine Entschädigung.

Frage: Zu Recht?

Vorüberlegungen

Fraglich ist, ob der Segers ein Entschädigungsanspruch zusteht. Entschädigungsansprüche sind keine materiellen Schadenersatzansprüche, sondern dienen dem Ausgleich immaterieller Schäden. Solche Nichtvermögensschäden werden nur selten und nur, wenn es eine explizite gesetzliche Anspruchsgrundlage gibt, ersetzt. Neben § 253 Abs. 2 BGB (Schmerzensgeld) gibt es § 15 Abs. 2 AGG (Entschädigung). Nur um einen solchen Entschädigungsanspruch kann es hier gehen. Dies setzt voraus, dass die einzelnen Tatbestandsvoraussetzungen dieser Anspruchsgrundlage gegeben sind.

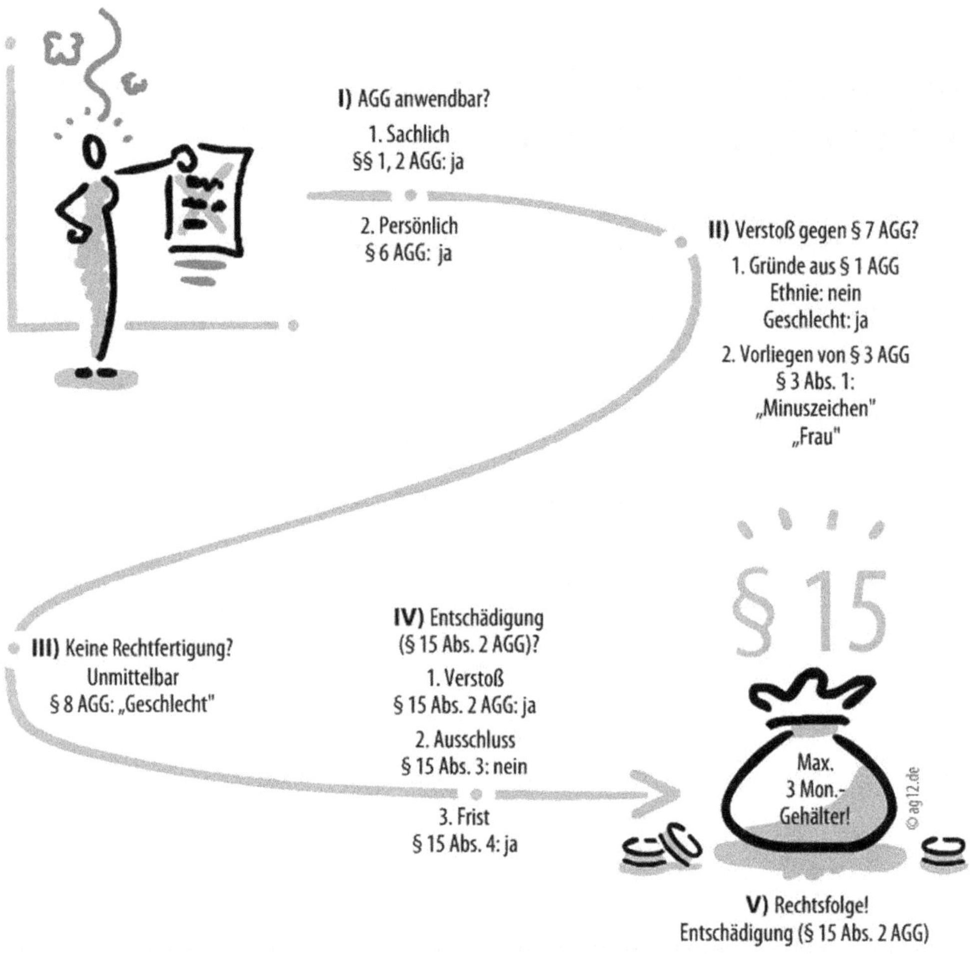

Lösungsskizze

Der Entschädigungsanspruch nach § 15 Abs. 2 AGG besteht, wenn dessen Voraussetzungen erfüllt sind:

I. Anwendungsbereich des AGG eröffnet

1. Sachlich §§ 1, 2 AGG: ja, § 2 Abs. 1 Nr. 1 sowie § 1

2. Persönlich § 6 AGG: Segers ist Bewerberin § 6 Abs. 1 Satz 2; für eine Eigenschaft als »AGG-Hopperin« enthält der Sachverhalt keine Hinweise.

II. Verstoß gegen ein Benachteiligungsverbot § 7 AGG

1. Mindestens einer der Benachteiligungsgründe in § 1 AGG betroffen:

a. Ethnische Herkunft: problematisch, ob »Ossi« und/oder »DDR« dies begründen; Ethnie ist die manifestierte Gemeinsamkeit von Menschen aufgrund derselben Herkunft, Geschichte, Kultur, Territorialität, Sprache, aber auch durch Hautfarbe, Haartracht und Kleidung; hier keine eigene Ethnie »Ostdeutsche« (in Abgrenzung zu einer Ethnie »Westdeutsche«).

b. Geschlecht: unproblematisch berührt, da »Frau«

2. Vorliegen einer Benachteiligung § 3 AGG:

Unmittelbare Benachteiligung § 3 Abs. 1: weniger günstige Behandlung aufgrund weiblichen Geschlechts liegt zumindest nahe durch die Verbindung »Frau« mit eingekreistem Minuszeichen. Hinreichend glaubhaft gemacht, dass aufgrund des Geschlechts benachteiligt wurde (Minuszeichen und »Frau«).

III. Keine Rechtfertigung der Benachteiligung

1. Bei unmittelbarer Benachteiligung kann eine Rechtfertigung erfolgen durch § 8 AGG: Geschlecht ist für die auszuübende Tätigkeit (Buchhaltung) keine wesentliche und entscheidende berufliche Anforderung.

IV. § 15 Abs. 2 AGG Entschädigung

1. Verstoß gegen das Benachteiligungsgebot führt verschuldensunabhängig zum Entschädigungsanspruch nach § 15 Abs. 2 AGG.

2. Kein Ausschluss / keine Einschränkung nach § 15 Abs. 3 ersichtlich

3. Einhaltung der Frist § 15 Abs. 4 erforderlich

V. Rechtsfolge: Segers hat einen Entschädigungsanspruch gemäß § 15 Abs. 2 AGG; dieser umfasst maximal drei Monatsgehälter, wenn Segers auch bei benachteiligungsfreier Auswahl nicht eingestellt worden wäre.

Ausformulierte Falllösung

Segers könnte gegen die Maurer GmbH einen Entschädigungsanspruch haben gemäß § 15 Abs. 2 AGG.

Dazu müssten die Voraussetzungen dieser Anspruchsgrundlage gegeben sein.

I. Der Anwendungsbereich des AGG ist eröffnet. Segers ist als Bewerberin auf die ausgeschriebene Stelle sowohl vom Ziel als auch vom sachlichen Anwendungsbereich des AGG explizit erfasst gemäß §§ 1, 2 Abs. 1 Nr. 1 AGG. Auch ist Segers als Bewerberin kraft entsprechender gesetzlicher Regelung Beschäftigte im Sinne des AGG (vgl. § 6 Abs. 1 Satz 2 AGG) und damit auch persönlich erfasst.

II. Fraglich ist, ob die Maurer GmbH durch die Nichtberücksichtigung der Bewerbung aufgrund der angebrachten handschriftlichen Anmerkungen gegen ein Benachteiligungsverbot des § 1 AGG verstoßen hat (vgl. § 7 AGG).

1. Die Anmerkungen »Ossi« und »DDR«, verbunden jeweils mit einem Minuszeichen, bringen zum Ausdruck, dass die Nichtberücksichtigung der Bewerbung der Segers (auch) auf ihre ostdeutsche Herkunft zurückzuführen ist. Dies mag nun zwar eine Diskriminierung aufgrund der Herkunft der Segers sein.

§ 1 AGG verbietet aber nicht allgemein jede denkbare Diskriminierung. Schutzzweck und Regelungsgegenstand des AGG ist vielmehr (nur) der Schutz vor Benachteiligungen aufgrund der in § 1 AGG konkret genannten acht Merkmale.

Folglich müsste durch die Bezeichnung »Ossi« und »DDR« eines dieser Merkmale betroffen werden.

a. In Betracht kommt von den in § 1 AGG genannten Kriterien ausschließlich das Merkmal »ethnische Herkunft«. Unter Ethnie ist die manifestierte Gemeinsamkeit von Menschen aufgrund ihrer gemeinsamen Herkunft, Geschichte, Kultur, territorialer Verbreitung und Sprache zu verstehen. Dabei kann sich die Zugehörigkeit zur selben Ethnie auch durch die Hautfarbe, die Haartracht und/oder die Kleidung zeigen.

Selbst wenn man davon ausginge, dass die Bezeichnung »Ossi« und »DDR« ein jedenfalls über einen gewissen Zeitraum bestehendes Territorium bezeichnet, reicht dies für eine eigene ethnische Herkunft »Ostdeutsch« nicht aus. Denn weder sind die oben genannten Unterschiede zwischen »Westdeutschland« und »Ostdeutschland« so gravierend, dass hier von unterschiedlichen Ethnien gesprochen werden kann, noch bestehen wesentliche Unterschiede in Sprache, Haartracht oder Kleidung. Dabei soll nicht außer Betracht gelassen werden, dass es durchaus landsmannschaftliche Unterschiede zwischen einzelnen Regionen Deutschlands gibt, die sich nicht zuletzt auch durch unterschiedliche Dialekte deutlich machen. Diese Unterschiede verlaufen aber nicht zwischen der ehemaligen DDR und der Bundesrepublik in dem Sinne, dass dies auf den jeweiligen ehemaligen Staatsgebieten jeweils zu einer einheitlichen eigenen ethnischen Herkunft im Sinne von »Ostdeutsch« und »Westdeutsch« führt. Ein Verstoß gegen ein Diskriminierungsmerkmal des § 1 AGG liegt daher nicht vor.

b. Allerdings ist das in § 1 AGG explizit genannte Merkmal »Geschlecht« dadurch betroffen, dass die Maurer GmbH auf dem Lebenslauf der Segers die handschriftliche Bemerkung »Frau« mit einem eingekreisten Minuszeichen angebracht hat. Es liegt auf der Hand, dass die Kombination des Geschlechts mit einem Minuszeichen eine negative Bemerkung zum Ausdruck bringt.

2. Durch die Verbindung des Minuszeichens mit der geschlechtsspezifischen Bezeichnung »Frau« liegt auch eine unmittelbare Benachteiligung der Segers im Sinne des § 3 AGG vor. Segers hat aufgrund ihres Geschlechts eine weniger günstige Behandlung erfahren als männliche Bewerber. Dies ist aufgrund der im Rahmen des AGG geltenden abgestuften Beweislastregel auch hinreichend belegt.

Segers als Anspruchstellerin ist lediglich verpflichtet, Umstände (Indizien) vorzutragen, die eine Ungleichbehandlung aufgrund eines der in § 1 AGG genannten Merkmale nahelegen. Sodann würde es der Maurer GmbH obliegen, nachzuweisen, dass trotz der die Diskriminierung indizierenden Umstände keine Diskriminierung vorliegt.

Selbst wenn die Maurer GmbH sich hier auf ein etwaiges Fehlverhalten des die handschriftlichen Anmerkungen anbringenden Mitarbeiters beruft, muss sie sich dessen Verhalten über § 278 BGB zurechnen lassen, zumal es im Rahmen des § 15 Abs. 2 AGG auf ein Verschulden gerade nicht ankommt.

III. Eine Rechtfertigung für die Diskriminierung aufgrund des Geschlechts der Segers ist nicht ersichtlich. Es ist aus keinem rechtlichen Gesichtspunkt vorstellbar, dass die Zugehörigkeit zu einem bestimmten Geschlecht wesentliche und entscheidende Voraussetzung für die Tätigkeit als Buchhalter/in sein kann.

IV. Aufgrund des Verstoßes gegen das Benachteiligungsgebot steht der Segers gemäß § 15 Abs. 2 AGG ein – verschuldensunabhängiger – angemessener Entschädigungsanspruch zu.

Die Höhe der Entschädigung beträgt grundsätzlich maximal drei entgangene Monatsgehälter, wenn die Beschäftigte auch bei benachteiligungsfreier Auswahl nicht eingestellt worden wäre.

Für einen Ausschluss nach § 15 Abs. 3 liegen keine Anhaltspunkte vor. Sofern Segers ihren Anspruch innerhalb der 2-Monats-Frist des § 15 Abs. 4 AGG schriftlich geltend macht, steht ihr eine angemessene Entschädigung zu.

V. Ergebnis:

Segers hat gegen die Maurer GmbH einen Anspruch auf eine angemessene Entschädigung in Geld gemäß § 15 Abs. 2 AGG.

Kapitel 7
Fall 3: Der Schlucki

Hauptthemen: Entgeltfortzahlung im Krankheitsfall – Verschulden des Arbeitnehmers an der Erkrankung

Sachverhalt (angelehnt an BAG, 18.03.2015 – 10 AZR 99/14)

Sebastian Sauer, Rufname »Schlucki«, ist seit mehreren Jahren bei der Mustermann GmbH, einem mittelständischen Logistikdienstleister, beschäftigt. Nachdem Sauer bereits in früheren Jahren mehrfach wegen Alkoholmissbrauchs arbeitsunfähig erkrankt war, wurde er 2023 nach einem schweren Saufgelage anlässlich der jährlichen Weihnachtsfeier der Mustermann GmbH stationär zu einer Entziehungskur in ein Therapiezentrum eingeliefert. Nach Abschluss der Therapie trat zunächst eine Verbesserung im Trinkverhalten des Sauer ein, sodass dieser zumindest regelmäßig zur Arbeit erschien. Am 23.11.2024 wurde Sauer aber erneut mit einer Alkoholvergiftung (4,9 Promille) bei völliger körperlicher und geistiger Bewegungslosigkeit in ein Krankenhaus eingeliefert. Der sozialmedizinische Dienst der Krankenkasse hält gutachterlich fest, es sei davon auszugehen, dass »bei Herrn S. eine langjährige, chronische Alkoholkrankheit besteht und der intensive Alkoholkonsum am 23.11.2024 im Rahmen dieser Alkoholkrankheit erfolgte und nicht willentlich durch Herrn S. hätte verhindert oder vermieden werden können (sogenannter Suchtdruck). Selbstverschulden ist somit medizinisch auszuschließen.« Der Mustermann GmbH geht am 24.11.2024 eine ärztliche Arbeitsunfähigkeitsbescheinigung zu, nach der Schlucki zunächst bis zum 02.01.2025 krankgeschrieben ist.

Der Geschäftsführer der Mustermann GmbH, dem die häufigen Fehlzeiten des Schlucki sowieso ein Dorn im Auge sind, lässt die Entgeltfortzahlung für den erneuten Erkrankungszeitraum ab dem 24.11.2024 einstellen.

Frage: Kann Schlucki trotz seiner Arbeitsunfähigkeit Entgeltfortzahlung verlangen?

Vorüberlegungen

Fraglich ist, ob Schlucki einen Anspruch auf Entgeltfortzahlung hat. Da Schlucki arbeitsunfähig ist, geht es um den Entgeltfortzahlungsanspruch im Krankheitsfall nach § 3 Abs. 1 EFZG. Im Fokus steht aufgrund der entsprechenden Sachverhaltsschilderung die Frage nach dem Verschulden an der erneuten Erkrankung aufgrund der Alkoholabhängigkeit. Falls der Anspruch besteht, ist die Mustermann GmbH für die ersten sechs Wochen zur vollen Fortzahlung des Arbeitsentgelts verpflichtet. Anschließend hat Schlucki gegenüber seiner Krankenkasse Anspruch auf Krankengeld (dies zu prüfen, ist nicht Gegenstand der Aufgabenstellung).

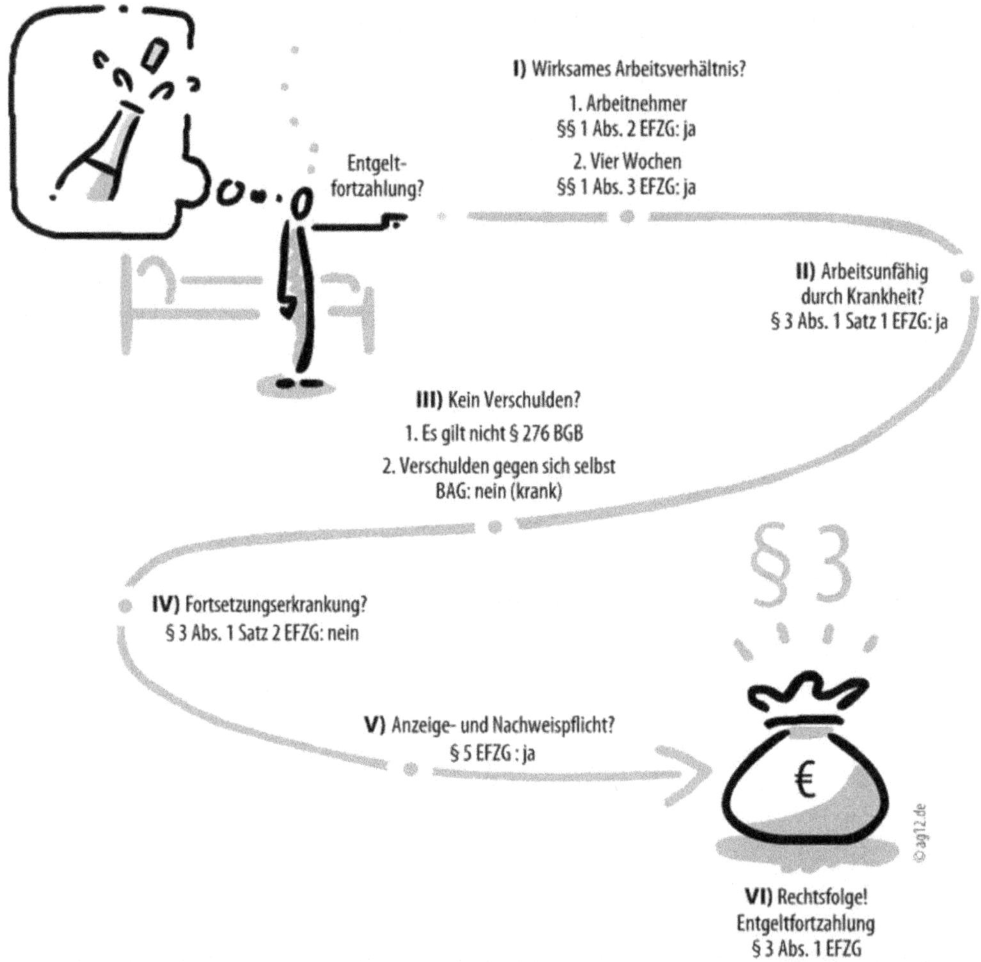

Lösungsskizze

Der Anspruch auf Entgeltfortzahlung besteht, wenn die Tatbestandsvoraussetzungen gemäß § 3 Abs. 1 EFZG vorliegen.

Dazu müssten folgende Voraussetzungen vorliegen:

I. Bestehen eines Arbeitsverhältnisses seit mindestens vier Wochen §§ 1 Abs. 2, 3 Abs. 3 EFZG

1. Anspruchsteller ist Arbeitnehmer des Anspruchsgegners § 1 Abs. 2 EFZG: unproblematisch, siehe Sachverhalt (seit mehreren Jahren bei der Mustermann GmbH beschäftigt).
2. Das Arbeitsverhältnis besteht bereits mindestens vier Wochen ununterbrochen § 3 Abs. 3 EFZG: unproblematisch, siehe Sachverhalt (seit mehreren Jahren bei der Mustermann GmbH beschäftigt).

II. Arbeitsunfähigkeit durch Krankheit § 3 Abs. 1 Satz 1 EFZG

Schlucki ist aufgrund seiner Alkoholkrankheit nicht in der Lage, zu arbeiten, und daher arbeitsunfähig aufgrund einer Erkrankung (ärztlich bescheinigt).

III. Kein Verschulden des Anspruchstellers an der Erkrankung

1. Verschulden bemisst sich nicht nach § 276 BGB: Hiernach läge in jedem Fall Verschulden, mindestens in der Form von Fahrlässigkeit vor.
2. Erforderlich ist ein »Verschulden gegen sich selbst«, das heißt ein grober Verstoß gegen das im Eigeninteresse eines vernünftigen Menschen liegende Verhalten: problematisch; übermäßiger Alkoholkonsum, der zu körperlicher und geistiger Bewegungslosigkeit führt, verstößt gegen das im eigenen Interesse liegende Verhalten eines vernünftigen Menschen; Schlucki ist aber alkoholkrank und kann daher sein Verhalten nicht steuern; andererseits war er bereits in Therapie und muss daher über sein Verhalten und die damit verbundenen Gefahren Bescheid wissen; im Ergebnis mit dem BAG kein Verschulden gegen sich selbst.

IV. Keine Fortsetzungserkrankung § 3 Abs. 1 Satz 2 EFZG

Keine dies problematisierenden Angaben im Sachverhalt

V. Erfüllung der Anzeige- und Nachweispflicht § 5 EFZG (Mitteilung der Arbeitsunfähigkeit und Vorlage der Arbeitsunfähigkeitsbescheinigung), da anderenfalls Leistungsverweigerungsrecht des Arbeitgebers nach § 7 EFZG
Unproblematisch; Arbeitsunfähigkeitsbescheinigung liegt vor.

VI. Rechtsfolge:

Schlucki kann Entgeltfortzahlung gemäß § 3 Abs. 1 EFZG verlangen.

Ausformulierte Falllösung

Schlucki könnte gegen die Mustermann GmbH einen Anspruch auf Entgeltfortzahlung im Krankheitsfall haben gemäß § 3 Abs. 1 EFZG.

Dazu müssten folgende Tatbestandsvoraussetzungen erfüllt sein.

I. Zwischen der Mustermann GmbH und Schlucki müsste seit mindestens vier Wochen ein Arbeitsverhältnis bestehen.

1. Laut Sachverhalt ist Schlucki »seit mehreren Jahren bei der Mustermann GmbH ... beschäftigt.« Es besteht ein Arbeitsverhältnis. Schlucki ist Arbeitnehmer der Mustermann GmbH gemäß § 1 Abs. 2 EFZG.
2. Da Schlucki bereits seit mehreren Jahren bei der Mustermann GmbH beschäftigt ist, ist auch die Vier-Wochen-Frist des § 3 Abs. 3 EFZG erfüllt.

II. Schlucki müsste infolge einer Erkrankung arbeitsunfähig sein gemäß § 3 Abs. 1 Satz 1 EFZG. Schlucki ist alkoholkrank. Dies ist nach heute allgemeiner Auffassung ein pathologischer Zustand. Die Alkoholabhängigkeit und die daraus resultierenden Folgen sind Ursache seiner Arbeitsunfähigkeit.

III. Den Schlucki dürfte an der Erkrankung kein Verschulden treffen.

Für das Verschulden im Sinne des § 3 EFZG ist nicht der allgemeine zivilrechtliche Verschuldensmaßstab des § 276 BGB maßgeblich, der grundsätzlich ein Vertretenmüssen für jede Form des Vorsatzes und der Fahrlässigkeit vorsieht und das Maß an Verhaltensanforderungen gegenüber Dritten bestimmt.

1. Verschulden im Sinne des § 3 EFZG meint ein »Verschulden gegen sich selbst.« Denn hier betrifft die Frage des Verschuldens keinen Dritten, sondern die Person des Arbeitnehmers selbst. Schuldhaft im Sinne des § 3 EFZG handelt daher nur der Arbeitnehmer, der in erheblichem Maße gegen die von einem verständigen Menschen im eigenen Interesse zu erwartende Verhaltensweise verstößt. Dabei ist von einem objektiven Maßstab auszugehen. Erforderlich ist ein grober oder jedenfalls gröblicher Verstoß gegen das Eigeninteresse eines verständigen Menschen und damit ein besonders leichtfertiges oder vorsätzliches Verhalten. Während die frühere Rechtsprechung des BAG und ihr folgend große Teile der arbeitsrechtlichen Literatur davon ausgegangen sind, dass Trunksucht und deren Folgen nach der Lebenserfahrung jedenfalls in der Regel selbst verschuldet sind, kann diese Auffassung heute nicht mehr überzeugen. Nach gesicherten arbeitsmedizinisch-wissenschaftlichen Erkenntnissen steht fest, dass ein Alkoholkranker nach Eintritt der Erkrankung nicht mehr schuldhaft im Sinne der Entgeltfortzahlung handeln kann. Denn der Ausbruch einer Alkoholkrankheit beruht auf einer multikausalen, interaktiven Entwicklung, die sich einer willentlichen Steuerung entzieht.

   Fraglich ist aber, ob ein »Verschulden gegen sich selbst« dann zu bejahen ist, wenn der Arbeitnehmer bereits eine Entziehungskur oder eine Therapie durchlaufen hat. Denn in dieser wird auf die Gefahren des Alkoholgenusses explizit hingewiesen, sodass der Arbeitnehmer die Gefahren kennt und auch angeleitet ist, wie er Gefahrensituationen vermeidet.

Die Rechtsprechung des BAG und Teile der Literatur haben daher noch bis in das Jahr 2015 vertreten, dass ein Arbeitnehmer, der nach erfolgreicher Beendigung einer Entziehungskur rückfällig wird, die ihm erteilten dringenden Ratschläge missachtet hat. Folglich begründe ein solcher Rückfall auch den Vorwurf des Verschuldens gegen sich selbst.

Diese Auffassung hat das BAG jedoch, unterstützt von weiten Teilen der Literatur, mittlerweile aufgegeben. In der Grundsatz-Entscheidung vom 18.03.2015 schließt sich das BAG explizit den aktuellen arbeitsmedizinisch-wissenschaftlichen Erkenntnissen an.

Alkoholismus ist als Krankheit nicht heilbar in dem Sinne, dass die Krankheit und ihre Ursachen ein für alle Mal beseitigt wären. Auch nach durchgeführter Therapie besteht weiter ein Rückfallrisiko als geradezu typischer Teil des Krankheitsbildes.

Es ist daher grundsätzlich davon auszugehen, dass auch ein Rückfall unverschuldet im Sinne des EFZG ist. Ein Verschulden gegen sich selbst liegt nicht vor. Dieses Ergebnis wird auch durch das Gutachten des sozialmedizinischen Dienstes untermauert. Dort wird ausdrücklich festgehalten, dass der Schlucki aufgrund des bestehenden Suchtdrucks nicht selbst verschuldet gehandelt hat.

Natürlich können Sie hier auch ein anderes Ergebnis vertreten; maßgeblich ist, dass Sie die Problematik und die Haltung der für die Praxis ausschlaggebenden Rechtsprechung des BAG kennen und darlegen können.

IV. Es ist aufgrund der Angaben im Sachverhalt nicht davon auszugehen, dass die für einen Verlust des Entgeltfortzahlungsanspruchs in § 3 Abs. 1 Satz 2 EFZG erforderlichen Voraussetzungen (Fortsetzungskrankheit) vorliegen.

V. Der Mustermann GmbH wurde bereits am 24.11.2024 die die Erkrankung des Schlucki belegende Arbeitsunfähigkeitsbescheinigung übermittelt. Die Anzeige- und Nachweispflichten gemäß § 5 EFZG sind erfüllt.

VI. Ergebnis:

Schlucki kann von der Mustermann GmbH für die Dauer seiner krankheitsbedingten Arbeitsunfähigkeit bis zu maximal sechs Wochen Entgeltfortzahlung verlangen gemäß § 3 Abs. 1 EFZG.

Kapitel 8

Fall 4: Allerlei rund um den Urlaub – 2. Akt

Hauptthemen: Verfall von Urlaubsansprüchen, Berechnung von Teilurlaubsansprüchen

Sachverhalt (frei nach BAG, 07.08.2010 – 9 AZR 353/10)

Gernot Gries ist bereits seit Mitte der 00er Jahre bei der Augenthaler AG als Sachbearbeiter »Einkauf national« beschäftigt. Im Mai 2023 erkrankt Gries schwer an einem Krebsleiden und fällt daher für den Rest des Jahres 2023 sowie die Jahre 2024 und 2025 vollständig aus. Im Juli 2026 hat Gries seine Erkrankung überwunden und kehrt an seinen Arbeitsplatz zurück. Dort beschäftigt die Augenthaler AG seit 01.09.2025 den als Vertretung eingestellten Hubert Haser. Aufgrund der Rückkehr des Gries kündigt die Augenthaler AG dem Haser fristgerecht zum 31.07.2026.

Frage: Welche Urlaubsansprüche stehen Gries und Haser zu? In beiden Arbeitsverträgen ist eine Fünf-Tage-Arbeitswoche vereinbart (Montag bis Freitag). Hinsichtlich des Urlaubs wird auf »die gesetzlichen Bestimmungen« verwiesen.

Frage: Was muss die Augenthaler AG unternehmen, damit es zu einem ersatzlosen Verfall der jeweiligen Urlaubsansprüche kommen kann?

Vorüberlegungen

Fraglich ist der jeweilige Urlaubsanspruch der beteiligten Arbeitnehmer Gries und Haser. Da hinsichtlich des Urlaubsanspruchs auf die gesetzlichen Bestimmungen verwiesen wird, ist das BUrlG einschlägig. Dieses sieht bei einer Fünf-Tage-Woche einen jährlichen Mindesturlaub von 20 Tagen vor, § 3 Abs. 1 und Abs. 2 BUrlG. Bei Gries stellt sich die Frage, ob und wie sich die lange krankheitsbedingte Fehlzeit auf den Urlaubsanspruch und dessen etwaigen Entfall nach § 7 Abs. 3 BUrlG auswirkt. Bei Haser ist aufgrund der kurzen Beschäftigungsdauer Teilurlaub nach § 5 BUrlG zu prüfen und zu berechnen. Da Haser zum 31.07.2026 gekündigt ist und Grieser im Juli 2026 an seinen Arbeitsplatz zurückkehrt, liegt es nahe, die Berechnung auf diesen Stichtag vorzunehmen.

Hinsichtlich des Urlaubsverfalls sind die dafür erforderlichen Voraussetzungen – frühzeitiger, ausdrücklicher Hinweis; Möglichkeit der tatsächlichen Inanspruchnahme – zu erfüllen.

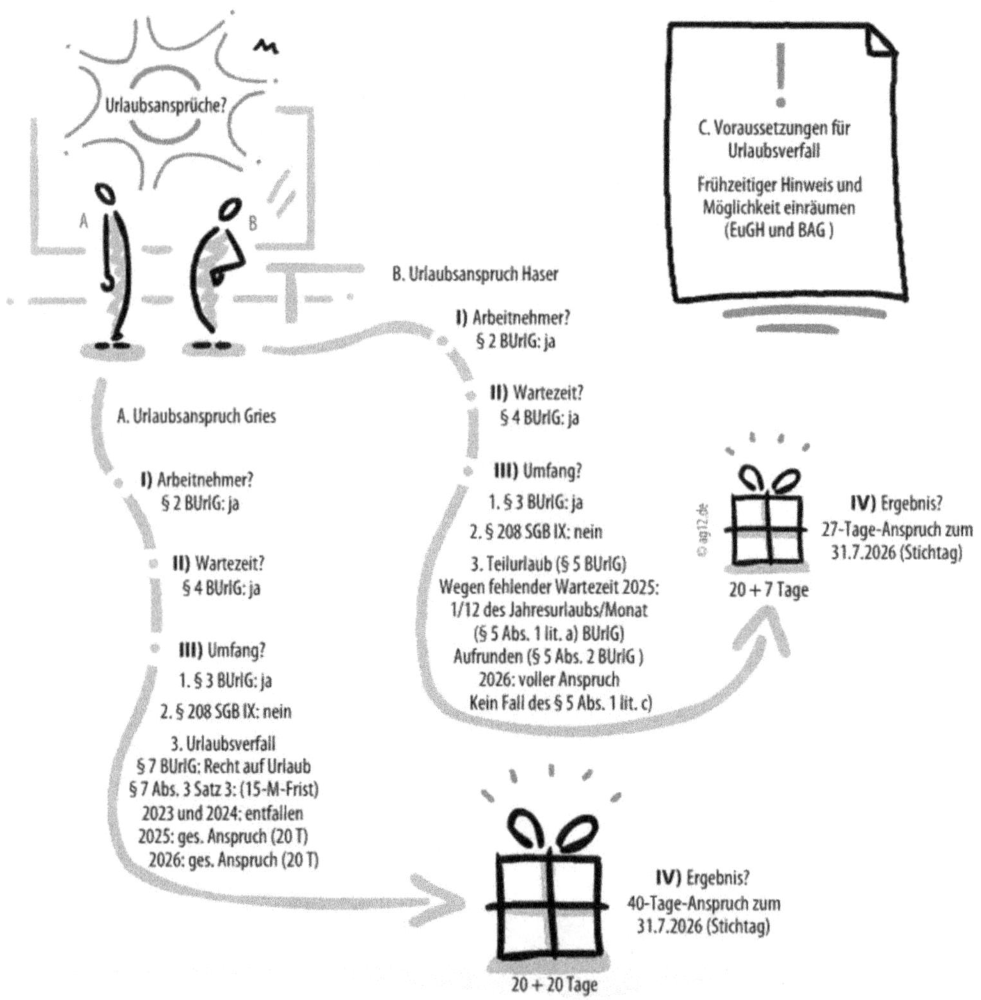

Lösungsskizze

A. Urlaubsanspruch des Gries

I. Gries ist Arbeitnehmer § 2 BUrlG: unproblematisch

II. Wartezeit des § 4 BUrlG erfüllt: Gries ist seit Mitte der 00er Jahre bei der Augenthaler AG beschäftigt.

III. Umfang:

1. Gesetzlicher Mindesturlaub § 3 BUrlG: Aufgrund der bestehenden Fünf-Tage-Woche besteht ein jährlicher Mindesturlaubsanspruch von 20 Tagen.

2. Für zusätzlichen Urlaub aufgrund Arbeitsvertrag, einschlägigem Tarifvertrag oder besonderer gesetzlicher Regelung (zum Beispiel § 208 SGB IX Schwerbehinderung) besteht nach dem Sachverhalt kein Anlass.

3. Urlaub nicht verfallen § 7 Abs. 3 in Verbindung mit der Rechtsprechung von EuGH und BAG (15-Monats-Frist): Gries war über einen Zeitraum von über drei Jahren erkrankt. Inwieweit dies seinen Urlaubsanspruch der jeweiligen Kalenderjahre berührt, ist fraglich:

a. Urlaub entsteht unabhängig davon, ob gearbeitet wird oder nicht. Allein maßgeblich ist das Bestehen eines Arbeitsverhältnisses. Dies folgt nicht zuletzt aus der Unabdingbarkeit des gesetzlichen Mindesturlaubs § 7 BUrlG.

b. Urlaub verfällt entgegen des Wortlauts des § 7 Abs. 3 Satz 3 nicht bereits zum 01.04. des Folgejahres, sondern

c. aufgrund der Rechtsprechung des EuGH und des BAG erst zum 01.04. des auf das Folgejahr folgenden Jahres (»15-Monats-Frist«). Nach Ansicht des BAG ist dies im Rahmen einer »unionsrechtskonformen Auslegung« dem Wortlaut des § 7 Abs. 3 Satz 3 BUrlG zu entnehmen.

d. Konkrete Berechnung:

aa. Urlaub aus 2023 ist zum 01.04.2025 entfallen

bb. Urlaub aus 2024 ist zum 01.04.2026 entfallen

cc. Urlaub aus 2025 entfällt erst zum 01.04.2027, das heißt, Gries steht im Juli 2026 noch der gesamte Urlaubsanspruch 2025 im Umfang von 20 Tagen zu.

e. Urlaub aus 2026: Für das Jahr 2026 hat Gries bei seiner Rückkehr im Juli 2026 bereits den vollen Jahresurlaubsanspruch im Umfang von 20 Tagen erworben (§ 4 BUrlG in Verbindung mit § 5 Abs. 1 BUrlG).

4. Der Gesamturlaubsanspruch des Gries zum Stichtag 31.07.2026 beträgt somit 40 Tage.

IV. Ergebnis:

Gries steht bei der Rückkehr an seinen Arbeitsplatz im Juli 2026 (Stichtag 31.07.2026) noch der volle Urlaubsanspruch aus dem Jahr 2025 sowie bereits der volle Urlaubsanspruch aus dem Jahr 2026, insgesamt also 40 Urlaubstage, zu. Der Urlaub aus den Vorjahren 2023 und 2024 ist dagegen jeweils 15 Monate nach Ende des Kalenderjahres erloschen.

B. Urlaubsanspruch des Haser

I. Haser ist Arbeitnehmer § 2 BUrlG: unproblematisch

II. Wartezeit des § 4 BUrlG erfüllt: Haser wurde zum 01.09.2025 eingestellt; er hat die sechsmonatige Wartezeit somit am 01.04.2026 erfüllt

III. Umfang:

1. Gesetzlicher Mindesturlaub § 3 BUrlG: Aufgrund der bestehenden Fünf-Tage-Woche besteht ein jährlicher Mindesturlaubsanspruch von 20 Tagen.

2. Für zusätzlichen Urlaub aufgrund Arbeitsvertrag, einschlägigem Tarifvertrag oder besonderer gesetzlicher Regelung (zum Beispiel § 208 SGB IX Schwerbehinderung) besteht nach dem Sachverhalt kein Anlass.

3. Gegebenenfalls Anspruch auf Teilurlaub nach § 5 BUrlG:

a. Kalenderjahr 2025: Im Jahr 2025 kann Haser die Wartezeit des § 4 nicht erfüllen; daher steht ihm gemäß § 5 Abs. 1 lit. a) BUrlG für 2025 ein Teilurlaubsanspruch von 1/12 des Jahresurlaubs für jeden vollen Monat des Beschäftigungsverhältnisses zu. Für 2025 sind dies also 4/12 von 20 Tagen = 6,67 Tage; gemäß § 5 Abs. 2 BUrlG ist dies auf 7,0 volle Urlaubstage aufzurunden.

b. Kalenderjahr 2026: Im Jahr 2026 scheidet Haser zum 31.07.2026 aus. Da er erst in der zweiten Jahreshälfte ausscheidet, erhält er für 2026 keinen Teilurlaub (vgl. § 5 Abs. 1 lit. c), sondern den vollen Urlaubsanspruch von 20 Tagen. (Die Entstehung von Doppelurlaub bei einem neuen Arbeitgeber des Haser verhindert § 6 BUrlG).

IV. Ergebnis:

Haser steht zum Stichtag 31.07.2026 (Beendigung des Arbeitsverhältnisses) aus dem Jahr 2025 noch ein Teilurlaubsanspruch von (aufgerundeten) 7,0 Tagen zu. Für das Kalenderjahr 2026 hat er bereits den vollen Jahresurlaubsanspruch von 20 Tagen erworben. Insgesamt stehen Haser 27 Urlaubstage zu.

C. Voraussetzungen des Urlaubsverfalls

Damit Urlaub ersatzlos verfällt, hat der Arbeitgeber nach der mittlerweile gefestigten Rechtsprechung von EuGH und BAG den Arbeitnehmer frühzeitig auf den drohenden Verfall hinzuweisen und diesem auch die tatsächliche Möglichkeit zu geben, den Urlaub zu nehmen.

Ausformulierte Falllösung

A. Urlaubsanspruch des Gries

Fraglich ist, ob und in welchem Umfang dem Gries ein Anspruch auf Erholungsurlaub zusteht. Ein Anspruch auf Urlaub könnte sich aus dem BUrlG ergeben.

I. Dazu müsste Gries Arbeitnehmer im Sinne des § 2 BUrlG sein. Als langjähriger Beschäftigter der Augenthaler AG ist dies unproblematisch zu bejahen.

II. Da Gries bereits seit Mitte der 00er Jahre bei der Augenthaler AG beschäftigt ist, hat er auch die Wartezeit des § 4 BUrlG erfüllt.

III. Fraglich ist der Umfang des Urlaubsanspruchs des Gries.

1. Nach § 3 Abs. 1 BUrlG stünde dem Gries ein gesetzlicher jährlicher Mindesturlaub von 24 Werktagen zu.

Da Gries jedoch in einer Fünf-Tage-Woche (Montag bis Freitag) beschäftigt ist, beträgt sein gesetzlicher Jahresmindesturlaubsanspruch 20 Tage (vgl. § 3 Abs. 2 BUrlG).

Aufgrund des Verweises im Arbeitsvertrag des Gries auf die »gesetzlichen Bestimmungen« besteht für einen darüber hinaus gehenden Urlaubsanspruch kein Anlass.

2. Fraglich ist allerdings, ob die von Mai 2023 bis Juli 2026 bestehende Erkrankung Auswirkungen auf den kalenderjährlichen Urlaubsanspruch des Gries hat. Schließlich hat Gries in diesem Zeitraum nicht gearbeitet. Für das Entstehen des Urlaubsanspruchs ist jedoch nach dem Bundesurlaubsgesetz allein das Bestehen eines Arbeitsverhältnisses Voraussetzung. Der gesetzliche Urlaubsanspruch steht nicht unter der Bedingung, dass der Arbeitnehmer im Bezugszeitraum eine Arbeitsleistung erbracht hat.

Der Urlaubsanspruch entsteht vielmehr auch dann, wenn der Arbeitnehmer nicht arbeitet.

Dies folgt nicht zuletzt auch aus der Vorschrift des § 13 BUrlG, die den Anspruch auf den gesetzlichen Mindesturlaub für unabdingbar erklärt.

3. Allerdings könnte der Urlaub des Gries bereits – jedenfalls in Teilen – verfallen sein nach § 7 Abs. 3 BUrlG.

a. § 7 Abs. 3 Satz 1 BurlG ordnet an, dass der jeweilige Jahresurlaub im laufenden Kalenderjahr gewährt und genommen werden muss. Nur in Ausnahmefällen ist nach § 7 Abs. 3 Satz 2 BUrlG eine Übertragung des Urlaubs in das Folgejahr zulässig und möglich. Im Fall seiner Übertragung in das nächste Kalenderjahr muss der Urlaub ausweislich des Wortlauts des § 7 Abs. 3 Satz 3 BUrlG in den ersten drei Monaten des folgenden

Kalenderjahres gewährt und genommen werden. Danach erlischt er ersatzlos. Dass der nicht zeitgerecht genommene Urlaub verfällt, folgt aus der vom Gesetz (§§ 1, 13 BUrlG) zwingend festgelegten Bindung des Urlaubsanspruchs an das Kalenderjahr, die zugleich dem Sinn und Zweck der gesamten gesetzlichen Urlaubsregelung entspricht.

b. Nach der gesetzlichen Regelung wäre der von Gries in den Kalenderjahren 2023, 2024 und 2025 erworbene Urlaubsanspruch somit jeweils zum 01.04. des jeweiligen Folgejahres ersatzlos verfallen.

c. Allerdings ist ein solches Verständnis der Regelung des § 7 Abs. 3 Satz 3 BUrlG nach der Rechtsprechung des EuGH und des BAG nicht mit den höherrangigen europarechtlichen Vorgaben vereinbar. Diese erfordern, dass bei einer vom Arbeitnehmer unverschuldeten Nichtinanspruchnahme seines Urlaubsanspruchs dieser nicht nach 3 Monaten, sondern frühestens nach 15 Monaten nach Abschluss des Kalenderjahres verfällt.

In Anwendung dieser Grundsätze ist § 7 Abs. 3 Satz 3 BUrlG folglich unionsrechtskonform so auszulegen, dass gesetzliche Urlaubsansprüche vor Ablauf eines Zeitraums von 15 Monaten nach dem Ende des Urlaubsjahres nicht erlöschen, wenn der Arbeitnehmer aus gesundheitlichen Gründen an seiner Arbeitsleistung gehindert war. Sie gehen jedoch mit Ablauf des 31. März des zweiten Folgejahres unter. Dies gilt auch bei fortdauernder Arbeitsunfähigkeit (so explizit das Bundesarbeitsgericht in der dem Fall zugrundeliegenden Entscheidung BAG, 07.08.2010 – 9 AZR 353/10.

d. Für den Urlaubsanspruch der zurückliegenden Kalenderjahre ist also unionskonform festzuhalten, dass

aa. der Urlaubsanspruch aus dem Jahr 2023zum 01.04.2025 erloschen ist;

bb. der Urlaubsanspruch aus dem Jahr 2024 zum 01.04.2026 erloschen ist;

cc. der Urlaubsanspruch aus dem Jahr 2025 erst zum 01.04.2027 erlischt und folglich zum Zeitpunkt der Wiederaufnahme der Arbeit des Gries im Juli 2026 noch in vollem Umfang von 20 Tagen besteht.

e. Für das Kalenderjahr 2026 hat Gries zudem gemäß § 4 BUrlG in Verbindung mit § 5 Abs. 1 BUrlG bereits den vollen Jahresurlaubsanspruch erworben. Er hat im laufenden Kalenderjahr 2026 bereits die Wartezeit des § 4 BUrlG erfüllt und scheidet auch nicht in der ersten Jahreshälfte 2026 aus dem Arbeitsverhältnis aus.

4. Gries stehen folglich je 20 Tage Urlaub aus den Jahren 2025 und 2026, insgesamt also 40 Urlaubstage, zu.

IV. Ergebnis:

Dem Gries steht im Juli 2026 (Stichtag 31.07.2026) ein Urlaubsanspruch von insgesamt 40 Tagen zu. Dieser setzt sich aus je 20 Tagen aus dem gemäß § 7 Abs. 3 Satz 3 BUrlG noch nicht verfallenen Urlaub 2025 und dem gemäß §§ 4, 5 Abs. 1 BUrlG für 2026 bereits voll entstandenem Jahresurlaub zusammen.Der Urlaub aus den Krankheitsjahren 2023 und 2024 ist dagegen jeweils 15 Monate nach Beendigung des jeweiligen Kalenderjahres ersatzlos entfallen.

B. Urlaubsanspruch des Haser

Fraglich ist, ob und in welchem Umfang dem Haser ein Anspruch auf Erholungsurlaub zusteht. Ein Anspruch auf Urlaub könnte sich aus dem BUrlG ergeben.

I. Haser ist bei der Augentahler AG angestellt und somit Arbeitnehmer im Sinne des § 2 BUrlG.

II. Haser wurde zum 01.09.2025 eingestellt und hat die sechsmonatige Wartezeit des § 4 BUrlG folglich am 01.03.2026 erfüllt.

III. Fraglich ist der Umfang des Urlaubsanspruches des Haser.

1. Da Haser ebenso wie Gries (s. o.) in einer Fünf-Tage-Woche (Montag bis Freitag) beschäftigt ist, beträgt sein gesetzlicher Jahresmindesturlaubsanspruch 20 Tage gemäß 3 Abs. 1 und Abs. 2 BUrlG. Aufgrund des Verweises im Arbeitsvertrag auf die »gesetzlichen Bestimmungen« besteht für einen darüber hinaus gehenden Urlaubsanspruch kein Anlass.

2. Aufgrund des Arbeitsbeginns zum 01.09.2025 hat Haser im Kalenderjahr 2025 die Wartezeit des § 4 nicht erfüllt; auch im Kalenderjahr 2026 ist er aufgrund seines Ausscheidens zum 31.07.2026nicht durchgehend beschäftigt.

   a. Für das Kalenderjahr 2025 könnte dem Haser ein Anspruch auf Teilurlaub gemäß § 5 Abs. 1 lit. a) BUrlG zustehen. Nach dieser Vorschrift erhält der Arbeitnehmer, der aufgrund Nichterfüllung der Wartezeit in einem Kalenderjahr keinen vollen Jahresurlaubsanspruch erwirbt, einen Anspruch auf Teilurlaub. Dieser beträgt für jeden vollen Monat des Bestehens des Arbeitsverhältnisses 1/12 des Jahresurlaubs. Da Haser im Jahr 2025 exakt 4 Monate beschäftigt war (01.09. – 31.12.), steht ihm folglich ein Teilurlaubsanspruch von 4/12 von 20 Tagen zu. Dies sind rechnerisch 6,67 Tage. Da gemäß § 5 Abs. 2 BUrlG Bruchteile von Urlaubstagen, die mindestens einen halben Tag ergeben, auf volle Urlaubstage aufzurunden sind, beträgt der Teilurlaubsanspruch des Haser für das Kalenderjahr 2025 7,0 Tage.

   b. Fraglich ist, wie viel Urlaub dem Haser für das Kalenderjahr 2026 zusteht. Da Haser zum 31.07.2026usscheidet, greifen die Teilurlaubsregeln des § 5 Abs. 1 BUrlG nicht ein. Insbesondere kann § 5 Abs. 1 lit. c) keinen Teilurlaubsanspruch begründen, da sich dieser explizit auf ein Ausscheiden in der ersten Hälfte eines Kalenderjahres bezieht.

Da Haser erst in der zweiten Jahreshälfte ausscheidet, erhält er für 2026 somit den vollen Urlaubsanspruch von 20 Tagen. (Die Entstehung von Doppelurlaub bei einem neuen Arbeitgeber des Haser verhindert § 6 BUrlG.)

IV. Ergebnis:

Haser steht zum Stichtag 31.07.2026 (Beendigung des Arbeitsverhältnisses) aus dem Jahr 2025 noch ein Teilurlaubsanspruch von (aufgerundeten) 7,0 Tagen zu gemäß §§ 4, 5 Abs. 1 lit. a), Abs. 2 BUrlG. Für das Kalenderjahr 2026 hat Haser gemäß § 4 BUrlG bereits den vollen Jahresurlaubsanspruch von 20 Tagen erworben. Insgesamt stehen Haser somit 27 Urlaubstage zu.

C. Voraussetzungen des Urlaubsverfalls

Während früher Urlaub als Holschuld eingeordnet wurde und damit der Arbeitnehmer, der seinen Urlaub nicht proaktiv beantragt hat, mit dessen Verfall rechnen musste, gilt mittlerweile auf Basis gefestigter Rechtsprechung von EuGH und BAG das Folgende: Damit Urlaub ersatzlos verfällt, muss der Arbeitgeber den Arbeitnehmer frühzeitig und ausdrücklich auf den drohenden Verfall hinweisen und diesem auch die tatsächliche Möglichkeit zu geben, den Urlaub zu nehmen. Anderenfalls bleibt der bereits entstandene Urlaubsanspruch unberührt und auch eine Verjährung beginnt erst mit dem Hinweis des Arbeitgebers auf den drohenden Verfall.

Kapitel 9
Fall 5: Die verhinderte Chefköchin

Hauptthemen: Betriebsrisiko, Sphärentheorie, Annahmeverzug des Arbeitgebers

Sachverhalt

Elena Ernst hat nach dem Abschluss ihrer Lehre als Köchin im Gastronomiebetrieb des Gustav Grinser eine Anstellung gefunden. Aufgrund ihrer hervorragenden Kochkenntnisse und ihres umfassenden Geschicks in der Organisation der logistischen Abläufe in der Küche hat Grinser sie mit Wirkung zum kommenden Monatsersten zur »Chefköchin« befördert. Mit der Übernahme der neuen Leitungsaufgabe erhält Ernst auch ein erhöhtes Gehalt und die Personalführungsverantwortung für das Küchenpersonal. Als Ernst am Monatsersten stolz und frisch ausgestattet mit einer »Chefköchinnenmontur« wie gewohnt zur Arbeit erscheint, steht die Feuerwehr mit mehreren Löschfahrzeugen vor dem Restaurant. Der herbeigerufene Grinser, dem Ernst ihre Arbeitsleistung anbietet, erklärt, dass wohl aufgrund von Brandstiftung die gesamte Inneneinrichtung einschließlich der Küchenausstattung vernichtet wurde. Er könne daher die Grinser nicht beschäftigen. Auch in den Folgewochen lehnt Grinser unter Hinweis auf den Brandschaden eine Beschäftigung der Ernst ab und verweist auf die geplante Neueröffnung in etwa drei Monaten.

Frage: Kann Ernst von Grinser für die Zeit der Nichtbeschäftigung trotzdem die Zahlung ihres Arbeitsentgelts verlangen?

Vorüberlegungen

Fraglich ist Entgeltzahlungsanspruch der Ernst. Üblicherweise folgt dieser aus § 611a BGB in Verbindung mit dem Arbeitsvertrag. Da das Arbeitsverhältnis aber als Austauschverhältnis konzipiert ist und Arbeitsleistung und Lohnzahlung somit in einem Gegenseitigkeitsverhältnis stehen, gilt der Grundsatz »Ohne Arbeit kein Geld«. Fraglich ist, ob dieser Grundsatz aufgrund einer entsprechenden gesetzlichen Regelung durchbrochen ist und Ernst trotz Nichtleistung Zahlung des Arbeitsentgelts fordern kann. Als Anspruchsgrundlage kommt hierfür (nur) § 615 Satz 3 BGB in Betracht.

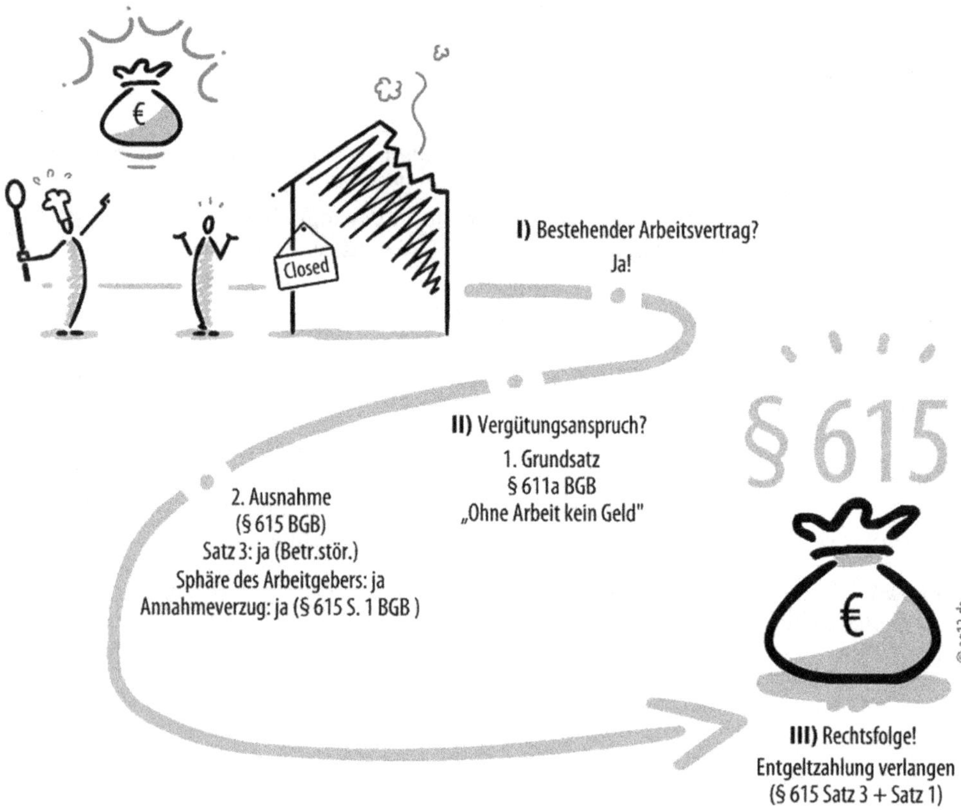

Lösungsskizze

Der Anspruch auf Entgeltzahlung besteht, wenn die Voraussetzungen des § 615 Satz 3 BGB vorliegen.

I. Bestehender Arbeitsvertrag zwischen Ernst und Grinser nach Sachverhalt unproblematisch

II. Bestehender Vergütungsanspruch

1. Grundsatz: ohne Arbeit kein Geld § 611a BGB: Ernst kann ihre Arbeitsleistung nicht erbringen, da der Gastronomiebetrieb ausgebrannt ist

2. Ausnahme: § 615 BGB

   a. Vorliegen einer Betriebsstörung § 615 Satz 3: Aufgrund des Brands kann im Gastronomiebetrieb des Grinser nicht gearbeitet werden.

   b. Betriebsstörung liegt in der Sphäre des Arbeitgebers: Fraglich ist, ob Grinser das Risiko des Arbeitsausfalls trägt. Dies ist dann der Fall, wenn die Ursache des Arbeitsausfalls weder vom Arbeitgeber noch vom Arbeitnehmer zu vertreten ist und nach der sogenannten Sphärentheorie das Risiko beim Arbeitgeber liegt. Hier handelt es sich um einen typischen Fall des Betriebsrisikos, da ohne Verschulden des Grinser (Ursache Brandstiftung) die Belegschaft aus betriebstechnischen Gründen nicht beschäftigt werden kann (typische Fälle des Betriebsrisikos sind zum Beispiel Naturkatastrophen, Brandschäden, witterungsbedingter Arbeitsausfall). Nach der Sphärentheorie liegt das Betriebsrisiko grundsätzlich beim Arbeitgeber (allenfalls, wenn dies zu einer Existenzgefährdung des Betriebs führt, kann eine andere Zuordnung geboten sein; hierfür gibt der Sachverhalt keinen Anlass; »Neueröffnung in drei Monaten«)

   c. Annahmeverzug des Arbeitgebers § 615 S. 1 BGB (str.)

      aa. Angebot und Leistungsfähigkeit des Arbeitnehmers §§ 294–297 BGB: Ernst ist leistungsfähig und hat ihre Arbeitsleistung auch angeboten gemäß § 615 S. 1, § 294 BGB.

      bb. Nichtannahme der Arbeitsleistung durch den Arbeitgeber § 293 BGB: Grinser hat die angebotene Arbeitsleistung nicht angenommen.

III. Rechtsfolge

Ernst kann gemäß § 615 Satz 3 in Verbindung mit Satz 1 BGB Zahlung ihres Arbeitsentgelts auch für die Zeit der Nichtbeschäftigung verlangen. Für eine (fiktive) Anrechnung anderweitigen Verdiensts nach § 615 Satz 2 enthält der Sachverhalt keine Anhaltspunkte.

Ausformulierte Falllösung

Ernst könnte gegen Grinser einen Anspruch auf Entgeltzahlung für die Zeit der Nichtbeschäftigung haben gemäß § 615 Satz 3 in Verbindung mit Satz 1 BGB.

Dazu müssten folgende Tatbestandsvoraussetzungen gegeben sein:

I. Zwischen Ernst und Grinser besteht ein Arbeitsverhältnis. Ernst ist bei Grinser als (Chef-)Köchin angestellt.

II. Fraglich ist, ob Ernst trotz der Nichterbringung ihrer Arbeitsleistung einen Anspruch auf Zahlung des vereinbarten Arbeitsentgelts hat.

1. Aufgrund des bestehenden Arbeitsverhältnisses besteht nach § 611a BGB in Verbindung mit dem Arbeitsvertrag grundsätzlich ein Anspruch auf Vergütung. Allerdings stehen Arbeitsleistung und Arbeitsentgelt in einem Austauschverhältnis.

Daher gilt der Grundsatz »ohne Arbeit kein Geld«.

Da im Betrieb brandbedingt nicht gearbeitet werden kann, könnte dies dazu führen, dass auch der Grinser von seiner Verpflichtung der Entgeltzahlung frei wird.

2. Dem steht jedoch die Regelung des § 615 Satz 3 BGB entgegen. Hiernach behält die Ernst ihren Anspruch auf Vergütung, wenn die Nichtleistung auf eine Betriebsstörung zurückzuführen ist und der Arbeitgeber das Risiko der Nichtbeschäftigung trägt.

   a. Aufgrund des Brands kann im Gastronomiebetrieb des Grinser nicht gearbeitet werden. Es liegt eine Betriebsstörung vor.

   b. Die Betriebsstörung müsste in der Risikosphäre des Arbeitgebers liegen. Fraglich ist, ob Grinser das Risiko des Arbeitsausfalls trägt. Dies ist dann der Fall, wenn die Ursache des Arbeitsausfalls wie hier aufgrund der wohl erfolgten Brandstiftung weder vom Arbeitgeber noch vom Arbeitnehmer zu vertreten ist und die sogenannte Sphärentheorie dem Arbeitgeber das Risiko für die Betriebsstörung zuordnet. Hier handelt es sich um einen typischen Fall des Betriebsrisikos, da es sich im Rahmen des unternehmerischen Handelns um eine Ursache handelt, die zu einer Nichtbeschäftigung der Belegschaft aus betriebstechnischen Gründen führt.

Nach der Sphärentheorie liegt das Betriebsrisiko grundsätzlich beim Arbeitgeber.

Allenfalls, wenn dies zu einer Existenzgefährdung des Betriebs führt, kann eine andere Zuordnung geboten sein, wofür hier allerdings kein Anlass besteht, zumal Grinser bereits die Neueröffnung des Betriebs plant.

c. Ob sich der Grinser als Arbeitgeber zusätzlich im Annahmeverzug nach § 615 S. 1 BGB in Verbindung mit §§ 293 ff. BGB befinden muss, ist zwar umstritten. Jedoch liegen die Voraussetzungen des Annahmeverzugs unproblematisch vor.

aa. Ernst war zur Erbringung der vereinbarten Arbeitsleistung als Chefköchin in der Lage und hat diese auch explizit angeboten gemäß §§ 615 Satz 1, 294 BGB.

bb. Grinser hat die ihm angebotene Leistung nicht angenommen § 293 BGB, sodass er sich im Annahmeverzug befindet.

III. Ergebnis

Ernst kann gemäß § 615 Satz 3 in Verbindung mit Satz 1 BGB Zahlung ihres Arbeitsentgelts auch für die Zeit der Nichtbeschäftigung verlangen. Für eine (fiktive) Anrechnung anderweitigen Verdiensts nach § 615 Satz 2 enthält der Sachverhalt keine Anhaltspunkte.

Kapitel 10
Fall 6: Kind geht vor

Hauptthemen: Verhinderung des Arbeitnehmers; Vergütungsanspruch trotz Verhinderung

Sachverhalt

Markus Moser ist stolzer Vater einer vierjährigen Tochter. Nachdem er seine »Prinzessin« am frühen Morgen in den Kindergarten gebracht hat, fährt er auf direktem Weg zu seinem Arbeitgeber, um pünktlich zur morgendlichen Besprechung zu erscheinen. Kurz vor der Ankunft in der Firma erhält Moser jedoch auf seinem Mobiltelefon einen Anruf des Kindergartens. Die Kindergartenleiterin teilt ihm mit, dass seine Tochter soeben aufgrund eines Sturzes vom Klettergerüst mit dem Krankenwagen abgeholt und ins städtische Krankenhaus gebracht werde. Moser wendet daraufhin sofort und fährt in die Notaufnahme des Krankenhauses. Dort verbringt er rund 2 ½ unruhige Stunden bis ihm die Ärzte mitteilen, dass seine Tochter wohlauf sei, jetzt mit einem Beruhigungsmittel schlafe und am späten Nachmittag besucht und voraussichtlich auch abgeholt werden könne.

Markus Moser fährt daraufhin ins Büro, wo er schon von seinem Vorgesetzten Volker Vieser erwartet wird. Moser hatte den Vieser bereits auf dem Weg zum Krankenhaus per WhatsApp darüber informiert, dass er aufgrund eines Unfalls seiner Tochter nicht zur Besprechung kommen werde. Vieser kündigt gegenüber Moser an, dessen Vergütung um die insgesamt vier Fehlstunden zu kürzen, da er keinerlei Verständnis dafür habe, dass Moser seinem Kind den Vorrang vor wichtigen Arbeitsaufgaben einräume. Moser habe schließlich einen Arbeitsvertrag, aus dem sich eine werktägliche Anwesenheitspflicht ergebe.

Frage: Hat Markus Moser trotz seiner Nichtleistung für die vier Fehlstunden einen Anspruch auf Zahlung seiner Arbeitsvergütung?

Vorüberlegungen

Fraglich ist der Anspruch des Markus Moser auf Zahlung des vereinbarten Arbeitsentgelts. Üblicherweise folgt dieser aus § 611a BGB in Verbindung mit dem Arbeitsvertrag. Das Arbeitsverhältnis ist ein Austauschverhältnis. Erbringung der Arbeitsleistung und Lohnzahlung sind gegenseitige Rechte und Pflichten für welche der Grundsatz »Ohne Arbeit kein Geld« gilt. Fraglich ist, ob dieser hier durchbrochen ist und Moser trotzdem Anspruch auf Vergütung hat, weil er (nur) für einen verhältnismäßig kurzen Zeitraum von vier Stunden seine Arbeitsleistung nicht erbracht hat. Ein entsprechender Anspruch könnte sich aus § 616 BGB ergeben.

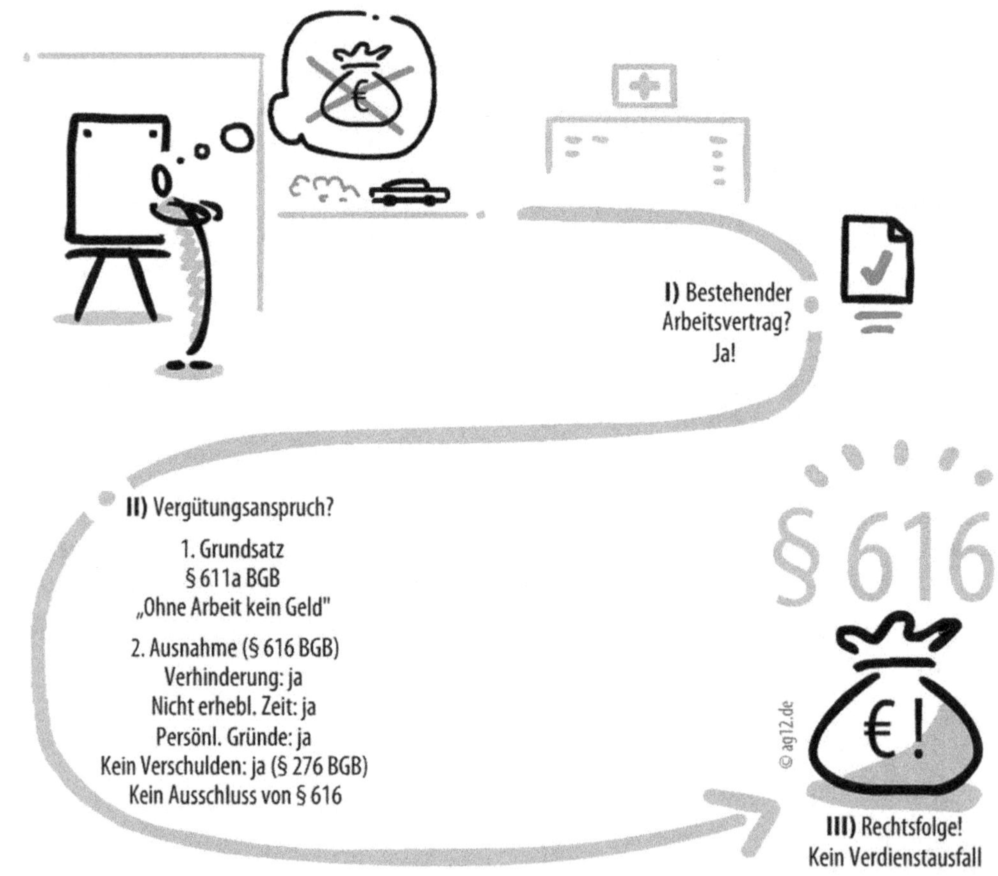

Lösungsskizze

Der Anspruch auf Zahlung der Vergütung besteht, wenn die Voraussetzungen des 616 BGB vorliegen.

I. Bestehender Arbeitsvertrag des Markus Moser mit dem Arbeitgeber unproblematisch

II. Bestehender Vergütungsanspruch

1. Grundsatz: ohne Arbeit kein Geld § 611a BGB: Moser hat seine Arbeitsleistung nicht erbracht, da er statt zur Arbeit ins Krankenhaus gefahren ist

2. Ausnahme: § 616 BGB

a. Verhinderung des Arbeitnehmers an der Erbringung seiner Arbeitsleistung: Moser war durch den Aufenthalt in der Notaufnahme des Krankenhauses nicht in der Lage seine Arbeitsleistung zu erbringen.

b. Verhinderung für eine verhältnismäßig nicht erhebliche Zeit (in der Regel einige Stunden bis wenige Tage): Moser hatte einen Ausfall von 4 Stunden; dies ist verhältnismäßig nicht erheblich.

c. Gründe für die Verhinderung liegen in der Person bzw. Sphäre des Arbeitnehmers: die durch den Sturz und Krankenhausaufenthalt der Tochter begründete Verhinderung stammt aus der unmittelbaren Sphäre des Moser.

d. Kein Verschulden des Moser an der Verhinderung

aa. Verschulden bemisst sich nicht nach § 276 BGB

bb. Erforderlich ist ein „Verschulden gegen sich selbst", das heißt ein grober Verstoß gegen das im Eigeninteresse eines vernünftigen Menschen liegende Verhalten: die Reaktion des Moser, nach dem alarmierenden Telefonanruf statt zur Arbeit ins Krankenhaus zu fahren, ist nachvollziehbar und kein Verschulden gegen sich selbst.

e. Kein Ausschluss des § 616 BGB: keine entsprechende Angabe im Sachverhalt vorhanden.

III. Rechtsfolge

Moser kann für die Zeit der Verhinderung Zahlung der vertragsgemäßen Vergütung verlangen gemäß § 616 BGB.

Ausformulierte Falllösung

Moser könnte gegen seinen Arbeitgeber für die vier Fehlstunden einen Anspruch auf Vergütung trotz Nichtleistung wegen vorübergehender Verhinderung haben gemäß § 616 BGB.

Dazu müssten folgende Tatbestandsvoraussetzungen gegeben sein:

I. Es müsste ein Arbeitsverhältnis bestehen. Dies ist entsprechend der Angaben im Sachverhalt der Fall. Es besteht ein Arbeitsverhältnis zwischen Moser und seinem Arbeitgeber.

II. Fraglich ist, ob Moser trotz der Nichterbringung seiner Arbeitsleistung einen Anspruch auf Zahlung des vereinbarten Arbeitsentgelts hat.

1. Aufgrund des bestehenden Arbeitsverhältnisses besteht nach § 611a BGB in Verbindung mit dem Arbeitsvertrag grundsätzlich ein Anspruch auf Vergütung. Allerdings stehen Arbeitsleistung und Arbeitsentgelt in einem Austauschverhältnis.

Es gilt der Grundsatz »ohne Arbeit kein Geld«.

Da Moser für insgesamt 4 Stunden seine Arbeitsleistung nicht erbracht hat könnte dies dazu führen, dass auch sein Arbeitgeber von der Verpflichtung zur Zahlung des Arbeitsentgelts frei wird.

2. Dem könnte jedoch die Regelung des § 616 BGB entgegenstehen. Nach dieser Vorschrift behält der Arbeitnehmer trotz Nichtleistung den Anspruch auf Vergütung, wenn es sich nur um eine vorübergehende Verhinderung der Erbringung der Arbeitsleistung handelt.

   a. Moser ist aufgrund des Sturzes seiner Tochter vom Klettergerüst des Kindergartens ins Krankenhaus gefahren und war folglich aufgrund seines dortigen Aufenthaltes in der Notaufnahme nicht in der Lage, seine Arbeitsleistung zu erbringen.

   b. Die Verhinderung umfasst auch eine verhältnismäßig nicht erhebliche Zeit. Nach allgemeiner Auffassung sind Zeiträume von einigen Stunden bis hin zu wenigen Tagen eine nicht verhältnismäßige Zeit. Es wird sogar vertreten, dass dies Zeiträume bis zu zehn Arbeitstagen umfasst (Argument aus § 2 Abs. 1 Pflegezeitgesetz). Mit gerade vier Stunden ist die Unverhältnismäßigkeitsschwelle des § 616 BGB jedenfalls nicht erreicht.

   c. Des Weiteren müssten die Gründe für die Verhinderung in der Person bzw. Sphäre des Mosers liegen. Die durch den Sturz und Krankenhausaufenthalt der Tochter begründete Verhinderung stammt aus der unmittelbaren persönlichen Sphäre des Moser. Es handelt sich um ein familiäres Ereignis, bei dem eine Anwesenheit des Moser unverzichtbar ist. Auch im Hinblick auf das noch geringe Lebensalter der Tochter ist es nachvollziehbar, dass Moser in der Notaufnahme verbleibt bis er hinreichende Gewissheit erlangt, dass seine Tochter wohlauf ist. Es handelt sich auch nicht um einen Arztbesuch, der terminlich anders geplant und außerhalb der Arbeitszeit stattfinden hätte können.

d. Schließlich darf den Moser kein Verschulden an der Verhinderung treffen.

aa. Hierzu ist festzuhalten, dass sich das Verschulden im Sinne des § 616 BGB nicht nach § 276 BGB bemisst.

bb. Erforderlich ist vielmehr wie auch bei § 3 EFZG ein „Verschulden gegen sich selbst", das heißt ein grober Verstoß gegen das im Eigeninteresse eines vernünftigen Menschen liegende Verhalten. Die Reaktion des Moser, nach dem alarmierenden Telefonanruf statt zur Arbeit ins Krankenhaus zu fahren, ist nachvollziehbar und kein Verschulden gegen sich selbst. Es verstößt nicht grob gegen das Eigeninteresse eines vernünftigen Menschen, bei einem derartigen Unglücksfall zu seinem verunfallten Kind zu eilen.

e. Da der Arbeitgeber von der grundsätzlichen Möglichkeit des Ausschlusses des § 616 BGB durch den Arbeitsvertrag keinen Gebrauch gemacht hat ist die Vorschrift auch anwendbar.

III. Ergebnis

Moser kann für die Zeit der vierstündigen Verhinderung Zahlung der vertragsgemäßen Vergütung verlangen gemäß § 616 BGB.

Kapitel 11

Fall 7: Die »mitdenkende« Reinigungskraft

Hauptthemen: Schadensersatzanspruch des Arbeitgebers, eingeschränkte Arbeitnehmerhaftung bei betriebsbezogener Tätigkeit, Haftungshöhenbegrenzung

Sachverhalt (nach BAG, 28.10.2010 – 8 AZR 418/09)

Maria Maier ist bereits seit vielen Jahren als Reinigungskraft im Rahmen eines geringfügigen Beschäftigungsverhältnisses in der Arztpraxis des Dr. Armin Rrogant angestellt. Der aktuelle Monatsverdienst der Maier liegt bei brutto € 450,-. Als Maier an einem Sonntag ihre über den Praxisräumen wohnende Freundin Frida Fürst besuchte, nahm sie im Treppenhaus einen Alarmton aus der unverschlossenen Arztpraxis wahr. Hierauf betrat sie die Praxis und stellte fest, dass der Alarm vom Magnetresonanztomografen (MRT) ausging, einem hochkomplexen medizinischen Gerät, mit dem bildgebende Diagnoseuntersuchungen vorgenommen werden. Dr. A. Rrogant hatte das gesamte Praxispersonal strikt angewiesen, die »Finger von meinem MRT zu lassen«; auch war die Maier im Rahmen ihrer Reinigungstätigkeit nicht für die Reinigung des MRT zuständig.

Die an der Wand befindliche Steuereinheit des MRT besitzt mehrere unterschiedlich farbige Schaltknöpfe, unter anderem einen blauen Schalter mit der Aufschrift »alarm silence« sowie einen unter einer Plexiglasklappe angebrachten roten Schalter mit der Aufschrift »magnet stop«. Die zum Betätigen des roten Schalters zu entfernende Plexiglasklappe war zusätzlich mit einem deutlich sichtbaren Klebestreifen versehen mit der Aufschrift: »Bei Alarm »alarm silence – blau!« drücken! Nicht!!! magnet stop – rot!«

Um den Alarmton auszuschalten, drückte die Maier nach Entfernen der Plexiglasklappe den roten Schalter »magnet stop« und löste hierdurch einen sogenannten »MRT-Quench« aus, der das elektromagnetische Feld des MRT zusammenbrechen ließ.

Die hierdurch erforderliche Reparatur kostete € 30.000,-; zudem war das MRT während der mehrtägigen Reparatur nicht nutzbar, wodurch ein Nutzungsausfallschaden in Höhe von € 20.000,- entstand.

Dr. A. Rrogant verlangt von der Maier Ersatz des Gesamtschadens in Höhe von € 50.000,-.

Frage: Zu Recht?

Vorüberlegungen

Fraglich ist, ob dem A. Rrogant ein Schadensersatzanspruch gegen die Maier auf Ersatz des Schadens in Höhe von 50.000,- € zusteht. Als Anspruchsgrundlagen kommen § 280 Abs. 1 BGB sowie § 823 Abs. 1 BGB in Betracht. Die Reihenfolge der Prüfung erfolgt wie immer nach dem Grundsatz »Vertragliche Ansprüche vor gesetzlichen Ansprüchen«. Im Rahmen der Prüfung kommt es entscheidend auf die Arbeitnehmerhaftungsprivilegierung an. Zudem fällt ins Auge, dass der Monatsverdienst der Maier (450,- € brutto) in einem krassen Missverhältnis zum eingetretenen Schaden (50.000,- €) steht.

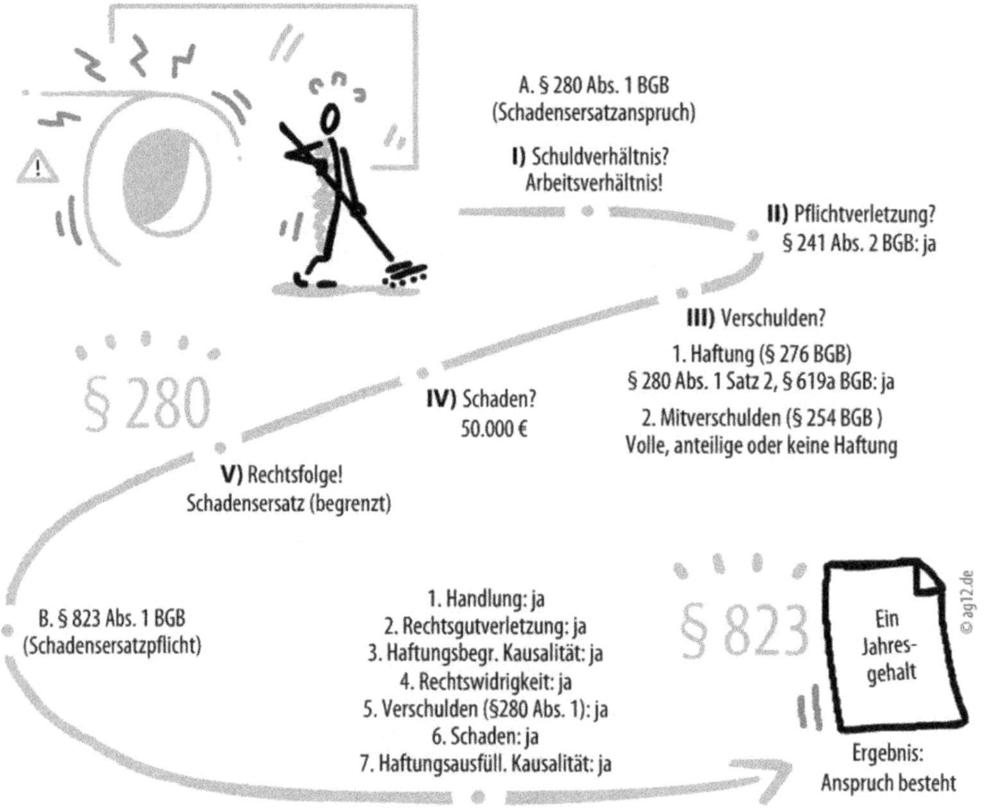

Lösungsskizze

Der Anspruch auf Schadensersatz besteht, wenn die Voraussetzungen des § 280 Abs. 1 BGB und/oder des § 823 Abs. 1 BGB vorliegen.

A. § 280 Abs. 1 BGB

I. Bestehen eines Schuldverhältnisses: Zwischen Dr. A. Rrogant und Maier besteht laut Sachverhalt bereits seit vielen Jahren ein Arbeitsverhältnis.

II. Pflichtverletzung des Arbeitnehmers: Es genügt die Verletzung einer arbeitsvertraglichen Nebenpflicht § 241 Abs. 2 BGB: Maier ist aufgrund des bestehenden Arbeitsverhältnisses zur Rücksichtnahme auf die Rechte, Rechtsgüter und Interessen ihres Vertragspartners verpflichtet. Durch das Drücken des roten Knopfes hat sie ihre Pflicht, ihren Vertragspartner nicht zu schädigen, verletzt.

III. Verschulden des Arbeitnehmers § 280 Abs. 1 Satz 2, § 619a BGB:

1. Ausgangspunkt ist auch im Arbeitsverhältnis zunächst § 276 BGB, das heißt Haftung für Vorsatz und Fahrlässigkeit: Maier hat grob fahrlässig gehandelt. Ihr war klar, dass sie in das MRT nicht eingewiesen war, und sie hat trotzdem wahllos einen Schalter betätigt, der sowohl durch einen zusätzlichen Plexiglasdeckel als auch durch einen zusätzlichen Hinweis versehen war. Ihr war also weder klar, was das Betätigen des Deckels auslösen kann, noch hat sie die Hinweise zur Kenntnis genommen. Damit hat Maier objektiv die im Verkehr erforderliche Sorgfalt in hohem Maß außer Acht gelassen und verletzt.

2. Aufgrund der besonderen Situation des Arbeitnehmers wird dieser jedoch über § 254 BGB analog in seiner Haftung privilegiert, wenn die schadensauslösende Handlung bei einer betriebsbezogenen Tätigkeit begangen wurde: Die Betätigung des Schalters ist betrieblich veranlasst. Zwar war sie am Sonntag nicht »im Dienst«. Es reicht aber für die Betriebsbezogenheit aus, dass der Arbeitnehmer seinen allgemeinen Sorgfalts- und Obhutspflichten nachkommen will. Genau dies war die Absicht der Maier, als sie aufgrund des Alarmtons die unverschlossene Praxis betreten hat.

a. Bei Vorsatz und grober Fahrlässigkeit: volle Haftung des Arbeitnehmers

b. Bei mittlerer (»normaler«) Fahrlässigkeit: anteilige Haftung von Arbeitnehmer und Arbeitgeber (Quotelung) je nach Einzelfall

c. Bei leichter Fahrlässigkeit: keine Haftung des Arbeitnehmers

Wie bereits festgestellt, liegt grobe Fahrlässigkeit vor. Dies führt grundsätzlich zur vollen Haftung des Arbeitnehmers. Allerdings kann ausnahmsweise von der vollen Schadenstragungspflicht abgesehen werden, wenn eine Abwägung zwischen der Situation des Arbeitnehmers und der des Arbeitgebers dies ergibt. Auf Seiten des Arbeitnehmers ist dabei insbesondere die Höhe des Arbeitsentgelts zu berücksichtigen. In diesem besonderen Fall erscheint die Begrenzung auf ein Jahresgehalt (€ 5.400,-) für vertretbar und angemessen.

IV. Schaden

Der Schaden beträgt gemäß Sachverhalt € 50.000,-.

V. Rechtsfolge

Die Maier ist aufgrund der grob fahrlässigen Pflichtverletzung zum Schadensersatz verpflichtet; dieser ist allerdings aufgrund der besonderen Situation in der Höhe auf ein Jahresgehalt zu begrenzen.

B. § 823 Abs. 1 BGB

Die sieben Tatbestandsvoraussetzungen des § 823 Abs. 1 BGB liegen vor:

1. Handlung: Maier hat gehandelt.
2. Rechtsgutverletzung: Das MRT steht im Eigentum des Dr. A. Rrogant (»mein MRT«); jedenfalls aber in seinem berechtigten Besitz (sonstiges Recht).
3. Haftungsbegründende Kausalität: Das Betätigen des Schalters hat zur Rechtsgutverletzung geführt.
4. Rechtswidrigkeit: Rechtfertigungsgründe sind nicht ersichtlich.
5. Verschulden: Grobe Fahrlässigkeit liegt vor; es kann auf die Ausführungen bei § 280 Abs. 1 verwiesen werden.
6. Schaden: laut Sachverhalt 50.000,- €
7. Haftungsausfüllende Kausalität: Die Rechtsgutverletzung hat zum Schaden geführt.

Ergebnis: Auch dieser Anspruch besteht; es gelten zur Höhe die obigen Ausführungen.

Ausformulierte Falllösung

A. Dr. A. Rrogant könnte gegen die Maier einen Anspruch auf Ersatz des entstandenen Schadens haben gemäß § 280 Abs. 1 BGB.

Dazu müssten folgende Tatbestandsvoraussetzungen vorliegen:

I. Zwischen Dr. A. Rrogant und Maier müsste ein Schuldverhältnis bestehen. Dies ist aufgrund des seit vielen Jahren bestehenden Arbeitsverhältnisses der Fall.

II. Die Maier müsste eine Pflichtverletzung begangen haben. Dabei genügt die Verletzung einer vertraglichen Nebenpflicht gemäß § 241 Abs. 2 BGB. Durch die zwischen Maier und A. Rrogant aufgrund des Arbeitsverhältnisses bestehende persönliche Bindung gilt es, auf die Rechte, Rechtsgüter und Interessen des Vertragspartners Rücksicht zu nehmen. Indem die Maier fehlerhaft statt des blauen »alarm silence«-Knopfes den roten »magnet stop«-Knopf betätigt hat, hat sie ihre arbeitsvertragliche Nebenpflicht, ihren Arbeitgeber nicht zu schädigen, verletzt. Eine Pflichtverletzung liegt somit vor.

III. Die Maier müsste die Pflichtverletzung auch vertreten, also verschuldet haben gemäß § 280 Abs. 1 Satz 2 BGB.

1. Indem Maier unbeachtet gelassen hat, was für jedermann aufgrund der Beschriftung und Warnhinweise erkennbar war, hat sie objektiv die im Verkehr erforderliche Sorgfalt in hohem Maß verletzt und damit grob fahrlässig gehandelt, § 276 BGB. Maier war klar, dass sie in die Bedienung des MRT nicht eingewiesen war und von diesem »die Finger zu lassen« hatte. Maier war ebenfalls klar, dass sie die Bedeutung der einzelnen Schaltknöpfe des MRT nicht kannte. Die trotzdem von ihr vorgenommene wahllose Betätigung eines durch einen Plexiglasdeckel und einen Warnhinweis besonders gesicherten Schalters musste erkennbar die Gefahr bergen, dass hierdurch nicht nur das einfache Abschalten des Alarmtons ausgelöst wird.
2. Aufgrund der besonderen Haftungssituation des Arbeitnehmers ist dieser jedoch in seiner Haftung privilegiert. Denn einem Arbeitnehmer soll nicht ein Verschulden angelastet werden, das in der hoch technologisierten Arbeitswelt »jedem« passieren kann.

Eine Einschränkung der Arbeitnehmerhaftung kommt in Betracht, wenn die schadensauslösende Handlung betrieblich veranlasst, also betriebsbezogen war.

Mit dem BAG (28.10.2010 – 8 AZR 418/09) ist davon auszugehen, dass als betrieblich veranlasst solche Tätigkeiten gelten, die arbeitsvertraglich übertragen worden sind oder die der Arbeitnehmer im Interesse des Arbeitgebers für den Betrieb ausführt. Das Handeln braucht also nicht zum eigentlichen Aufgabengebiet des Arbeitnehmers zu gehören. Es reicht aus, wenn er im wohlverstandenen Interesse des Arbeitgebers tätig wird. Maier hat die Arztpraxis zwar außerhalb ihrer Arbeitszeit an einem Sonntag betreten und verfolgte auch nicht ihre Hauptleistungspflicht Reinigung. Aufgrund des Alarmtons beunruhigt, hat Maier aber im Rahmen ihrer allgemeinen Sorgfalts- und

Obhutspflichten als Nebenpflichten aus ihrem Arbeitsverhältnis gehandelt. Sie wollte Schaden von ihrem Arbeitgeber abwenden und so die Leistungsmöglichkeit der Praxis und folglich auch ihren eigenen Arbeitsplatz erhalten. Das Betreten der Praxis als eigentlich richtiges und erwünschtes Verhalten steht mit dem Arbeitsverhältnis der Maier in einem engen inneren Zusammenhang und ist folglich betrieblich veranlasst.

Liegt wie hier eine betriebsbezogene Tätigkeit vor, so hat ein Arbeitnehmer vorsätzlich und grob fahrlässig verursachte Schäden in vollem Umfang zu tragen. Bei leichter Fahrlässigkeit haftet er dagegen nicht. Bei normaler (»mittlerer«) Fahrlässigkeit ist der Schaden zwischen Arbeitnehmer und Arbeitgeber zu verteilen (genau so sieht es auch das BAG in der diesem Fall zugrundeliegenden Entscheidung vom 28.10.2010 – 8 AZR 418/09).

Nun hat die Maier zwar, wie bereits oben festgestellt, grob fahrlässig gehandelt, was grundsätzlich zu einer vollen Haftung und Schadenstragungspflicht führt. Allerdings scheint hier ausnahmsweise eine Haftungserleichterung in Betracht zu kommen. Setzt man nämlich den Verdienst der Maier in Relation zum eingetretenen Schaden, so wird klar, dass es der Maier auch bei Fortsetzung ihrer Tätigkeit niemals möglich sein wird, mit ihrem Monatsbruttogehalt von 450,- € die Schadenssumme von 50.000,- € zu tilgen. Zudem ist auf Arbeitgeberseite zu berücksichtigen, dass ein derart hoher Vermögensverlust aufgrund des Nichtbetriebs des MRT umso mehr dem Betriebsrisiko zuzurechnen und versicherbar ist. Aus dieser Gesamtabwägung ist es daher angemessen, die Haftung der Maier ausnahmsweise und trotz der groben Fahrlässigkeit auf ein Jahresgehalt zu begrenzen.

Anmerkung: So hat es neben dem BAG auch das LAG entschieden; das erstinstanzliche Urteil des Arbeitsgerichts hat die Haftung sogar auf ein halbes Jahresgehalt begrenzt. Sie können selbstverständlich auch eine von der Rechtsprechung abweichende Meinung vertreten und die Maier »voll« in die Haftung nehmen. Wichtig ist auch hier wieder einmal nicht so sehr das Ergebnis, sondern der Begründungsweg und das Erkennen des »Problems«.

IV. Der Schaden beträgt laut Sachverhalt 50.000,- €.

V. Ergebnis:

Dr. A. Rrogant kann von Maier Schadensersatz fordern gemäß § 280 Abs. 1 BGB. Aufgrund der besonderen Umstände ist die Höhe des Schadensersatzanspruchs auf ein Jahresgehalt der Maier beschränkt.

B. Dr. A. Rrogant könnte gegen die Maier einen Anspruch auf Ersatz des entstandenen Schadens haben gemäß § 823 Abs. 1 BGB.

Dazu müssten die Tatbestandsvoraussetzungen vorliegen.

Maier hat durch das Betätigen des roten Knopfes eine Handlung begangen, die ein absolutes Rechtsgut des Dr. A. Rrogant verletzt hat. Es ist davon auszugehen, dass das MRT im Eigentum des Arztes steht, jedenfalls aber in seinem berechtigten Besitz, der als sonstiges Recht im Sinne des § 823 Abs. 1 anerkannt ist. Haftungsbegründende Kausalität und Rechtswidrigkeit liegen ebenfalls unproblematisch vor. Auch ein

Verschulden der Maier ist gegeben – insofern kann auf die obigen Ausführungen bei § 280 Abs. 1 verwiesen werden. Maier ist zwar in ihrer Haftung gemäß § 254 BGB analog privilegiert, hat aber grob fahrlässig gehandelt. Durch die Rechtsgutverletzung ist der Schaden in Höhe von 50.000,- € haftungsausfüllend kausal entstanden.

Ergebnis:

Dr. A. Rrogant kann auch gemäß § 823 Abs. 1 BGB Schadensersatz von Maier fordern. Aufgrund der oben dargelegten Gründe ist dieser aber auf ein Jahresgehalt der Maier begrenzt.

Kapitel 12
Fall 8: Die Sünden der Jugend ...

Hauptthemen: Anfechtung des Arbeitsvertrags, arglistige Täuschung, Verfristung

Sachverhalt (nach LAG Baden-Württemberg, 13.10.2006 – 31 Ca 11627/05)

Der damals 22-jährige Ralf Racker hat sich nach seiner Ausbildung zum Anlagenmechaniker bei einem mittelständischen Unternehmen um eine – besser bezahlte – Anstellung beim Automobilhersteller Dummler AG bemüht. Da die Dummler AG bekanntermaßen nur »die Besten« einstellt, hat Racker seine IHK-Ausbildungszeugnisse für die Bewerbung gefälscht. Die mit »ausreichend« bestandene schriftliche Prüfung hat er auf »gut«, die mit »befriedigend« bestandene praktische Prüfung auf »sehr gut« verändert. Aufgrund dieser Zeugnisse war Racker zu einem Vorstellungsgespräch eingeladen und dann auch eingestellt worden.

Als die Dummler AG rund 8 ½ Jahre später die Personalakten digitalisiert, fliegt die Fälschung der Abschlusszeugnisse des Racker auf. Hierauf erklärt die Dummler AG unmittelbar die Anfechtung des seinerzeit abgeschlossenen Arbeitsvertrages. Racker hält diese für unwirksam, da er schließlich – was zutrifft – die vergangenen 8 ½ Jahre bei der Dummler AG beanstandungsfrei gearbeitet habe und ihm diese »Jugendsünde« nach all dieser Zeit nicht mehr vorgeworfen werden könne.

Frage: Ist die von der Dummler AG erklärte Anfechtung wirksam?

Vorüberlegungen

Fraglich ist, ob die Dummler AG den Arbeitsvertrag bzw. ihre damals auf den Abschluss des Arbeitsvertrags gerichtete Willenserklärung anfechten kann. In Betracht kommt aufgrund der Fälschung der Abschlusszeugnisse der Anfechtungsgrund der arglistigen Täuschung nach § 123 Abs. 1 1. Fall BGB. Eine Anfechtung beendet das Arbeitsverhältnis mit sofortiger Wirkung (§ 142 Abs. 1 BGB). Im Gegensatz zu einer (fristlosen) Kündigung kommt es auch nicht auf eine Interessenabwägung oder die Wahrung des Ultima-Ratio-Prinzips an. Auch der Betriebsrat muss vorab nicht angehört werden. Aus Arbeitgebersicht ist eine Anfechtung damit der »einfachste« Weg, ein Arbeitsverhältnis zu beenden. Auf Seiten des Arbeitnehmers Racker sind bei der Prüfung insbesondere der erhebliche vergangene Zeitraum (8 ½ Jahre) und die Beanstandungsfreiheit des Arbeitsverhältnisses zu berücksichtigen.

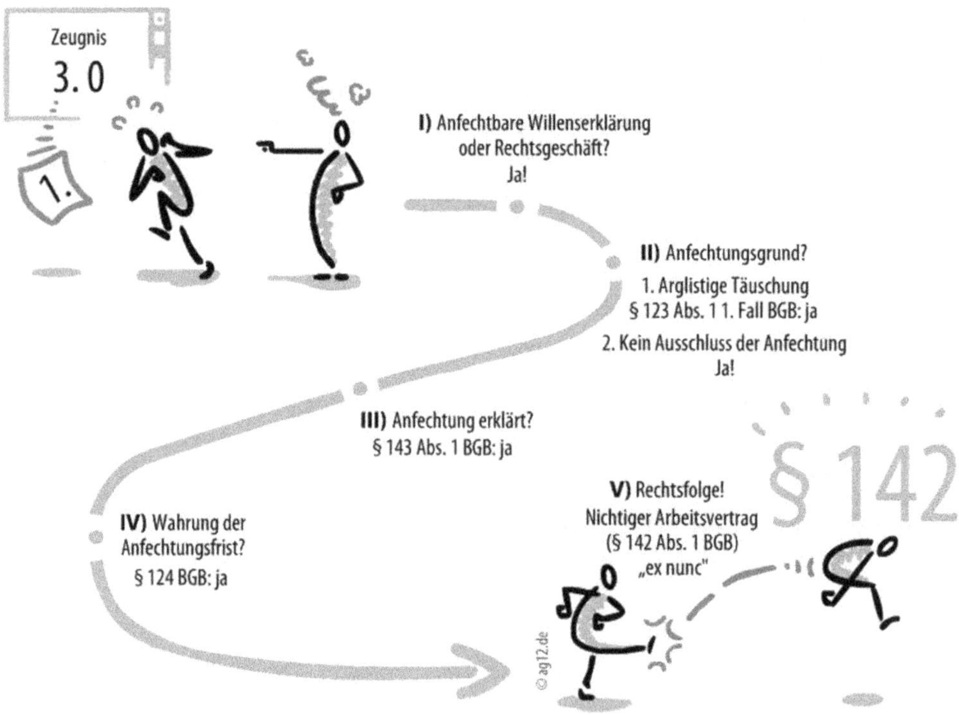

Lösungsskizze

I. Vorliegen einer anfechtbaren Willenserklärung / eines anfechtbaren Rechtsgeschäfts: Arbeitsvertrag

II. Vorliegen eines Anfechtungsgrundes

1. In Betracht kommt die Anfechtung wegen arglistiger Täuschung § 123 Abs. 1 1. Fall BGB:

   a. Racker hat durch das Verändern seiner IHK-Abschlusszeugnisse auf wahrheitswidrige Noten eine öffentliche Urkunde gefälscht.

   b. Dabei handelte Racker auch arglistig, da er die Unrichtigkeit seiner Angaben kannte und die Dummler AG durch die Täuschung beeinflussen wollte.

   c. Die Einstellung des Racker durch die Dummler AG ist auch ursächlich (kausal) auf die Täuschung zurückzuführen.

2. Die arglistige Täuschung ist auch nicht ausgeschlossen allein dadurch, dass Racker die vergangenen 8 ½ Jahre beanstandungsfrei gearbeitet hat. Eine Anfechtung aufgrund arglistiger Täuschung kann im Rahmen der Fristen des § 124 BGB erfolgen (siehe Punkt IV). Für einen Ausschluss des Anfechtungsrechts etwa nach dem Grundsatz von Treu und Glauben (§ 242 BGB) besteht kein Raum.

III. Anfechtungserklärung § 143 Abs. 1 BGB: Die Dummler AG hat die Anfechtung erklärt.

IV. Wahrung der Anfechtungsfrist
§ 124 BGB »binnen Jahresfrist« für die Anfechtungsgründe des § 123 Abs. 1 BGB (beachte Fristbeginn § 124 Abs. 2 und Zehn-Jahre-Höchstfrist § 124 Abs. 3 BGB): Jahresfrist ist gewahrt; Höchstfrist des § 124 Abs. 3 BGB ist noch nicht abgelaufen (»dumm gelaufen« für Racker ...)

V. Rechtsfolgen:

1. Nichtigkeit des Arbeitsvertrages gemäß § 142 Abs. 1 BGB
2. Rückabwicklung über § 812 BGB scheitert an der »Macht des Faktischen«, daher Vernichtung ex nunc, nicht ex tunc

Ausformulierte Falllösung

Die von der Dummler AG erklärte Anfechtung des mit Racker bestehenden Arbeitsvertrags ist gemäß § 142 Abs. 1 BGB wirksam, wenn die Voraussetzungen der Anfechtung vorliegen.

I. Zwischen der Dummler AG und Racker besteht mit dem Arbeitsvertrag ein anfechtbares Rechtsgeschäft. Die Dummler AG hat seinerzeit eine auf den Abschluss des Arbeitsvertrages gerichtete Willenserklärung abgegeben, die angefochten werden kann.

II. Es müsste ein Anfechtungsgrund vorliegen.

1. In Betracht kommt eine Anfechtung aufgrund arglistiger Täuschung nach § 123 Abs. 1 1. Fall BGB. Hierzu müsste der Racker die Dummler AG getäuscht haben, die Täuschung müsste arglistig gewesen sein und die Willenserklärung der Dummler AG müsste kausal auf die Täuschung zurückzuführen sein.

a. Racker hat durch die Vorlage der gefälschten Zeugnisse im Rahmen seiner Bewerbungsunterlagen getäuscht. Er hat die öffentlichen Urkunden der IHK gefälscht und der Dummler AG wahrheitswidrig deutlich bessere theoretische und praktische Berufskenntnisse vorgespiegelt.

b. Dabei handelte Racker auch arglistig. Arglistig handelt, wer die Unrichtigkeit seiner Angaben kennt und zumindest billigend in Kauf nimmt, dass der Erklärungsempfänger durch die Täuschung beeinflusst werden könnte. Racker kannte die Unrichtigkeit seiner Angaben und wollte die Einstellungsentscheidung der Dummler AG hierdurch auch beeinflussen. Er hat die Fälschung bewusst vorgenommen, um seine Einstellungschancen zu verbessern.

c. Die Einstellungsentscheidung der Dummler AG ist auch kausal (ursächlich) auf die Täuschung zurückzuführen. Für die Kausalität genügt Mitursächlichkeit. Die Dummler AG hätte den Racker nicht zum Vorstellungsgespräch eingeladen, wenn ihr die wahren Noten bekannt gewesen wären.

2. Die Ausübung des Anfechtungsrechts ist auch nicht ausgeschlossen. Allein durch den störungsfreien Verlauf des Arbeitsverhältnisses über den Zeitraum von 8 ½ Jahren ist die Dummler AG nicht nach Treu und Glauben gemäß § 242 BGB gehindert, der in der Fälschung öffentlicher Urkunden liegenden massiven Täuschung des Racker noch mit dem Rechtsinstitut der Anfechtung zu begegnen. Soweit der Racker meint, dass es sich um eine bloße »Jugendsünde« handelt, ist dem nicht zu folgen. Der Gesetzgeber hat die zeitlichen Grenzen für die Anfechtung zudem explizit festgelegt (dazu sogleich).

III. Die Dummler AG hat die Anfechtung gemäß § 143 Abs. 1 BGB auch erklärt.

IV. Fraglich ist, ob die Anfechtungsfrist gewahrt wurde.

Gemäß § 124 Abs. 1 und Abs. 2 BGB ist die Anfechtung einer aufgrund arglistiger Täuschung anfechtbaren Willenserklärung binnen Jahresfrist möglich. Die Frist beginnt mit dem Zeitpunkt der Entdeckung der Täuschung. Dem Sachverhalt ist zu entnehmen, dass die Dummler AG die Anfechtung »unmittelbar« nach der Entdeckung der Fälschung erklärt hat. Von der Wahrung der Jahresfrist ist folglich auszugehen.

Da seit der Abgabe der Willenserklärung der Dummler AG auch noch keine zehn Jahre abgelaufen sind, kommt dem Racker auch die Höchstfristregelung des § 124 Abs. 3 BGB nicht zur Hilfe.

Die Anfechtung erfolgte fristgerecht.

V. Ergebnis:

Die von der Dummler AG erklärte Anfechtung ist wirksam und vernichtet das bestehende Arbeitsverhältnis mit sofortiger Wirkung gemäß § 142 Abs. 1 BGB (ex nunc und nicht ex tunc).

Kapitel 13
Fall 9: Schummeln für Anfänger

Hauptthemen: Befristung von Arbeitsverhältnissen; Urlaubsanspruch und Urlaubsberechnung im Teilzeitarbeitsverhältnis

Sachverhalt

Max Mauser erhält ein Arbeitsangebot der Schummel GmbH, zum 01.08.2025 als Lagerkraft in Teilzeit zu beginnen. Der von der Schummel GmbH und Mauser am 22.07.2025 unterzeichnete Arbeitsvertrag sieht vor, dass Mauser an den Wochentagen Dienstag, Mittwoch und Donnerstag jeweils vier Stunden zu arbeiten hat. Dies entspricht bei der im Betrieb geltenden Regelarbeitszeit von 40 Stunden pro Woche einem Beschäftigungsumfang von 30%. Zudem enthält der Arbeitsvertrag folgende Regelungen:

»Die Beschäftigung erfolgt befristet vom 01.08.2025 bis zum 31.12.2025.«

»Der jährliche Urlaubsanspruch für Beschäftigte in Vollzeit berechnet sich nach den gesetzlichen Regelungen; Beschäftigte in Teilzeit erhalten keinen Urlaub.«

Nachdem Mauser im November 2025 erfährt, dass die Schummel GmbH eine Verlängerung des Arbeitsverhältnisses nicht in Betracht zieht, ist er maßlos enttäuscht und möchte »seine Rechtsposition« geklärt haben. Dazu nimmt er Kontakt mit Rechtsanwältin Rosa Roth auf und beauftragt diese mit der Prüfung, ob sein Arbeitsverhältnis tatsächlich mit Ablauf des 31.12.2025 endet und ob er einen Urlaubsanspruch gegen die Schummel GmbH hat.

Frage: Ist die Befristung des Arbeitsverhältnisses wirksam und hat Mauser einen Urlaubsanspruch gegen die Schummel GmbH?

Vorüberlegungen

Da das Arbeitsverhältnis der Max Mauser sowohl befristet als auch in Teilzeit abgeschlossen wurde unterfällt es dem TzBfG, dort insbesondere § 14. Fraglich ist, ob die Befristung wirksam abgeschlossen wurde oder aufgrund von deren Unwirksamkeit ein unbefristetes Arbeitsverhältnis besteht (§ 16 TzBfG). Hinsichtlich der vereinbarten Beschäftigung in Teilzeit stellt sich die Frage, ob und wenn ja in welchem Umfang ein Urlaubsanspruch des Mauser besteht und ob die dies verneinende arbeitsvertragliche Regelung hierbei von Relevanz ist.

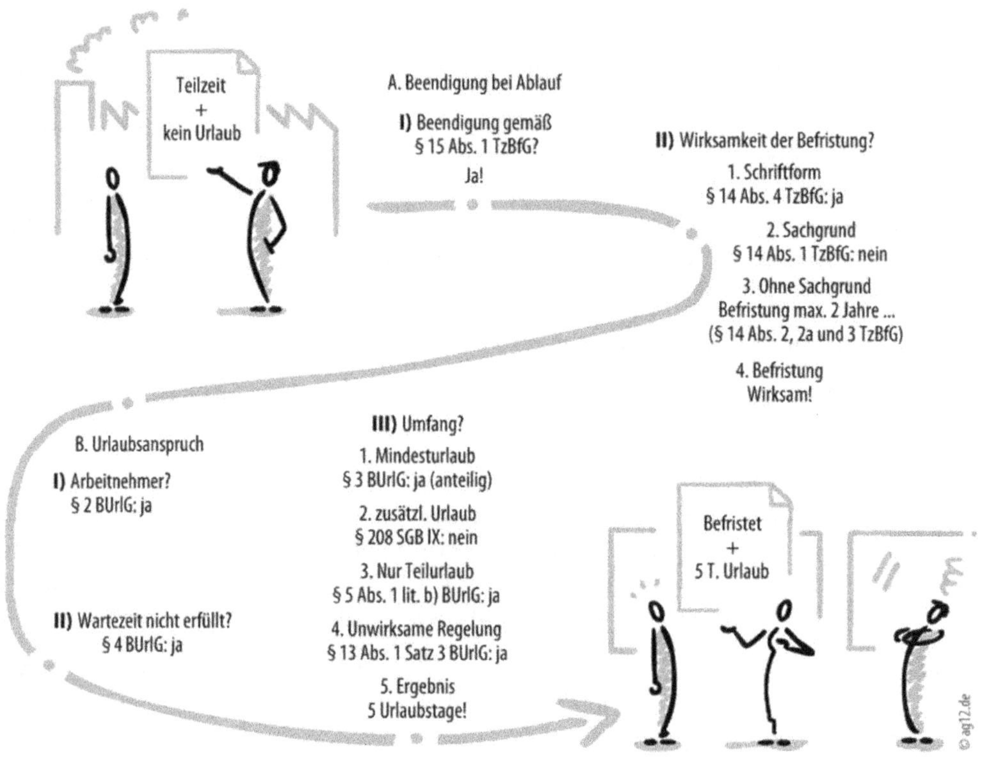

Lösungsskizze

A. Beendigung des Arbeitsverhältnisses mit Ablauf des 31.12.2025

I. Gemäß § 15 Abs. 1 TzBfG Beendigung von kalendermäßig befristeten Arbeitsverhältnissen (automatisch) mit Ablauf der vereinbarten Zeit

II. Wirksamkeit der Befristung

1. Befristungsabrede vor Arbeitsbeginn in Schriftform erfolgt, § 14 Abs. 4 TzBfG

2. Vorliegen eines Sachgrundes für die Befristung, § 14 Abs. 1 TzBfG: nicht ersichtlich

3. Ohne Vorliegen eines Sachgrundes, § 14 Abs. 2, 2a und 3 TzBfG:

a. Befristungsdauer maximal2 Jahre: 01.08.-31.12.2025 = 5 Monate

b. Maximal dreimalige Verlängerung innerhalb der Höchstdauer von zwei Jahren: keine Verlängerung erfolgt

c. Keine Vorbeschäftigung des Mauser: keine Angaben im Sachverhalt; daher nicht von einer Vorbeschäftigung auszugehen

d. Keine abweichende Regelung durch Tarifvertrag: keine Tarifbindung der Schummel GmbH ersichtlich

e. und f.: Abweichungen gem. Abs. 2a oder Abs. 3: keine entsprechenden Hinweise im Sachverhalt

4. Befristung wirksam: Arbeitsverhältnis endet mit Befristungsablauf

B. Urlaubsanspruch des Mauser

I. Mauser ist Arbeitnehmer im Sinne des § 2 BUrlG: Arbeitnehmereigenschaft ist nicht vom Umfang der Beschäftigung abhängig, § 2 TzBfG, § 611a BGB

II. Wartezeit des § 4 BUrlG nicht erfüllt: Beschäftigung vom 01.08.2025 bis zum 31.12.2025 = 5 Monate

III. Umfang:

1. Gesetzlicher Mindesturlaub § 3 BUrlG: Bei Fünf-Tage-Woche besteht ein jährlicher Mindesturlaubsanspruch von 20 Tagen. Bei Teilzeitbeschäftigung ist der Urlaub entsprechend der regelmäßigen wöchentlichen Beschäftigungstage quotal zu berechnen. Da Mauser an drei Wochentagen beschäftigt ist beträgt sein jährlicher Mindesturlaub 12 Tage (4 Wochen)

2. Für zusätzlichen Urlaub aufgrund Arbeitsvertrag, einschlägigem Tarifvertrag oder besonderer gesetzlicher Regelung (zum Beispiel § 208 SGB IX Schwerbehinderung) besteht nach dem Sachverhalt kein Anlass.

3. Mangels Erfüllung der Wartezeit aber nur Anspruch auf Teilurlaub nach § 5 Abs. 1 lit. b) BUrlG: Arbeitsverhältnis endet vor erfüllter Wartezeit (s. o.);

daher steht ihm ein Teilurlaubsanspruch von 1/12 des Jahresurlaubs für jeden vollen Monat des Beschäftigungsverhältnisses zu. Für 2025 sind dies 5/12 von 12 Tagen = 5 Tage

4. Regelung im Arbeitsvertrag „kein Urlaub bei Teilzeitbeschäftigung" ist gemäß § 13 Abs. 1 Satz 3 BUrlG unwirksam: gesetzlicher Mindesturlaub ist unabdingbar; zudem stellt die Regelung eine unzulässige Diskriminierung von Teilzeitbeschäftigten nach § 4 TzBfG dar.

5. Ergebnis: Mauser stehen 5 Urlaubstage zu.

Ausformulierte Falllösung

A. Beendigung des Arbeitsverhältnisses zum 31.12.2025

Fraglich ist, ob das zwischen der Schummel GmbH und dem Mauser abgeschlossene Arbeitsverhältnis mit dem Ablauf des 31.12.2025 enden wird.

I. Gemäß § 15 Abs. 1 TzBfG enden kalendermäßig befristete Arbeitsverhältnisse mit Ablauf der vereinbarten Zeit. Die Beendigung erfolgt dabei „automatisch" mit dem Zeitablauf, ein zusätzlicher Beendigungstatbestand wie etwa der Ausspruch einer Kündigung oder der Abschluss eines Aufhebungsvertrages ist nicht erforderlich.

Da der Arbeitsvertrag für den Zeitraum 01.08.2025 bis 31.12.2025 und damit kalendermäßig befristet abgeschlossen wurde ist somit zunächst davon auszugehen, dass dieser „automatisch" mit dem Erreichen des vereinbarten Datums 31.12.2025 endet.

II. Die Befristung müsste wirksam sein.

1. Gemäß § 14 Abs. 4 TzBfG müsste die Befristungsabrede vor Arbeitsbeginn in Schriftform erfolgt sein. Die Schummel GmbH und Mauser haben am 22.07.2025 und damit vor dem Beginn des Arbeitsverhältnisses am 01.08.2025 den Arbeitsvertrag und die in diesem enthaltene Befristungsabrede unterzeichnet. Die für die Wirksamkeit der Befristung einzuhaltende Schriftform gemäß § 126 BGB liegt folglich vor.

2. Das Vorliegen eines Sachgrundes für die Befristung nach § 14 Abs. 1 TzBfG kommt auf Basis des Sachverhaltes nicht in Betracht.

3. Da kein expliziter Sachgrund für die Befristung vorliegt bemisst sich deren Wirksamkeit nach § 14 Abs. 2 TzBfG.

a. Danach sind Befristungen ohne Sachgrund zulässig, wenn die Befristungsdauer zwei Jahre nicht übersteigt. Da die Befristung den Zeitraum 01.08.2025 bis 31.12.2025 und damit 5 Monate umfasst, bewegt sie sich innerhalb des gesetzlich Zulässigen.

b. Eine Verlängerung der Befristung, die innerhalb des Höchstzeitraums von zwei Jahren maximal dreimal möglich wäre, ist nicht erfolgt.

c. Auch eine Vorbeschäftigung des Mauser bei der Schummel GmbH, welche eine sachgrundlose Befristung ausschließen würde, ist nicht ersichtlich.

d. Da auch keine abweichenden Regelungen durch Tarifvertrag einschlägig sind (eine Tarifbindung der Schummel GmbH ist nicht ersichtlich) und die Sonderregelungen der Absätze 2a (Unternehmensneugründungen) und 3 (ältere und vorab beschäftigungslose oder geförderte Arbeitnehmer) ersichtlich nicht greifen, ist die sachgrundlose Befristung wirksam.

4. Das zwischen der Schummel GmbH und Mauser bestehende Arbeitsverhältnis endet gemäß § 15 Abs. 1 TzBFG mit Ablauf des 31.12.2025. Die vereinbarte Befristung ist gemäß § 14 Abs. 2 TzBfG wirksam.

B. Urlaubsanspruch des Mauser

Fraglich ist, ob und in welchem Umfang dem Mauser ein Anspruch auf Erholungsurlaub zusteht. Ein Anspruch auf Urlaub könnte sich aus dem BUrlG ergeben.

I. Mauser ist bei der Schummel GmbH beschäftigt und somit Arbeitnehmer im Sinne des § 2 BUrlG. Gemäß § 611a BGB ist Arbeitnehmer, wer im Dienste eines anderen zur Leistung weisungsgebundener, fremdbestimmter Arbeit in persönlicher Abhängigkeit verpflichtet ist. Dies ist bei dem als Lagerkraft beschäftigten Mauser der Fall. Die Arbeitnehmereigenschaft ist auch nicht vom Umfang der Beschäftigung abhängig: Auch Teilzeitbeschäftigte sind Arbeitnehmer, vgl. explizit §2 TzBfG.

II. Für den erstmaligen Erwerb eines (vollen) Anspruchs auf kalenderjährlichen Erholungsurlaub ist grundsätzlich das Erfüllen der sogenannten Wartezeit des § 4 BurlG erforderlich. Die Wartezeit beträgt sechs Monate. Diese hat der der Mauser aufgrund der nur fünfmonatigen Beschäftigungsdauer (01.08.2025-31.12.2025) nicht erfüllt.

III. Fraglich ist der Umfang des Urlaubsanspruches des Mauser im Hinblick auf dessen Teilzeitbeschäftigung.

1. Gemäß § 3 Abs. 1 BurlG beträgt der kalenderjährliche Mindesturlaubsanspruch 24 Werktage. Aus § 3 Abs. 2 BurlG folgt, dass dies für eine Beschäftigung in einer Sechs-Tage-Woche gilt (Werktage sind Montag bis einschließlich Samstag). Bei der – heute üblichen - Fünf-Tage-Woche beträgt der Jahresmindesturlaubsanspruch 20 Tage. Diese 20 Urlaubstage in der Fünf-Tage-Woche entsprechen einem Umfang von vier Wochen, was wiederum den 24 Tagen = vier Wochen in einer Sechs-Tage-Woche entspricht. Da Mauser an drei Wochentagen (Dienstag, Mittwoch, Donnerstag) beschäftigt ist muss sein Urlaubsanspruch entsprechend seiner Beschäftigungstage quotal berechnet werden. Dies erfolgt, in dem man die drei Beschäftigungstage auf vier Urlaubswochen anlegt, so dass dem Mauser insgesamt zwölf Urlaubstage pro Kalenderjahr zustehen. Diese zwölf Urlaubstage ergeben in der Drei-Tage-Woche des Mauser wiederum vier Urlaubswochen.
2. Aufgrund des Verweises im Arbeitsvertrag auf die »gesetzlichen Bestimmungen« besteht für einen darüber hinaus gehenden Urlaubsanspruch kein Anlass.
3. Wie bereits unter obiger Ziffer II ausgeführt kann Mauser aufgrund der insgesamt nur fünf Monate andauernden Beschäftigung die Wartezeit des § 4 BurlG nicht erfüllen. Daher ist zu prüfen, ob ihm ein Anspruch auf Teilurlaub nach § 5 BurlG zusteht. Gemäß § 5 Abs. 1 lit. b) besteht ein Teilurlaubsanspruch dann, wenn das Arbeitsverhältnis vor Erfüllung der Wartezeit endet. Genau dies ist bei Mauser der Fall, da er bereits nach fünf Monaten wieder aus dem Arbeitsverhältnis mit der Schummel GmbH ausscheidet. Der Teilurlaubsanspruch beträgt für jeden vollen Monat des Bestehens des Arbeitsverhältnisses 1/12 des Jahresurlaubs. Da Mauser fünf Monate beschäftigt wird (01.08. – 31.12.2025), steht ihm folglich ein Teilurlaubsanspruch von 5/12 von 12 Tagen zu. Dies sind genau fünf Tage.

4. Fraglich ist, ob die im Arbeitsvertrag befindliche Regelung, dass Teilzeitbeschäftigte keinen Urlaub erhalten, an diesem Ergebnis etwas ändert. Gemäß § 13 Abs. 1 Satz 3 BurlG sind die nach dem BurlG bestehenden Urlaubsansprüche unabdingbar und zwingend. Abweichende Regelungen durch den Arbeitsvertrag sind also unwirksam. Dass eine Abweichung vom Gesetz nicht rechtswirksam ist, folgt zudem auch aus dessen eigentlicher Bezeichnung »Mindesturlaubsgesetz für Arbeitnehmer«. Außerdem stellt ein Ausschluss von Teilzeitbeschäftigten einen Verstoß gegen das Diskriminierungsverbot des § 4 TzBfG dar. Aus all dem folgt, dass die Regelung im Arbeitsvertrag unwirksam ist und den gesetzlichen Urlaubsanspruch des Mauser nicht berührt.
5. Dem Mauser steht gemäß den gesetzlichen Regelungen des BurlG, insbesondere des § 5 Abs. 1 lit. b), ein Urlaubsanspruch von fünf Tagen zu.

Kapitel 14

Fall 10: Der Junkie

Hauptthemen: Kündigung des Arbeitsvertrages durch den Arbeitgeber, Anwendbarkeit des KSchG, personenbedingte Kündigung

Sachverhalt (angelehnt an BAG, 20.03.2014 – 2 AZR 565/12)

Der 36-jährige, unverheiratete, ausbildungs- und kinderlose Andreas Auer ist seit rund zehn Jahren bei der Schrotti GmbH als Hofarbeiter beschäftigt. Die Schrotti GmbH ist ein Entsorgungsunternehmen, das mit Abbruchschrott aus Metall handelt. In der Verwaltung sind der Inhaber und Geschäftsführer der Firma Sebastian Schrott sowie drei weitere ausgebildete Kaufleute tätig. Zudem sind zusätzlich zu Auer weitere elf Hofarbeiter angestellt. Ein Betriebsrat besteht nicht. Alle Hofarbeiter verfügen über einen Führerschein, da täglich Schrottladungen abgeholt, sortiert und zu verschiedenen Lagerplätzen auch außerhalb des Betriebsgeländes verbracht werden müssen. Ein Einsatz außerhalb des Fahrbereichs ist nicht möglich.

Ab dem Jahr 2022 entwickelte der Auer ein zunehmend auffälliges Verhalten: Er war kaum noch ansprechbar, hing irgendwelchen »Tagträumen« nach und nahm an keinen gemeinsamen Aktionen (Pause, Mittagessen und so weiter) mehr teil. Zudem verursachte er mehrfach kleinere Unfälle beim Fahren der Betriebsfahrzeuge, auch stieg die Anzahl seiner krankheitsbedingten Fehltage massiv an: Im Jahr 2022 fehlte er an 30 Arbeitstagen, im Jahr 2023 an 56 Arbeitstagen, im Jahr 2024 an 64 Arbeitstagen und im Jahr 2025 an 80 Arbeitstagen. Die Schrotti GmbH leistete jeweils Entgeltfortzahlung, aufgrund der jeweils unterschiedlichen Erkrankungen auch über den Sechs-Wochen-Zeitraum des EFZG hinaus. Im Jahr 2026 offenbarte der Auer dem Schrott, dass er schwer drogenabhängig sei und regelmäßig Crystal Meth konsumiere, auch während der Arbeitszeit. Eine im Jahr 2025 begonnene Entziehungskur habe er entgegen dem expliziten Rat seines Arztes abgebrochen. Er könne auch unter Drogen problemlos die Betriebsfahrzeuge sicher steuern. Eine von Schrott angebotene Unterstützung bei einem Drogenentzug lehnte Auer unter Hinweis auf seine ärztlich bescheinigte Drogensucht genauso ab wie ein von Schrott angebotenes betriebliches Wiedereingliederungsmanagement. Nachdem Auer auch 2026 mehrfach krankheitsbedingte Fehlzeiten produziert und zudem erneut unter Drogeneinfluss einen Unfall verursacht hat, der zum Entzug seines Führerscheins geführt hat, spricht Schrott eine fristgerechte, schriftliche Kündigung aus.

Frage: Ist die Kündigung wirksam?

Vorüberlegungen

Fraglich ist, ob die arbeitgeberseitige Kündigung wirksam ist. Dies ist der Fall, wenn sämtliche Voraussetzungen für eine wirksame Kündigung vorliegen. Da Auer drogenabhängig ist, kommt eine personenbedingte Kündigung in Betracht, diese ist von der verhaltensbedingten Kündigung abzugrenzen. Wenn das KSchG Anwendung findet, muss zudem geprüft werden, ob die Kündigung sozial gerechtfertigt ist. Bei einer personenbedingten Kündigung aufgrund Erkrankung müssen neben den allgemeinen und weiteren Voraussetzungen deren spezifische Erfordernisse – negative Gesundheitsprognose, erhebliche Beeinträchtigung betrieblicher Interesse, keine milderen Mittel – im Einzelnen geprüft werden.

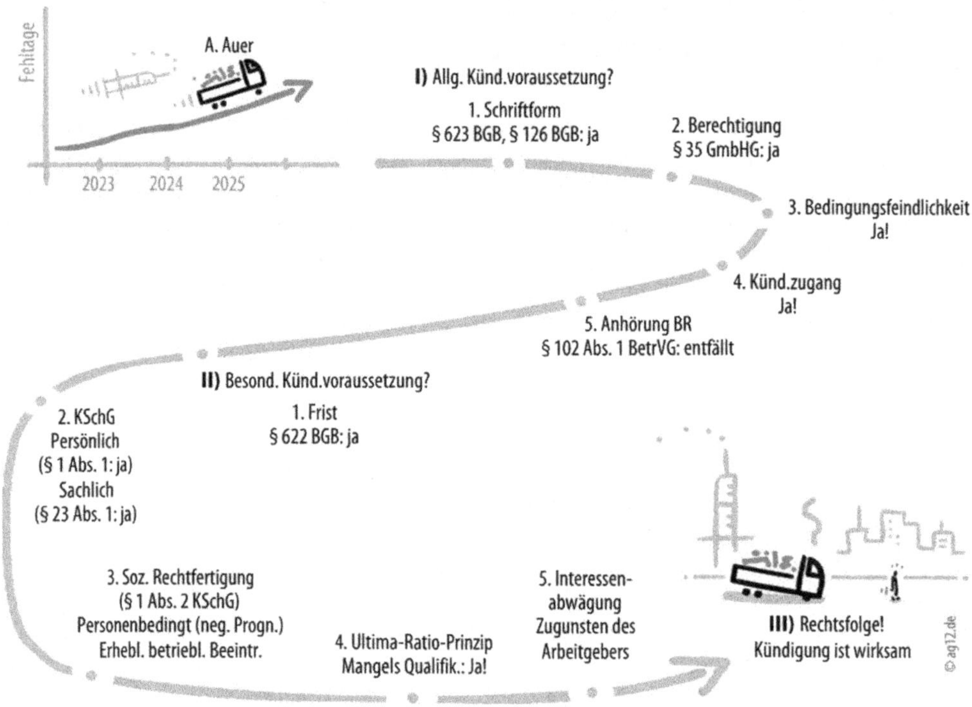

Lösungsskizze

Die Kündigung ist wirksam, wenn alle Kündigungsvoraussetzungen vorliegen.

I. Allgemeine Kündigungsvoraussetzungen

1. Schriftform gewahrt § 623 BGB, § 126 BGB: laut Sachverhalt unproblematisch
2. Kündigungsberechtigung der kündigenden Person: Schrott ist Inhaber und Geschäftsführer der Schrotti GmbH (§ 35 GmbHG).
3. Bedingungsfeindlichkeit gewahrt: unproblematisch
4. Zugang der Kündigung: laut Sachverhalt unproblematisch
5. Anhörung des Betriebsrats erfolgt § 102 Abs. 1 BetrVG: entfällt mangels Betriebsrat

II. Besondere Kündigungsvoraussetzungen

1. Einschlägige Kündigungsfrist gewahrt (§ 622 BGB; Arbeitsvertrag; sofern einschlägig: Tarifvertrag): Laut Sachverhalt erfolgt die Kündigung fristgerecht; die Kündigungsfrist beträgt aufgrund der rund zehnjährigen Betriebszugehörigkeit des Auer gem. § 622 Abs. 2 Satz 1 Nr. 4 BGB vier Monate zum Monatsende.
2. Greift das Kündigungsschutzgesetz (KSchG)
   - **a.** persönlich: Betriebszugehörigkeit länger als sechs Monate § 1 Abs. 1 KSchG: unproblematisch
   - **b.** sachlich: Schwellenwert erreicht (mehr als zehn Arbeitnehmer bzw. mehr als fünf Altarbeitnehmer) § 23 Abs. 1 KSchG: Es sind in der Verwaltung neben dem nicht zählenden Geschäftsführer drei und auf dem Hof mit Auer 12 Arbeitnehmer beschäftigt. Mit folglich 15 Beschäftigten ist der Schwellenwert (mehr als zehn) erreicht.
3. Da das KSchG eingreift, bedarf die Kündigung zu ihrer Wirksamkeit der sozialen Rechtfertigung § 1 Abs. 2 KSchG. Hierfür muss zwingend einer der drei folgenden Kündigungsgründe gegeben sein:
   - **a.** Personenbedingt; Verhaltensbedingt; Betriebsbedingt

     Nach den Angaben im Sachverhalt ist Auer drogenabhängig; er ist süchtig. Damit liegt eine Erkrankung vor. Auer ist nicht in der Lage, seine Sucht willentlich zu steuern. Es fehlt also an einem willentlichen Element, sodass es nur um eine personenbedingte Kündigung gehen kann.

     Voraussetzungen der personenbedingten Kündigung aufgrund einer Erkrankung:

     aa. Negative Gesundheitsprognose:

     Für die negative Gesundheitsprognose kann der Arbeitgeber – der die Zukunft nicht kennen kann – sich auf die in der Vergangenheit liegenden Fehlzeiten berufen. Hierbei reicht es für eine negative Prognose aus, wenn der Arbeitnehmer für einen Zeitraum von mehr als zwei Jahren pro Jahr länger als sechs Wochen krankheitsbedingt arbeitsunfähig war. Dies ist bei Auer der Fall.

Hinzu kommen auch im aktuellen Jahr 2026 erneut Fehlzeiten.

Zudem lehnt Auer eine Entziehungskur ab und hat eine bereits begonnene Entziehungskur entgegen ärztlichem Rat abgebrochen.

bb. Erhebliche Beeinträchtigung betrieblicher Interessen durch die Erkrankung

Zu bejahen durch die wirtschaftliche Belastung mit den erheblichen Lohnfortzahlungskosten über den Sechs-Wochen-Zeitraum des EFZG hinaus

Zudem ist Auer nicht mehr zum Führen der Betriebsfahrzeuge einsetzbar. Es besteht eine erhöhte Unfallgefahr. Es sind auch Fahrten außerhalb des Betriebsgeländes erforderlich. Der Betriebsablauf wird erheblich gestört.

Ein betriebliches Eingliederungsmanagement (§ 84 Abs. 2 SGB IX) hat Auer abgelehnt.

cc. siehe Prüfungspunkte 4 (milderes Mittel insbesondere Versetzung auf einen weniger anspruchsvollen Arbeitsplatz) und 5

4. Ultima-Ratio-Prinzip gewahrt

Ein milderes Mittel, insbesondere die Versetzung auf einen anderen Arbeitsplatz, ist nicht ersichtlich. Für eine Tätigkeit in der Verwaltung ist Auer nicht qualifiziert (ausgebildete Kaufleute). Auch ein Einsatz außerhalb der Fahrtätigkeit ist nicht möglich. Zudem wurde Auer der Führerschein entzogen. Aufgrund seiner Drogensucht ist nicht absehbar, ob und wann er wieder eine Fahrerlaubnis erhält.

5. Interessenabwägung fällt zugunsten des Arbeitgebers aus.

Zugunsten des Auer ist seine rund zehnjährige Betriebszugehörigkeit zu berücksichtigen und der einige Jahre beanstandungsfreie Verlauf des Arbeitsverhältnisses.

Zuungunsten des Auer sprechen die oben genannten Punkte und seine Uneinsichtigkeit.

III. Ergebnis

Die Kündigung ist wirksam.

Ausformulierte Falllösung

Die von der Schrotti GmbH ausgesprochene Kündigung des Auer ist wirksam, wenn alle Kündigungsvoraussetzungen gegeben sind.

I. Zunächst müssten die sogenannten allgemeinen Kündigungsvoraussetzungen vorliegen.

1. Die Kündigung wurde schriftlich ausgesprochen, sodass das Schriftformerfordernis der §§ 623, 126 BGB gewahrt ist.
2. Schrott war als Inhaber und Geschäftsführer der Schrotti GmbH auch zur Kündigung berechtigt (§ 35 GmbHG).
3. Die Kündigung war nicht mit einer Bedingung versehen und ist dem Auer auch zugegangen. Da bei der Schrotti GmbH kein Betriebsrat besteht, entfällt auch dessen Anhörung nach § 102 Abs. 1 BetrVG.

II. Des Weiteren müssten auch die sogenannten besonderen Kündigungsvoraussetzungen vorliegen.

1. Da es sich laut Sachverhaltsangabe um eine fristgerechte Kündigung handelt, ist die dem § 622 BGB zu entnehmende Kündigungsfrist gewahrt. Diese beträgt aufgrund der rund zehnjährigen Betriebszugehörigkeit des Auer vier Monate zum Monatsende (§ 622 Abs. 2 Satz 1 Nr. 4 BGB).
2. Fraglich ist, ob der Auer Kündigungsschutz genießt und die Kündigung daher einer sozialen Rechtfertigung bedarf.
   a. Da Auer bereits seit rund zehn Jahren bei der Schrotti GmbH beschäftigt ist, fällt er unter den persönlichen Anwendungsbereich des KSchG, gem. dessen § 1 Abs. 1.
   b. Die Schrotti GmbH beschäftigt in der Verwaltung drei und auf dem Hof mit Auer 12 Mitarbeiter. Obgleich der Geschäftsführer Schrott als Organ der GmbH nicht als Arbeitnehmer zu zählen ist, beschäftigt die Schrotti GmbH insgesamt 15 Arbeitnehmer. Damit ist der Schwellenwert des § 23 Abs. 1 KSchG (»mehr als zehn«) erreicht. Das KSchG findet auch sachlich Anwendung.
3. Folge der Anwendbarkeit des KSchG ist, dass der Auer Kündigungsschutz genießt und damit seine Kündigung nur möglich ist, wenn diese gemäß § 1 Abs. 2 KSchG sozial gerechtfertigt ist.

Für die soziale Rechtfertigung muss zwingend einer der drei im KSchG abschließend aufgezählten Kündigungsgründe – personenbedingt, verhaltensbedingt, betriebsbedingt – eingreifen.

Da Auer drogenabhängig ist, kommt eine personenbedingte Kündigung aufgrund Erkrankung in Betracht. Im Gegensatz zur verhaltensbedingten Kündigung fehlt es bei der personenbedingten Kündigung am sogenannten voluntativen Element: Der Arbeitnehmer kann sich nicht anders verhalten, selbst wenn er es wollte. Aufgrund der bestehenden und auch ärztlich bescheinigten Drogensucht ist Auer nicht in der Lage, sein Verhalten willentlich zu steuern. Dies zeigt sich auch durch seine »geistigen Absenzen«.

Damit eine personenbedingte Kündigung aufgrund Erkrankung sozial gerechtfertigt ist, müssten folgende Voraussetzungen vorliegen.

aa. Zunächst müsste zum Kündigungszeitpunkt eine negative Gesundheitsprognose bestehen. Es muss also davon auszugehen sein, dass Auer aufgrund seiner Drogensucht auch künftig nicht in der Lage sein wird, ordnungsgemäß seine arbeitsvertraglich geschuldete Leistung zu erbringen.

Da der Arbeitgeber bei der Prognose die Zukunft ebenso wie kein anderer voraussehen kann, ist es zulässig, sich an den zurückliegenden Erfahrungswerten zu orientieren. Dabei reicht es für eine negative Prognose aus, wenn mindestens in den vergangenen zwei Jahren jeweils Fehlzeiten von mehr als sechs Wochen eingetreten sind.

Da Auer in den Jahren 2023, 2024 und 2025 jeweils deutlich über sechs Wochen arbeitsunfähig erkrankt war (56 Tage, 64 Tage, 80 Tage), ist dies der Fall. Daraus darf die Schrotti GmbH ableiten, dass sich auch in der Zukunft derartige Ausfälle wiederholen werden.

Hinzu tritt, dass der Auer auch im aktuellen Kalenderjahr erneut arbeitsunfähig ist und zudem eine bereits begonnene Entziehungskur entgegen explizitem ärztlichem Rat abgebrochen hat. Auch eine erneute Therapie lehnt Auer ab. Es ist also auch hieraus zu schließen, dass der Auer von seiner Drogensucht in absehbarer Zeit nicht geheilt wird.

Eine negative Gesundheitsprognose liegt somit vor.

bb. Die Suchterkrankung und die damit mangelnde Einsatzfähigkeit des Auer müsste zudem zu einer erheblichen Beeinträchtigung betrieblicher Interessen führen.

Bei der Frage der betrieblichen Interessen spielen auch wirtschaftliche Gesichtspunkte eine Rolle.

Dabei bleibt aufgrund der Regelungen des EFZG eine wirtschaftliche Belastung mit der Entgeltfortzahlung im Krankheitsfall bis zu sechs Wochen pro Jahr unberücksichtigt, da dieser Zeitraum vom Arbeitgeber zu tragen ist. Aus dem Sachverhalt ergibt sich allerdings, dass die Schrotti GmbH in den vergangenen drei Jahren aufgrund unterschiedlicher Erkrankungen jeweils länger als sechs Wochen mit der Entgeltfortzahlung belastet war.

Hinzu tritt, dass der Auer aufgrund seiner zwingenden Fahrtätigkeit in Verbindung mit seiner Drogensucht und dem auch während der Arbeitszeit erfolgten Drogenkonsum eine erhebliche Gefahr für sich und Dritte darstellt. Eine Fortsetzung der bisherigen Tätigkeit ist der Schrotti GmbH weder zumutbar noch – auch aufgrund des Verlusts der Fahrerlaubnis – möglich. Der Betriebsablauf ist durch einen Drogen konsumierenden, Fahrzeuge bewegenden Mitarbeiter massiv gestört. Die betrieblichen Interessen der Schrotti GmbH sind erheblich beeinträchtigt.

Für Arbeitnehmer, die länger erkrankt sind beziehungsweise waren, ist nach § 84 Abs. 2 SGB IX unter Umständen ein Betriebliches (Wieder-)Eingliederungsmanagement (BEM) durchzuführen. Das Erfordernis des BEM gilt nach allgemeiner Auffassung für alle Beschäftigten. Allerdings ist die Durchführung eines BEM keine formelle Wirksamkeitsvoraussetzung einer krankheitsbedingten Kündigung.

Das BAG vertritt jedoch den Standpunkt, dass ein fehlendes BEM unter Umständen die Kündigung unverhältnismäßig macht.

Da Auer hier das ihm angebotene BEM abgelehnt hat und es insgesamt aufgrund der Uneinsichtigkeit des Auer als ausgeschlossen zu sehen ist, dass ein BEM zu einem positiven Ergebnis geführt hätte, bleibt das Fehlen des BEM hier ohne Konsequenzen.

4. Die Kündigung dürfte nicht gegen das Ultima-Ratio-Prinzip verstoßen.

   Ein gegenüber der Beendigungskündigung milderes Mittel, insbesondere die Versetzung des Auer auf einen anderen Arbeitsplatz, ist nicht ersichtlich. Für eine Tätigkeit in der Verwaltung ist Auer nicht qualifiziert; dort werden ausgebildete Kaufleute beschäftigt. Der Auer selbst verfügt über keine abgeschlossene Berufsausbildung.

   Da alle Hofarbeiter zwingend auch im Fahrdienst tätig sind und diese Fahrtätigkeit für den Betriebsablauf der Schrotti GmbH auch prägend ist, kann der Auer auch nicht außerhalb seiner bisherigen Tätigkeit beschäftigt werden. Zudem wurde Auer der Führerschein entzogen. Aufgrund seiner Drogensucht ist nicht absehbar, ob und wann er wieder eine Fahrerlaubnis erhält.

5. Fraglich ist, ob auch die Interessenabwägung zuungunsten des Arbeitnehmers ausfällt oder es der Schrotti GmbH zumutbar ist, den Auer weiterzubeschäftigen.

   Zugunsten des Auer ist sicherlich seine rund zehnjährige Betriebszugehörigkeit zu berücksichtigen und der einige Jahre beanstandungsfreie Verlauf des Arbeitsverhältnisses.

   Allerdings sprechen das Lebensalter, das Fehlen von Unterhaltspflichten und die eingetretene massive Beeinträchtigung des Arbeitsverhältnisses zuungunsten des Auer. Der Schrotti GmbH ist es auf Dauer nicht mehr zumutbar, mit der selbst am Arbeitsplatz gelebten Drogensucht umzugehen und die damit verbundenen Gefahren hinzunehmen. Auer ist weder bereit, seine Drogensucht durch Therapiemaßnahmen zu beenden, noch sein bisheriges Verhalten zu ändern. Es ist der Schrotti GmbH auch nicht zuzumuten, weiter Entgeltfortzahlung über die Dauer von sechs Wochen hinaus zu leisten.

Insgesamt ist daher festzuhalten, dass das Interesse der Schrotti GmbH an der Beendigung des Arbeitsverhältnisses das Interesse des Auer an dessen Fortsetzung überwiegt.

III. Ergebnis

Die von der Schrotti GmbH ausgesprochene personenbedingte Kündigung des Auer ist gemäß § 1 Abs. 2 KSchG sozial gerechtfertigt und damit wirksam.

Kapitel 15

Fall 11: Eine engagierte Pädagogin

Hauptthemen: Ordentliche verhaltensbedingte Kündigung, Berechnung der Kündigungsfrist, Abmahnung als milderes Mittel, Anwendung des KSchG, Kündigungsschutzklage

Sachverhalt (angelehnt an BAG, 19.04.2012 – 2 AZR 156/11)

Renate Reuse ist seit dreizehn Jahren an der privaten Grundschule der Kladoskop AG als Grundschullehrerin beschäftigt. Die Kladoskop AG betreibt bundesweit mit mehreren Hundert Angestellten etliche Privatschulen, in denen unter staatlicher Anerkennung Grundschul- und Gymnasialklassen unterrichtet werden. Dabei legt die Kladoskop AG besonderen Wert darauf, dass die bei ihr tätigen »Pädagoginnen und Pädagogen engagiert und unter jederzeitiger Achtung der Würde des Einzelnen die grundlegenden Prinzipien unserer demokratisch verfassten Gemeinordnung vermitteln. Jegliche Form der körperlichen Übergriffigkeit lehnen wir ab.« Diese »Werteordnung« ist Bestandteil aller bei der der Kladoskop AG abgeschlossenen Arbeitsverträge.

Im Juni 2021 beschwerten sich die Eltern des Grundschülers Max Marker bei der örtlichen Schulleitung darüber, dass die Reuse dem Max während des Unterrichts den Mund mit einem durchsichtigen Tesafilm zugeklebt habe. Ursache sei ein zuvor seitens der Reusen beanstandetes Stören des Unterrichts durch Max gewesen. Max sei durch den Vorfall schwer verstört, das Gespött seiner Klassenkameraden und nur noch unter Tränen zu einem weiteren Schulbesuch zu bewegen.

Die hierauf von der Schulleitung angesprochene Reuse hat zugegeben, den Tesafilm auf den Mund des Max geklebt zu haben, begründet dies jedoch damit, dass dies nur »Spaß« gewesen sei. Der Max habe mehrfach dazwischengeplappert und sie habe ihm gesagt, dass der gerade von ihm verwendete Tesafilm dann wohl besser auf seinen Mund als auf das Papier passe, was der Max lachend bejaht habe. Der ganze Vorfall sei unverkrampft gewesen, tue ihr aber im Nachhinein sehr leid, da es bei Max wohl doch »anders angekommen« sei.

Nachdem ein »Vermittlungsgespräch« zwischen den Eltern des Max Marker und der Reuse ergebnislos verläuft und die Presse regional wie überregional über den Vorgang mit der Schlagzeile »Wildgewordene Lehrerin klebt Schülern den Mund mit Tesafilm zu« berichtet, sieht sich die Kladoskop AG veranlasst, das Arbeitsverhältnis mit der Reuse zu beenden.

Reuse erhält am 28.07.2021 eine vom Vorstand der Kladoskop AG unterzeichnete schriftliche Kündigung, mit der ihr unter Hinweis auf »unsere Werteordnung fristgerecht aufgrund des Vorgangs Max Marker – Tesafilm auf den 31.12.2021 gekündigt« wird.

Reuse erhebt am 15.08.2021 Kündigungsschutzklage. Sie ist der Meinung, dass der auch aus ihrer Sicht zu bedauernde Vorfall eine Beendigung des langjährigen Arbeitsverhältnisses nicht begründen könne. Sie sei eine engagierte Pädagogin und so etwas werde nicht noch einmal vorkommen.

Frage: Hat die Kündigungsschutzklage der Reuse Aussicht auf Erfolg? Ein Betriebsrat besteht nicht.

Vorüberlegungen

Fraglich ist, ob die Kündigungsschutzklage der Reuse Erfolg hat. Dies ist der Fall, wenn die Klage fristgerecht erhoben wurde und nicht alle Kündigungsvoraussetzungen vorliegen. Da Reuse ein Verstoß gegen die »Werteordnung« der Kladoskop AG und damit gegen ihre arbeitsvertraglichen Pflichten vorgeworfen wird, geht es um eine verhaltensbedingte Kündigung. Der Anwendungsbereich des KSchG ist problemlos eröffnet. Für eine wirksame verhaltensbedingte Kündigung muss ein schuldhafter Verstoß gegen die arbeitsvertraglichen Pflichten vorliegen. Zudem darf kein milderes Mittel zur Abstellung des Missstandes vorhanden sein (Ultima-Ratio-Prinzip). Der verhaltensbedingten Kündigung muss grundsätzlich (mindestens) eine Abmahnung vorausgehen.

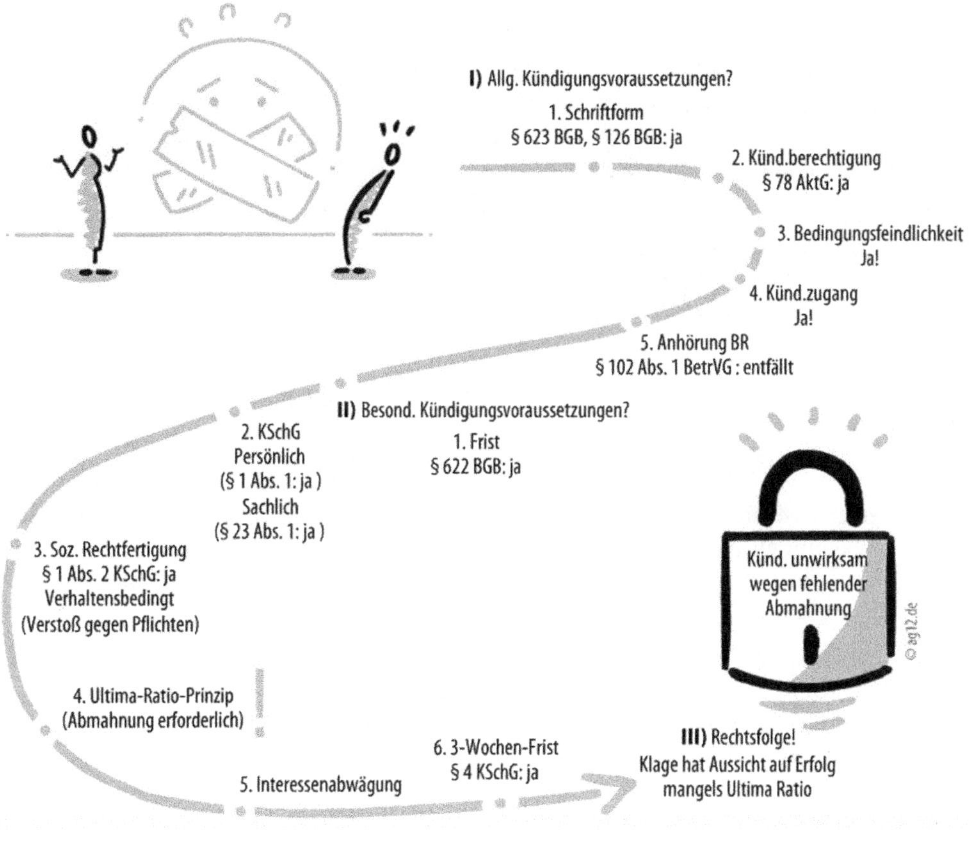

Lösungsskizze

Die Kündigungsschutzklage der Reuse hat Aussicht auf Erfolg, wenn die Kündigung unwirksam ist. Dies ist der Fall, wenn nicht alle Kündigungsvoraussetzungen vorliegen.

I. Allgemeine Kündigungsvoraussetzungen

1. Schriftform gewahrt § 623 BGB, § 126 BGB: vergleiche Sachverhalt
2. Kündigungsberechtigung der kündigenden Person: Vorstand der Kladoskop AG ist als gesetzlicher Vertreter der AG zur Kündigung berechtigt (§ 78 AktG).
3. Bedingungsfeindlichkeit gewahrt; Zugang der Kündigung ist erfolgt; Anhörung des Betriebsrats nach § 102 Abs. 1 BetrVG entfällt mangels Betriebsrat.

II. Besondere Kündigungsvoraussetzungen

1. Einschlägige Kündigungsfrist gewahrt (§ 622 BGB; Arbeitsvertrag; sofern einschlägig: Tarifvertrag): Aufgrund der Betriebszugehörigkeit von 13 Jahren beträgt die Kündigungsfrist gemäß § 622 Abs. 2 Satz 1 Nr. 5 fünf Monate zum Monatsende. Diese Frist wurde eingehalten
2. Das Kündigungsschutzgesetz (KSchG) greift persönlich wie sachlich ein: Betriebszugehörigkeit länger als sechs Monate § 1 Abs. 1 KSchG; Schwellenwert erreicht (mehr als zehn Arbeitnehmer beziehungsweise mehr als fünf Altarbeitnehmer) § 23 Abs. 1 KSchG
3. Da das KSchG eingreift, bedarf die Kündigung zu ihrer Wirksamkeit der sozialen Rechtfertigung § 1 Abs. 2 KSchG. Hierfür muss zwingend einer der drei folgenden Kündigungsgründe gegeben sein:

   Personenbedingt; Verhaltensbedingt; Betriebsbedingt

   Reuse wird ein Verstoß gegen die Werteordnung der Kladoskop AG vorgeworfen und damit ein Verstoß gegen ihre arbeitsvertragliche Pflichten. Es geht folglich um eine verhaltensbedingte Kündigung. Diese ist nur unter folgenden Voraussetzungen wirksam:

   Schuldhafter Verstoß gegen arbeitsvertragliche Pflichten: Reuse muss gegen ihre arbeitsvertraglichen Pflichten verstoßen haben: Verkleben des Mundes mit Tesafilm ist eine körperliche Übergriffigkeit, auch wenn dies »spaßhaft« gemeint war. Wesentlich ist die objektive Verletzung, nicht das subjektive Empfinden der Reuse.

4. Ultima-Ratio-Prinzip gewahrt

   Nur gewahrt, wenn kein anderes milderes Mittel die Störung beseitigen kann. Verhaltensbedingte Kündigung bedarf grundsätzlich (mindestens) einer vorangegangenen Abmahnung (Hinweis-, Ermahnungs-, Warn- und Dokumentationsfunktion).

   Abmahnung ist nur ausnahmsweise entbehrlich: trotz Abmahnung keine Verhaltensänderung des Arbeitnehmers zu erwarten oder schwere Pflichtverletzung, deren Hinnahme objektiv und auch für den Arbeitnehmer erkennbar ausgeschlossen ist.

Schwere Pflichtverletzung denkbar, wenn Reuse tatsächlich aus Disziplinierungszwecken den Mund mit Tesafilm verklebt hat. Dies wäre ein massiver Übergriff in die körperliche Integrität des Max und zudem ein Angriff auf dessen Würde. Die der Reuse bekannte Werteordnung der Kladoskop AG steht dem entgegen.

Laut Sachverhalt ist Reuse einsichtig, ordnet aber den Vorgang anders ein (»Spaß«). Es ist nicht auszuschließen, dass auch das mildere Mittel Abmahnung den Missstand beseitigt.

5. Interessenabwägung fällt zugunsten des Arbeitgebers aus.

Zugunsten der Reuse sprechen der bisherige störungsfreie Verlauf des langjährigen (dreizehn Jahre) Arbeitsverhältnisses, ihre Einsichtigkeit und die Tatsache, dass ein erneuter Verstoß nicht naheliegend ist.

Die Interessenabwägung fällt daher zugunsten der Reuse aus.

6. 3-Wochen-Frist zur Erhebung der Kündigungsschutzklage ist gewahrt § 4 KSchG: Zugang Kündigung am 28.07.2021; Klageerhebung am 15.08.2021.

III. Ergebnis:

Die Kündigungsschutzklage der Reuse hat Aussicht auf Erfolg; die Kündigung ist aufgrund fehlender Abmahnung (Verstoß gegen das Ultima-Ratio-Prinzip) unwirksam.

Ausformulierte Falllösung

Die Kündigungsschutzklage der Reuse hat Aussicht auf Erfolg, wenn die Kündigung unwirksam ist. Dies ist der Fall, wenn nicht alle Kündigungsvoraussetzungen vorliegen.

I. Zunächst müssten die sogenannten allgemeinen Kündigungsvoraussetzungen gegeben sein.

1. Die Kündigung wurde schriftlich ausgesprochen, sodass das Schriftformerfordernis der §§ 623, 126 BGB gewahrt ist.

2. Die Kündigung wurde vom Vorstand der Kladoskop AG ausgesprochen.

Dieser ist als gesetzlicher Vertreter der AG zur Kündigung berechtigt (§ 78 AktG).

3. Die Kündigung war nicht mit einer Bedingung versehen und ist der Reuse am 28.07.2021 zugegangen. Da bei der Kladoskop AG kein Betriebsrat besteht, entfällt auch dessen Anhörung nach § 102 Abs. 1 BetrVG.

II. Des Weiteren müssten auch die sogenannten besonderen Kündigungsvoraussetzungen vorliegen.

1. Die bei der hier vorliegenden fristgerechten Kündigung einzuhaltende Kündigungsfrist müsste gewahrt sein. Reuse ist bereits seit 13 Jahren bei der Kladoskop AG beschäftigt. Die Kündigungsfrist beträgt somit gemäß § 622 Abs. 2 Satz 1 Nr. 5 fünf Monate zum Monatsende. Diese Frist wurde mit der Kündigung vom 28.07.2021 auf den 31.12.2021 eingehalten.

2. Fraglich ist, ob Reuse Kündigungsschutz genießt und die Kündigung daher einer sozialen Rechtfertigung bedarf.

Reuse ist seit 13 Jahren beschäftigt; insgesamt sind bei der Kladoskop AG laut Sachverhalt »mehrere Hundert« Arbeitnehmer tätig. Persönlicher (»länger als sechs Monate«) wie sachlicher Anwendungsbereich (»mehr als zehn Arbeitnehmer«) des KSchG sind damit eröffnet, vgl. §§ 1 Abs. 1, § 23 Abs. 1 KSchG 2.

3. Da das KSchG eingreift, bedarf die Kündigung zu ihrer Wirksamkeit der sozialen Rechtfertigung § 1 Abs. 2 KSchG. Hierfür muss zwingend einer der drei folgenden Kündigungsgründe gegeben sein:

Personenbedingt; Verhaltensbedingt; Betriebsbedingt

Da Reuse ein Verstoß gegen die Werteordnung der Kladoskop AG und damit gegen ihre arbeitsvertraglichen Pflichten vorgeworfen wird, geht es um eine verhaltensbedingte Kündigung.

Im Unterschied zur personenbedingten Kündigung geht es bei einer verhaltensbedingten Kündigung um eine Reaktion auf ein willentliches und damit steuerbares Verhalten des Arbeitnehmers.

Zur Wirksamkeit einer verhaltensbedingten Kündigung müssen folgende Voraussetzungen gegeben sein.

Reuse muss ihre arbeitsvertraglichen Haupt- oder Nebenpflichten erheblich und schuldhaft verletzt haben. Zudem muss durch die Verletzung das Arbeitsverhältnis konkret beeinträchtigt und eine dauerhaft störungsfreie Vertragserfüllung in Zukunft nicht mehr zu erwarten sein.

Reuse ist als Mitarbeiterin der Kladoskop AG zur Einhaltung von deren Werteordnung aufgrund ihres Arbeitsvertrages verpflichtet. Durch das Zukleben des Mundes des Max Marker mit Tesafilm hat sie eine Vertragsverletzung begangen. Zum einen ist das Zukleben des Mundes ein körperlicher Übergriff, der die körperliche Selbstbestimmung des Max verletzt. Zum anderen stellt dies auch einen Angriff auf die Würde des Max dar, da dieser vor seinen Klassenkameraden durch das Zukleben seines Mundes herabgesetzt und gedemütigt wird. Dass die Reuse dies »spaßhaft« gemeint hat, ist für die Frage des Vertragsverstoßes unerheblich. Hier ist allein die objektive Verletzung und nicht das subjektive Empfinden der Reuse maßgeblich.

Die Verletzung der arbeitsvertraglichen Pflichten geschah auch schuldhaft. Auch wenn Reuse die Gesamtaktion zunächst als »spaßhaft« empfunden hat, hätte sie bei ordnungsgemäßer Sorgfalt erkennen können und müssen, dass der betroffene Schüler Max dies nicht ebenso »spaßig« empfindet und objektiv auch kein bloßer »Spaß« vorliegt.

Das Arbeitsverhältnis zwischen der Kladoskop AG und Reuse ist durch die Verletzung auch konkret – auch unter Berücksichtigung der Reaktion von Eltern und Öffentlichkeit – beeinträchtigt. Ein verständig urteilender Arbeitgeber wird durch das Fehlverhalten der Reuse eine Beendigung des Arbeitsverhältnisses durch Kündigung ernsthaft in Betracht ziehen.

Fraglich ist jedoch, ob dem Risiko künftiger Störungen nur durch die ausgesprochene Beendigungskündigung des Arbeitsverhältnisses begegnet werden kann oder mildere Mittel geeignet wären, um bei der Arbeitnehmerin Reuse künftige Vertragstreue zu bewirken.

4. Ultima-Ratio-Prinzip gewahrt

Im Vergleich zur fristgerechten verhaltensbedingten Kündigung ist aufgrund des Ultima-Ratio-Prinzips grundsätzlich die Abmahnung als milderes Mittel vorrangig.

Wenn wie bei der Kündigung aufgrund eines Verhaltensverstoßes die Vertragspflichtverletzung auf steuerbares Verhalten des Arbeitnehmers zurückzuführen ist, ist mit dem BAG grundsätzlich davon auszugehen, dass das künftige Verhalten schon durch die Androhung von Folgen für den Bestand des Arbeitsverhältnisses positiv beeinflusst werden kann.

Die Abmahnung führt durch den mit ihr verbundenen Hinweis auf das konkret beanstandete Fehlverhalten, der Ermahnung zu künftig vertragsgerechtem Verhalten und der Warnung, dass ein erneuter Verstoß zu einer Beendigung des Arbeitsverhältnisses führen kann, grundsätzlich zu dieser positiven Beeinflussung.

Einer Abmahnung bedarf es nur dann nicht, wenn bereits vor der Sanktion erkennbar ist, dass der Arbeitnehmer sein Verhalten auch in Zukunft nicht ändern wird. Oder aber es handelt sich um eine so schwere Pflichtverletzung, dass selbst der erstmalige Vertragsverstoß nach objektiven Maßstäben und damit auch für den Arbeitnehmer offensichtlich für den Arbeitgeber nicht hinnehmbar ist.

Eine Abmahnung der Reuse aufgrund eines früheren Verstoßes gegen die Werteordnung und ihre arbeitsvertraglichen Pflichten liegt nicht vor.

Fraglich ist, ob die von Reuse begangene Vertragspflichtverletzung so schwer wiegt, dass eine Abmahnung ausnahmsweise als milderes Mittel entbehrlich wäre.

Hätte Reuse tatsächlich aus Disziplinierungszwecken den Mund des Max Marker mit Tesafilm zugeklebt, so wäre dies als massiver Eingriff und Übergriff und damit auch als schwerer Verstoß gegen Werteordnung und Arbeitsvertrag zu werten.

Aus dem Sachverhalt ist allerdings zu entnehmen, dass Reuse den Vorgang anders darstellt und eingeschätzt hat. In ihren Augen war die Gesamtsituation »spaßhaft« und nicht als Disziplinierungsmaßnahme einzuordnen. Nach objektiven Maßstäben war es Reuse daher nicht erkennbar, dass die von ihr begangene Vertragsverletzung für den Arbeitgeber nicht hinnehmbar ist.

Da Reuse sich auch einsichtig zeigt und als Pädagogin selbst erkannt hat, dass ihr Verhalten fehlerhaft war, ist nicht auszuschließen, dass auch das mildere Mittel der Abmahnung zu einem künftig störungsfreien Vertragsverlauf führen wird.

Für das Eingreifen des Ausnahmefalls Entbehrlichkeit der Abmahnung besteht daher kein Grund.

Auch dies kann man selbstverständlich anders sehen und den Verstoß der Reuse mit entsprechender Begründung als so schwerwiegend einordnen, dass eine Abmahnung entbehrlich ist. Wie bereits an anderen Stellen gilt auch hier: Wichtig ist vor allem eine nachvollziehbare Begründung. Das von Ihnen für korrekt gehaltene Ergebnis muss argumentativ unterlegt und nachvollziehbar sein.

Kommen Sie hier zu einem anderen Ergebnis (Abmahnung entbehrlich), so müssen Sie zum nachfolgenden Gliederungspunkt umfangreicher ausführen; mit dem hier vertretenen Ergebnis können Ausführungen unter 5. auch vollständig entfallen – zeigen Sie dem Korrektor aber ruhig, dass Sie diesen Punkt auch »drauf« haben.

5. Der Vollständigkeit halber ist kurz festzuhalten, dass auch die Interessenabwägung zugunsten der Reuse ausfällt.

Reuse ist bereits seit 13 Jahren bei der Kladoskop AG beschäftigt. Frühere Verstöße gegen ihre arbeitsvertraglichen Pflichten sind nicht ersichtlich. Aufgrund ihrer Einsichtigkeit ist nicht davon auszugehen, dass sich ein solcher Verstoß wiederholen wird. Insgesamt überwiegt daher ihr Interesse an der Fortsetzung des Arbeitsverhältnisses. Das Interesse der Kladoskop AG an dessen Beendigung steht dahinter zurück.

6. Reuse hat die Kündigungsschutzklage rechtzeitig innerhalb der 3-Wochen-Frist des § 4 KSchG erhoben. Der Zugang der Kündigung erfolgte am 28.07.2021, die Klageerhebung am 15.08.2021.

III. Ergebnis:

Die Kündigungsschutzklage der Reuse ist begründet; die Kündigung verstößt gegen den Ultima-Ratio-Grundsatz. Als milderes Mittel wäre eine Abmahnung ausreichend und erforderlich gewesen.

Kapitel 16

Fall 12: Der ökonomisch denkende Arbeitgeber

Hauptthemen: Betriebsbedingte Kündigung, Unternehmerentscheidung, Kriterien der Sozialauswahl

Sachverhalt

Holger Hart übernimmt unmittelbar im Anschluss an sein BWL-Studium die Geschäftsführung der elterlichen Hart & Herzlich GmbH, einem mittelständischen Automobilzulieferer mit 90 Mitarbeitern. Noch von seinen Vorlesungen zur »Wertschöpfungstiefe« und »make or buy – decision making« beeindruckt, beschließt er, die bisher betriebsintern organisierten Schlossereiarbeiten künftig extern zu vergeben. Nachdem er den bei der Hart & Herzlich GmbH bestehenden Betriebsrat ordnungsgemäß angehört hat, kündigt Hart der einzigen in der »Schlosserei« beschäftigten Mitarbeiterin Annita Arm frist- und formgerecht aus betrieblichen Gründen zum nächstzulässigen Termin.

Arm, die als gelernte Kfz-Mechatronikerin vor ihrer Tätigkeit in der »Schlosserei« die betriebseigenen Kraftfahrzeuge gewartet und repariert hat, erhebt rechtzeitig Kündigungsschutzklage beim zuständigen Arbeitsgericht.

In ihrer Klagebegründung führt Arm aus, dass die externe Vergabe der Schlosserarbeiten unwirtschaftlich und daher bereits aus ökonomischen Gründen nicht zulässig sei. Zudem sei sie mit ihren 48 Lebensjahren als alleinerziehende Mutter von zwei unterhaltsberechtigten Kindern und einer Betriebszugehörigkeit von mittlerweile 22 Jahren unkündbar. Selbst wenn in der Schlosserei nun keine Beschäftigung mehr möglich sei, müsse der Hart sie wieder mit der Wartung und Reparatur der betriebseigenen Kraftfahrzeuge beschäftigen. Diese Tätigkeit übe aktuell zwar der Kfz-Mechatroniker Manuel Meiser aus. Dieser sei aber als 28-jähriger lediger Junggeselle gerade erst drei Jahre bei der Hart & Herzlich GmbH beschäftigt und daher sozial weniger schutzwürdig als sie.

Hart erwidert, dass nur er als studierter BWLer zu ökonomischem Denken fähig und berufen sei. Im Übrigen seien die Angaben zu Manuel Meiser korrekt, aber es sei schließlich allein seine Sache, wen er weiterbeschäftigen wolle. Da er den Meiser noch aus Schulzeiten kenne, möge er diesen eben lieber als die Arm.

Frage: Wie wird das Arbeitsgericht über die Kündigungsschutzklage der Arm entscheiden?

Vorüberlegungen

Fraglich ist, wie das Arbeitsgericht über die Kündigungsschutzklage der Arm entscheiden wird. Damit geht es (erneut) um die Frage der Wirksamkeit der von Hart ausgesprochenen Kündigung. Der Anwendungsbereich des KSchG ist unproblematisch eröffnet. Auch ergibt sich aus dem Sachverhalt, dass es um eine betrieblich veranlasste Kündigung geht. Problematisch ist, ob und inwieweit etwaige ökonomische Überlegungen bei der Entscheidung des Hart, die Schlossereiarbeiten künftig extern erledigen zu lassen, zu berücksichtigen sind. Auch ist das Thema Sozialauswahl angesprochen, da sich Arm explizit auf eine andere Stelle beruft. Damit wird es bei der Prüfung insbesondere um das Vorliegen der Voraussetzungen einer betriebsbedingten Kündigung gehen. Dabei ist inzident zu prüfen, ob eine Sozialauswahl durchzuführen gewesen wäre.

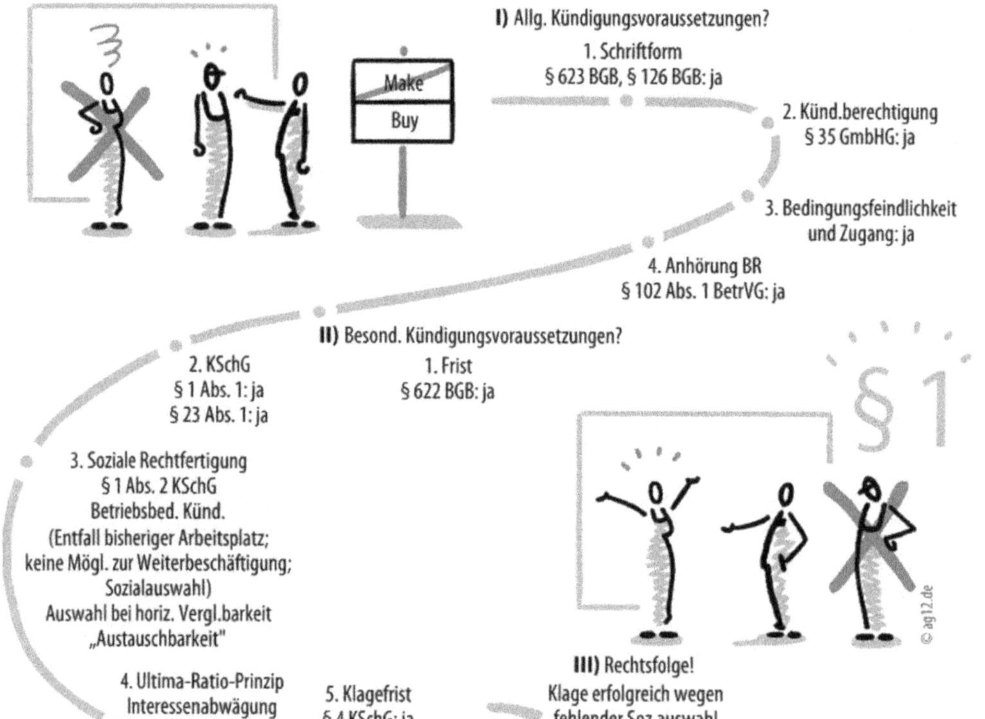

Lösungsskizze

Das Arbeitsgericht wird die Kündigungsschutzklage der Arm abweisen, wenn das Arbeitsverhältnis durch die Kündigung der Hart & Herzlich GmbH wirksam beendet wurde.

Für eine wirksame Kündigung müssen folgende Kündigungsvoraussetzungen vorliegen.

I. Allgemeine Kündigungsvoraussetzungen

1. Schriftform gewahrt § 623 BGB, § 126 BGB: vergleiche Sachverhalt
2. Kündigungsberechtigung der kündigenden Person: Hart ist als Geschäftsführer der Hart & Herzlich GmbH zur Kündigung berechtigt (§ 35 GmbHG).
3. Bedingungsfeindlichkeit gewahrt; Zugang der Kündigung ist erfolgt
4. Anhörung des Betriebsrats gemäß § 102 Abs. 1 BetrVG nach Sachverhalt ordnungsgemäß erfolgt

II. Besondere Kündigungsvoraussetzungen

1. Einschlägige Kündigungsfrist gewahrt nach Sachverhalt (§ 622 BGB; Arbeitsvertrag; sofern einschlägig: Tarifvertrag): Aufgrund der Betriebszugehörigkeit von 22 Jahren ist Arm nicht unkündbar; für sie gilt gemäß § 622 Abs. 2 Satz 1 Nr. 7 eine Kündigungsfrist von sieben Monaten zum Monatsende.
2. Das Kündigungsschutzgesetz (KSchG) greift persönlich wie sachlich ein: Betriebszugehörigkeit länger als sechs Monate § 1 Abs. 1 KSchG; Schwellenwert erreicht mit 90 Arbeitnehmern (mehr als zehn Arbeitnehmer bzw. mehr als fünf Altarbeitnehmer) § 23 Abs. 1 KSchG
3. Da das KSchG eingreift, bedarf die Kündigung zu ihrer Wirksamkeit der sozialen Rechtfertigung § 1 Abs. 2 KSchG. Hierfür muss zwingend einer der drei folgenden Kündigungsgründe gegeben sein:

   Personenbedingt; Verhaltensbedingt; Betriebsbedingt

   Arm wird aus betrieblichen Gründen gekündigt. Gründe für die Kündigung liegen in der Sphäre des Arbeitgebers.

   Die betriebsbedingte Kündigung ist nur unter folgenden Voraussetzungen wirksam:

   aa. Wegfall des bisherigen Arbeitsplatzes aufgrund unternehmerischer Entscheidung

   Der Arbeitsplatz ist aufgrund der Entscheidung des Geschäftsführers Hart entfallen. Vom Arbeitsgericht ist nur das »Ob« der unternehmerischen Entscheidung und deren Auswirkung auf den einzelnen Arbeitnehmer zu prüfen. Sinn- und Zweckmäßigkeit werden dagegen ebenso wenig geprüft wie etwaige ökonomische Gesichtspunkte. Das Arbeitsgericht darf sich nicht als »besserer Unternehmer« aufspielen. Nur wenn die Entscheidung offenbar missbräuchlich oder willkürlich ist, könnte das Arbeitsgericht ausnahmsweise ansetzen. Make-or-Buy-Entscheidungen im Rahmen von Restrukturierungen oder Rationalisierungen sind typische Unternehmerentscheidungen. Für die Annahme einer Willkürentscheidung seitens der Hart & Herzlich GmbH besteht kein Anlass.

bb. Keine Möglichkeit der Weiterbeschäftigung auf einem anderen Arbeitsplatz, gegebenenfalls auch nach zumutbaren Umschulungs- oder Fortbildungsmaßnahmen oder unter geänderten Arbeitsbedingungen, wenn der Arbeitnehmer hiermit sein Einverständnis erklärt hat.

Ein anderer freier Arbeitsplatz ist nicht vorhanden. Arm trägt hierzu nichts vor und auch der Sachverhalt enthält hierzu keinen Hinweis.

cc. Sofern einschlägig: Sozialauswahl ordnungsgemäß durchgeführt anhand der zwingenden Kriterien Lebensalter, Dauer der Betriebszugehörigkeit, Unterhaltspflichten, Schwerbehinderung

Fraglich ist, ob der Vorgang sozialauswahlpflichtig ist. Eine Sozialauswahl ist durchzuführen, wenn vergleichbare Arbeitnehmer vorhanden sind. Maßgeblich ist die horizontale Vergleichbarkeit. Dabei ist nicht an der »Abteilungsgrenze« aufzuhören, sondern grundsätzlich die gesamte Belegschaft des Betriebs zu berücksichtigen.

Obwohl Meiser mit einem anderen Tätigkeitsgebiet betraut ist, könnte Arm als gelernte Mechatronikerin diese Tätigkeit auch ausführen. Dies wird dadurch belegt, dass Arm dies früher auch getan hat.

Folglich besteht eine »Austauschbarkeit« zwischen Arm und Meiser und gemäß § 1 Abs. 3 Satz 1 KSchG wäre anhand der vier Kriterien Dauer der Betriebszugehörigkeit, Lebensalter, Unterhaltspflichten und Schwerbehinderung eine Sozialauswahl durchzuführen. Hiernach ist Arm sozial schwächer.

Dass Hart den Meiser »lieber mag«, ist kein die nach § 1 Abs. 3 Satz 2 KSchG mögliche Herausnahme aus der Sozialauswahl begründendes Kriterium.

Da Hart keine Sozialauswahl durchgeführt hat, ist die Kündigung der Arm unwirksam gemäß § 1 Abs. 3 Satz 1 KSchG.

4. Auf die Wahrung des Ultima-Ratio-Prinzips und die Interessenabwägung kommt es folglich nicht mehr an.

5. Klagefrist des § 4 KSchG ist gewahrt.

III. Ergebnis:

Das Arbeitsgericht wird der Kündigungsschutzklage stattgeben. Die Kündigung ist aufgrund fehlender Sozialauswahl unwirksam, § 1 Abs. 3 KSchG.

Ausformulierte Falllösung

Die Entscheidung des Arbeitsgerichts ist davon abhängig, ob die Kündigung der Hart & Herzlich GmbH wirksam oder unwirksam ist.

Das Arbeitsgericht wird die Kündigungsschutzklage der Arm abweisen, wenn das Arbeitsverhältnis durch die Kündigung der Hart & Herzlich GmbH wirksam beendet wurde.

Für eine wirksame Kündigung müssen folgende Kündigungsvoraussetzungen vorliegen.

I. Zunächst müssten die sogenannten allgemeinen Kündigungsvoraussetzungen gegeben sein.

   1. Die Kündigung wurde laut Sachverhalt formgerecht, also schriftlich ausgesprochen, sodass das Schriftformerfordernis der §§ 623, 126 BGB gewahrt ist.

   2. Die Kündigung wurde vom Geschäftsführer der Hart & Herzlich GmbH, Holger Hart ausgesprochen. Dieser ist als gesetzlicher Vertreter der GmbH zur Kündigung berechtigt (§ 35 GmbHG).

   3. Die Kündigung war nicht mit einer Bedingung versehen und ist der Arm auch zugegangen.

   4. Der bei der Hart & Herzlich GmbH errichtete Betriebsrat wurde laut Sachverhalt gemäß § 102 Abs. 1 BetrVG vor Ausspruch der Kündigung ordnungsgemäß angehört.

II. Des Weiteren müssten auch die sogenannten besonderen Kündigungsvoraussetzungen vorliegen.

   1. Nach den Angaben im Sachverhalt ist die Kündigungsfrist eingehalten worden. Aufgrund der Betriebszugehörigkeit von 22 Jahren ist Arm entgegen ihrer geäußerten Meinung nicht unkündbar. Für sie gilt aber gemäß § 622 Abs. 2 Satz 1 Nr. 7 die gesetzliche Höchstkündigungsfrist von sieben Monaten zum Monatsende.

   2. Das Kündigungsschutzgesetz (KSchG) greift persönlich wie sachlich ein: Die Betriebszugehörigkeit der Arm besteht bereits länger als sechs Monate, § 1 Abs. 1 KSchG. Der sachliche Anwendungsbereich ist aufgrund der Beschäftigung von 90 Arbeitnehmern ebenfalls eröffnet gemäß § 23 Abs. 1 KSchG (Schwellenwert »mehr als zehn Arbeitnehmer bzw. mehr als fünf Altarbeitnehmer«).

   3. Da das KSchG eingreift, bedarf die Kündigung zu ihrer Wirksamkeit der sozialen Rechtfertigung § 1 Abs. 2 KSchG. Hierfür muss zwingend einer der drei folgenden Kündigungsgründe gegeben sein:

   Personenbedingt; Verhaltensbedingt; Betriebsbedingt

   Die Kündigung der Arm erfolgt aufgrund der Auslagerung der Schlossereiarbeiten und somit aus betrieblichen Gründen.

Im Gegensatz zur personenbedingten und verhaltensbedingten Kündigung liegen die Gründe für die Kündigung bei der betriebsbedingten in der Sphäre des Arbeitgebers. Nicht der Arbeitnehmer hat Anlass für die Beendigungskündigung gegeben.

Gemäß § 1 Abs. 2 KSchG müssen der Weiterbeschäftigung des Arbeitnehmers dringende betriebliche Gründe entgegenstehen. Dies erfordert das Vorliegen der folgenden Voraussetzungen:

aa. Der bisherige Arbeitsplatz des gekündigten Arbeitnehmers müsste aufgrund einer unternehmerischen Entscheidung dauerhaft entfallen.

Hart hat als Geschäftsführer der GmbH entschieden, die bisher innerbetrieblich ausgeführten Schlosserarbeiten künftig von einem externen Dienstleister erbringen zu lassen. Diese Entscheidung führt zum dauerhaften Wegfall des bisherigen Arbeitsplatzes der Arm. Eine unternehmerische Entscheidung liegt somit vor.

Die von Arm dagegen vorgebrachte angebliche Unwirtschaftlichkeit dieser Entscheidung spielt dabei keine Rolle. Die Arbeitsgerichte prüfen nur das »Ob« der unternehmerischen Entscheidung und deren Auswirkung auf den einzelnen Arbeitnehmer. Sinn- und Zweckmäßigkeit der unternehmerischen Entscheidung werden dagegen ebenso wenig geprüft wie etwaige ökonomische Gesichtspunkte.

Das Arbeitsgericht darf sich nicht als »besserer Unternehmer« aufspielen.

Nur wenn die unternehmerische Entscheidung offenbar missbräuchlich oder willkürlich ist, könnte das Arbeitsgericht ausnahmsweise die Unternehmerentscheidung korrigieren. Die von Hart getroffene »make or buy«-Entscheidung ist im unternehmerischen Alltag im Rahmen von Restrukturierungen oder Rationalisierungen eine geradezu typische Unternehmerentscheidung. Dass diese Entscheidung willkürlich oder unsachlich getroffen wurde, ist nicht ersichtlich. Ob Hart nun aufgrund seines BWL-Studiums zu ökonomischem Denken in der Lage ist oder nicht, ist also völlig irrelevant. Ausschlaggebend ist allein, dass er eine unternehmerische Entscheidung getroffen hat, die den Arbeitsplatz der Arm entfallen lässt.

bb. Des Weiteren dürfte keine Möglichkeit der Weiterbeschäftigung der Arm auf einem anderen Arbeitsplatz bestehen, gegebenenfalls auch nach zumutbaren Umschulungs- oder Fortbildungsmaßnahmen oder unter geänderten Arbeitsbedingungen, wenn der Arbeitnehmer hiermit sein Einverständnis erklärt hat.

Aus dem Sachverhalt lässt sich nicht entnehmen, dass ein anderer freier Arbeitsplatz vorhanden ist. Auch hat die insoweit darlegungspflichtige Arm hierzu nichts vorgetragen.

cc. Fraglich ist, ob die Hart & Herzlich GmbH zusätzlich eine Sozialauswahl hätte durchführen müssen.

Wenn der Arbeitgeber nicht sämtliche vergleichbaren Arbeitnehmer entlässt, sondern »nur« einen Teil, so hat er gemäß § 1 Abs. 3 KSchG eine Sozialauswahl durchzuführen. Durch diese soll sichergestellt werden, dass der Arbeitgeber zunächst die sozial stärksten und erst zuletzt die sozial schwächsten Arbeitnehmer aus betrieblichen Gründen entlässt. Führt der Arbeitgeber eine notwendige Sozialauswahl nicht oder fehlerhaft durch, so ist eine ausgesprochene betriebsbedingte Kündigung bereits aus diesem Grund unwirksam (vergleiche § 1 Abs. 3 Satz 1 KSchG).

Problematisch ist, ob – wie von der Arm vorgetragen – eine Sozialauswahl zwischen dem Meiser und der Arm hätte durchgeführt werden müssen.

Die Sozialauswahl ist dann durchzuführen, wenn es vergleichbare Arbeitnehmer gibt. Als vergleichbar zu werten sind dabei alle Arbeitsplätze, auf denen der Arbeitnehmer, dessen Arbeitsplatz entfallen ist, nach seiner Qualifikation und seinem Profil eingesetzt werden könnte. Erforderlich ist also eine horizontale Vergleichbarkeit. Hierarchisch höher oder niedriger bewertete Arbeitsplätze bleiben dagegen außer Betracht (sogenannte vertikale Vergleichbarkeit).

Fraglich ist also, ob Meiser und Arm untereinander »austauschbar« sind.

Obgleich der Meiser nicht in der Schlosserei, sondern in der Wartung und Reparatur der Betriebsfahrzeuge tätig und dieser Bereich gar nicht von der unternehmerischen Entscheidung betroffen ist, ist dies der Fall. Die Vergleichsgruppe ist nicht aus der jeweiligen Abteilung oder dem jeweiligen Tätigkeitsbereich herauszubilden, sondern aus dem gesamten Betrieb.

Da Arm selbst gelernte Kfz-Mechatronikerin ist und bereits auf dem jetzt von Meiser besetzten Arbeitsplatz gearbeitet hat, ist davon auszugehen, dass sie dort wieder eingesetzt werden kann. Wartung und Reparatur der Betriebsfahrzeuge entsprechen sowohl der Qualifikation als auch dem Profil der Arm. Meiser und Arm sind horizontal vergleich- und austauschbar.

Die Sozialauswahl müssen Sie anhand der Kriterien

- ✔ Dauer der Betriebszugehörigkeit
- ✔ Lebensalter
- ✔ Unterhaltspflichten
- ✔ (sofern vorhanden) Schwerbehinderung

durchführen.

Auf Meiser und Arm bezogen ergibt sich, dass die Arm sowohl aufgrund ihres Lebensalters als auch ihrer Unterhaltspflichten für zwei unterhaltsberechtigte Kinder als auch aufgrund ihrer deutlich längeren Betriebszugehörigkeit sozial schutzbedürftiger ist als Meiser.

Zwar können aus der Sozialauswahl gemäß § 1 Abs. 3 Satz 2 KSchG die Arbeitnehmer wieder herausgenommen werden, deren Weiterbeschäftigung wegen ihrer Kenntnisse, Fähigkeiten und Leistungen oder zur Sicherung einer ausgewogenen Personalstruktur im berechtigten betrieblichen Interesse liegt.

Die insoweit von Hart geäußerte »Begründung«, dass er den Meiser bereits aus Schulzeiten kenne und diesen »lieber mag«, kann aber in diesem Zusammenhang keine Berücksichtigung finden.

Gemäß § 1 Abs. 3 Satz 1 KSchG ist die Kündigung der Arm bereits aufgrund der unterlassenen Sozialauswahl unwirksam.

4. Auf die Wahrung des Ultima-Ratio-Prinzips und die Interessenabwägung kommt es folglich nicht mehr an.

5. Die Kündigungsschutzklage wurde fristgerecht innerhalb von drei Wochen nach dem Zugang der Kündigung erhoben, § 4 KSchG.

III. Ergebnis:

Das Arbeitsgericht wird der Kündigungsschutzklage der Arm stattgeben. Die Kündigung der Hart & Herzlich GmbH ist gemäß § 1 Abs. 3 KSchG unwirksam. Die erforderliche Sozialauswahl zwischen Arm und Meiser wurde unterlassen.

Kapitel 17

Fall 13: Der »Busengrapscher«

Hauptthemen: Fristlose Kündigung; 2-Stufen-Prüfung; Verstoß gegen des AGG; Milderes Mittel bei der fristlosen Kündigung

Sachverhalt (nach BAG, 20.11.2014 – 2 AZR 651/13)

Kurt Kramer ist seit 2006 bei der Framel oHG als Kfz-Mechaniker tätig. Die Framel oHG beschäftigt regelmäßig mehr als zehn Arbeitnehmer, ein Betriebsrat besteht nicht.

Am 27. Juli 2025 betrat Kramer die Sozialräume der Framel oHG, um sich umzuziehen. Dort traf er auf die ihm bislang unbekannte Mitarbeiterin eines externen Reinigungsunternehmens. Beim Eintreffen des Kramer lehnte diese in der Tür zwischen Wasch- und Umkleideraum und unterhielt sich mit zwei Kollegen des Kramer, die sich im Waschraum befanden. Nachdem die beiden Kollegen den Waschraum verlassen hatten, begab sich Kramer dorthin und führte – während er sich Gesicht und Hände wusch – ein Gespräch mit der Unbekannten. In diesem Gespräch stellte sich diese zunächst als Maike Maier vor und beschrieb ihre Aufgabe für das Reinigungsunternehmen. Dabei stand die Maier zunächst vor und dann neben den Kramer. Kramer sagte in der Folge zu Maier, sie habe einen schönen Busen, und berührte sie an einer Brust. Als Maier erklärte, dass sie dies nicht wünsche, ließ Kramer sofort von ihr ab, zog sich um und verließ den Sozialraum. Die Maier arbeitete weiter und schilderte den Vorfall später ihrem Arbeitgeber, der diesen wiederum der Framel oHG mitteilte.

Am 31.07.2025 bat die Framel oHG den Kramer zu einem Gespräch. Kramer gestand den Vorfall ein und erklärte, er habe sich eine Sekunde lang vergessen. »Die Sache« tue ihm furchtbar leid. Er schäme sich, so etwas sei noch nie vorgekommen und werde sich auch nicht wiederholen. Die Framel oHG kündigte dem Kramer darauf noch am 31.07.2025 schriftlich außerordentlich mit sofortiger Wirkung.

In der Folge richtete Kramer ein Entschuldigungsschreiben an die Maier und zahlte dieser ein Schmerzensgeld. Maier nahm die Entschuldigung des Kramer an und versicherte, dass die Angelegenheit für sie damit erledigt sei. Ein gegen Kramer eingeleitetes strafrechtliches Ermittlungsverfahren wurde daraufhin eingestellt.

Mit seiner rechtzeitig erhobenen Kündigungsschutzklage macht Kramer geltend, dass er subjektiv den Eindruck gehabt habe, die Maier habe mit ihm geflirtet. Dann sei es zu seinem plötzlichen »Blackout« gekommen, den er zutiefst bereue.

Frage: Ist die Kündigungsschutzklage des Kramer begründet?

Vorüberlegungen

Fraglich ist, ob die von Kramer erhobene Kündigungsschutzklage begründet, das heißt erfolgreich, ist. Dazu müsste die Kündigung unwirksam sein. Da hier eine außerordentliche Kündigung ausgesprochen wurde, geht es um die Frage, ob der Vorfall gemäß § 626 Abs. 1 BGB einen so wichtigen Grund darstellt, dass der Framel oHG die Fortsetzung des Arbeitsverhältnisses unzumutbar ist. Diese Frage ist mit der Zwei-Stufen-Prüfung des BAG zu klären. Das Verhalten des Kramer ist eine sexuelle Belästigung im Sinne von § 3 Abs. 4 AGG und damit gemäß § 7 Abs. 3 AGG eine Verletzung seiner arbeitsvertraglichen Pflichten. Da der herangezogene Kündigungsgrund somit im Verhalten des Kramer begründet ist, stellt sich zudem die Frage, ob nicht mildere Mittel (Abmahnung, ordentliche Kündigung) vorrangig gewesen wären.

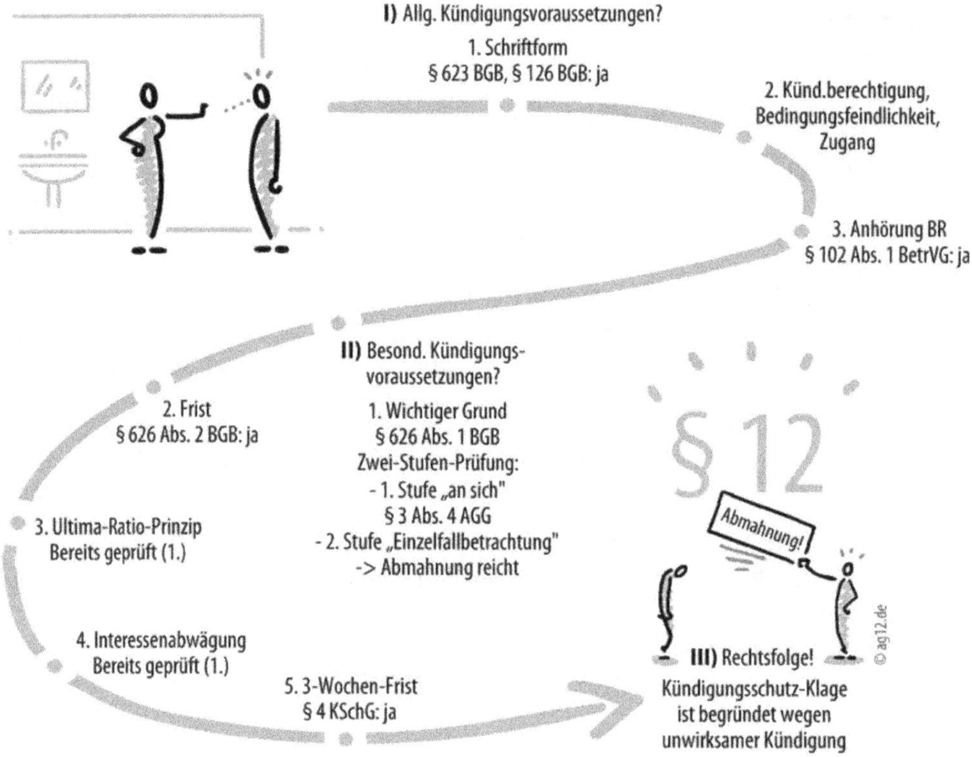

Lösungsskizze

Die Kündigungsschutzklage ist begründet, wenn die Kündigung unwirksam ist.

I. Allgemeine Kündigungsvoraussetzungen

1. Schriftform gewahrt § 623 BGB, § 126 BGB: vergleiche Sachverhalt
2. Kündigungsberechtigung, Bedingungsfeindlichkeit, Zugang der Kündigung: unproblematisch
3. Anhörung des Betriebsrats erfolgt § 102 Abs. 1 BetrVG: entfällt mangels Betriebsrat

II. Besondere Kündigungsvoraussetzungen

1. Wichtiger Grund, der die Fortsetzung des Arbeitsverhältnisses unzumutbar macht, § 626 Abs. 1 BGB; nach dem BAG wird dies mit der »Zwei-Stufen-Prüfung« geprüft:

   a. Erste Stufe: Ist der Grund »an sich« ausreichend? Zu bejahen, wenn das Arbeitsverhältnis durch den Vorfall objektiv belastet ist und sich diese Belastung auch in Zukunft negativ auf die Zusammenarbeit auswirkt.

   Das Verhalten des Kramer ist eine sexuelle Belästigung im Sinne des § 3 Abs. 4 AGG: Ansprechen auf »schönen Busen« verbal und Berühren der Brust tatsächlich unerwünschte, sexuelle Handlung, die eines der in § 1 AGG geschützten Benachteiligungsverbote betrifft (Geschlecht).

   Eine solche Benachteiligung stellt zugleich eine Verletzung der vertraglichen Pflichten des Kramer dar gemäß § 7 Abs. 3 AGG. Das Arbeitsverhältnis ist jetzt und auch zukünftig belastet.

   Auf der ersten Stufe ist das Verhalten des Kramer »an sich« geeignet, die fristlose Kündigung zu begründen.

   Da dies so ist:

   b. Zweite Stufe: Ist der Vorfall auch unter Berücksichtigung aller Umstände des konkreten Einzelfalles ausreichend, um die fristlose Kündigung zu rechtfertigen:

   (Anmerkung: Der Prüfungsaufbau folgt hier dem BAG; das heißt, die eigentlich dogmatisch zu trennenden Prüfungspunkte 3 und 4 werden mit auf der »Zweiten Stufe« des wichtigen Grundes geprüft.)

   Gesamtwürdigung erforderlich, bei der das Interesse des Arbeitgebers an der sofortigen Beendigung des Arbeitsverhältnisses gegen das Fortsetzungsinteresse des Arbeitnehmers abzuwägen sind.

   Bei steuerbarem Verhalten setzt eine ordentliche wie eine außerordentliche Kündigung grundsätzlich eine Abmahnung voraus (Ultima-Ratio-Prinzip). Nur ausnahmsweise ist die Abmahnung entbehrlich, nämlich bei einem objektiv schweren und nicht hinnehmbaren Verstoß oder wenn der Arbeitnehmer ersichtlich nicht gewillt ist, sein vertragswidriges Verhalten künftig zu unterlassen.

Dieses Erfordernis der Wahrung der Verhältnismäßigkeit (Ultima-Ratio-Prinzip) zeigt sich auch in § 12 Abs. 3 AGG. Der Arbeitgeber hat bei Verstößen gegen das Benachteiligungsverbot die im Einzelfall »geeigneten, erforderlichen und angemessenen« Maßnahmen zu ergreifen.

Für Kramer spricht, dass er bereits seit 2006 bei der Framel oHG beschäftigt ist und es sich um einen erstmaligen Verstoß handelt. Kramer ist damit kein »notorischer« Belästiger. Auch hat Kramer sein Fehlverhalten sofort eingeräumt und sich bei der Maier entschuldigt. Diese hat die Entschuldigung auch angenommen.

Ebenfalls zu berücksichtigen ist, dass sich Kramer über die Unerwünschtheit seines Verhaltens geirrt hat.

Daher wäre eine Abmahnung ausreichend und erforderlich gewesen.

2. Ausschlussfrist des § 626 Abs. 2 BGB gewahrt: Vorfall war am 27.07.2025. Frühestens an diesem Tag hat die Framel oHG davon erfahren. Die Kündigung am 31.07.2025 erfolgte innerhalb der Zwei-Wochen-Frist des § 6262 Abs. 2 BGB.

3. (Ultima-Ratio-Prinzip gewahrt: bereits geprüft)

4. (Interessenabwägung fällt zugunsten des Arbeitgebers aus: bereits geprüft)

5. Sofern nach der Kündigungsschutzklage gefragt ist: 3-Wochen-Frist zur Erhebung der Klage gewahrt, § 4 KSchG: gewahrt.

III. Ergebnis

Die Kündigungsschutzklage ist begründet, da die Kündigung unwirksam ist.

Ausformulierte Falllösung

Die Kündigungsschutzklage des Kramer ist begründet, wenn die Kündigung unwirksam ist. Um dies festzustellen, ist das Vorliegen der Kündigungsvoraussetzungen zu prüfen.

I. Zunächst müssten die sogenannten allgemeinen Kündigungsvoraussetzungen gegeben sein.

1. Die Kündigung wurde laut Sachverhalt formgerecht, also schriftlich ausgesprochen, sodass das Schriftformerfordernis der §§ 623, 126 BGB gewahrt ist.

2. Die Kündigung wurde nach den Angaben im Sachverhalt von der Framel oHG ausgesprochen, war nicht mit einer Bedingung versehen und ist dem Kramer am 31.07.2025 auch zugegangen.

3. Da bei der Framel oHG kein Betriebsrat besteht, entfällt die sonst gemäß § 102 Abs. 1 BetrVG erforderliche Anhörung.

II. Des Weiteren müssten auch die sogenannten besonderen Kündigungsvoraussetzungen vorliegen.

1. Gemäß § 626 Abs. 1 BGB kann ein Arbeitsverhältnis aus wichtigem Grund fristlos gekündigt werden, wenn Tatsachen vorliegen, aufgrund derer dem Kündigenden unter Berücksichtigung aller Umstände des Einzelfalles und Abwägung der Interessen beider Vertragsteile die Fortsetzung des Arbeitsverhältnisses selbst bis zum Ablauf der Kündigungsfrist nicht zugemutet werden kann.

Das Vorliegen eines entsprechend gewichtigen Grundes ist anhand einer Zwei-Stufen-Prüfung festzustellen. Zunächst ist zu prüfen, ob der Sachverhalt ohne seine besonderen Umstände »an sich«, das heißt typischerweise als wichtiger Grund geeignet ist (»Erste Stufe«). Falls dies zu bejahen ist, bedarf es der Prüfung, ob dem Kündigenden die Fortsetzung des Arbeitsverhältnisses unter Berücksichtigung der konkreten Umstände des Falls – nicht einmal mehr bis zum Ablauf der Kündigungsfrist – zumutbar ist (»Zweite Stufe«).

a. Kramer müsste seine arbeitsvertraglichen Pflichten in erheblicher Weise verletzt haben, damit ein »an sich« geeigneter fristloser Kündigungsgrund zu bejahen ist. Dies ist zu bejahen, wenn das Arbeitsverhältnis durch den Vorfall objektiv belastet ist und sich diese Belastung auch in Zukunft negativ auf die Zusammenarbeit auswirkt.

Das Verhalten des Kramer stellt eine sexuelle Belästigung im Sinne des § 3 Abs. 4 AGG dar. Kramer hat die Maier sowohl verbal als auch körperlich sexuell belästigt, da er ein unerwünschtes, sexuell bestimmtes Verhalten an den Tag gelegt hat, das die Würde der Maier verletzt.

Das Ansprechen auf den »schönen Busen« ist kein sozialadäquates Kompliment, sondern schlicht eine unangemessene Bemerkung mit sexuellem Inhalt. Das Berühren der Brust ist ein sexueller Eingriff in die körperliche Intimsphäre der Maier. Sowohl das Ansprechen als auch das Berühren waren objektiv unerwünscht. Dies war für den Kramer auch erkennbar, denn mit seinem Verhalten hat er die Maier zum Sexualobjekt erniedrigt.

Durch dieses Verhalten hat Kramer gegen das Benachteiligungsverbot »Geschlecht« des § 1 AGG verstoßen.

Gemäß § 7 Abs. 3 AGG stellt eine solche Benachteiligung zugleich einen Verstoß gegen die arbeitsvertraglichen Pflichten des Kramer dar.

Folglich ist das Arbeitsverhältnis zwischen der Framel oHG und Kramer durch diesen Vorfall jetzt und auch zukünftig belastet.

Auf der »Ersten Stufe« ist daher festzustellen, dass das vertragswidrige Verhalten des Kramer »an sich« geeignet ist, die fristlose Kündigung zu begründen.

b. Auf der »Zweiten Stufe« müsste der Vorfall auch unter Berücksichtigung aller Umstände des konkreten Einzelfalles ausreichend sein, um die ausgesprochene fristlose Kündigung zu rechtfertigen:

Hierbei ist in einer Gesamtwürdigung das Interesse des Arbeitgebers an der sofortigen Beendigung des Arbeitsverhältnisses gegen das Interesse des Arbeitnehmers an dessen Fortbestand – jedenfalls bis zum nächsten ordentlichen Kündigungstermin – abzuwägen.

Es hat eine Bewertung des Einzelfalles unter Beachtung des Verhältnismäßigkeitsgrundsatzes zu erfolgen. Zu berücksichtigen sind in jedem Fall das Gewicht und die Auswirkungen der Vertragspflichtverletzung, der Grad des Verschuldens des Arbeitnehmers, eine mögliche Wiederholungsgefahr sowie die Dauer des Arbeitsverhältnisses und dessen störungsfreier Verlauf. Ein Bejahen der zweiten Stufe kommt dabei im Hinblick auf das Ultima-Ratio-Prinzip nur in Betracht, wenn es keine dem Arbeitgeber zumutbaren milderen Reaktionsmöglichkeiten gibt. Mildere Mittel gegenüber einer fristlosen Kündigung sind insbesondere eine Abmahnung oder eine ordentliche Kündigung. Diese sind dann als alternative Gestaltungsmittel vorrangig, wenn bereits sie geeignet sind, den mit der außerordentlichen Kündigung verfolgten Zweck – nicht die Sanktion des pflichtwidrigen Verhaltens, sondern die Vermeidung des Risikos künftiger Störungen des Arbeitsverhältnisses – zu erreichen.Da die fristlose Kündigung des Kramer auf dessen Fehlverhalten, mithin also steuerbarem Verhalten, beruht, ist grundsätzlich davon auszugehen, dass sein künftiges Verhalten bereits durch die Androhung von Folgen für den Bestand des Arbeitsverhältnisses positiv beeinflusst werden kann. Daher setzt die fristlose verhaltensbedingte Kündigung ebenso wie die ordentliche verhaltensbedingte Kündigung grundsätzlich eine vorherige Abmahnung voraus. Nur dann, wenn bereits ex ante erkennbar ist, dass eine Abmahnung keine Verhaltensänderung bewirken wird oder es sich um einen objektiv schweren und für den Arbeitgeber nicht hinnehmbaren Verstoß handelt, kann eine Abmahnung ausnahmsweise entbehrlich sein.

Dieses Erfordernis der Wahrung der Verhältnismäßigkeit (Ultima-Ratio-Prinzip) zeigt sich auch in § 12 Abs. 3 AGG. Der Arbeitgeber hat bei Verstößen gegen das Benachteiligungsverbot die im Einzelfall »geeigneten, erforderlichen und angemessenen« Maßnahmen zu ergreifen.

Für Kramer spricht, dass er bereits seit 2006 bei der Framel oHG beschäftigt ist und es sich um einen erstmaligen Verstoß handelt. Kramer ist damit kein

»notorischer« Belästiger. Auch hat Kramer sein Fehlverhalten bereits im Erstgespräch sofort eingeräumt, sich bei der Maier entschuldigt und dieser auch ein Schmerzensgeld gezahlt. Maier hat die Entschuldigung des Kramer auch angenommen.

Obgleich das Verhalten des Kramer einen schweren Verstoß gegen seine arbeitsvertraglichen Pflichten darstellt, handelt es sich dennoch um eine erstmalige und auch einmalige Entgleisung. Dabei ist auch zu berücksichtigen, dass sich Kramer über die Unerwünschtheit seines Verhaltens geirrt hat.

Insgesamt ist davon auszugehen, dass bereits das mildere Mittel Abmahnung zu einem künftigen störungsfreien Verhalten des Kramer führt. Daher wäre eine Abmahnung ausreichend und erforderlich gewesen.

So hat es das BAG entschieden, was zum Teil »wütende« Reaktionen in Presse, Funk und Fernsehen ausgelöst hat – geben Sie bei Google einmal die Suchbegriffe »Busengrapscher« und »Kündigung« ein und Sie können das mediale Echo nachvollziehen.

Selbstverständlich kann hier auch ein anderes Ergebnis vertreten werden – wie immer steht im Vordergrund nicht so sehr das Ergebnis, sondern der Begründungsweg.

2. Obwohl die Framel oHG die Zwei-Wochen-Ausschlussfrist des § 626 Abs. 2 BGB gewahrt hat, ist die Kündigung aufgrund der obigen Begründung unwirksam.

III. Ergebnis

Die gemäß § 4 KSchG fristgerecht erhobene Kündigungsschutzklage des Kramer ist begründet. Die Kündigung ist unwirksam.

Kapitel 18

Fall 14: Der Drogist

Hauptthemen: Fristlose Kündigung; 2-Stufen-Prüfung; Rechtfertigung der fristlosen Kündigung trotz nicht konkret festgestellter Fahruntauglichkeit

Sachverhalt (angelehnt an BAG, 20.10.2016 – 6 AZR 471/15)

Lukas Laller, kinderloser Junggeselle, ist seit November 2023 bei der Transco GmbH als Berufskraftfahrer beschäftigt. Die Transco GmbH beschäftigt ausschließlich Lkw-Fahrer. Ein Betriebsrat besteht nicht.

Laller nahm am Sonntag, dem 13.10.2024, außerhalb seiner Arbeitszeit Amphetamin und Methamphetamin (sogenanntes »Chrsytal Meth«) ein. Am darauffolgenden Montag, 14.10.2024, erschien er zur Frühschicht ab 4.00 Uhr und erbrachte seine Arbeitsleistung. Am nächsten Tag (Dienstag, 15.10.2024) wurde er nach dem Ende der Frühschicht auf dem Heimweg in seinem Privat-Pkw von der Polizei bei einer Kontrolle einem Drogentest unterzogen. Dieser sowie die nachfolgende Blutuntersuchung ergaben, dass Laller Amphetamin und Chrystal Meth konsumiert hatte und noch unter erheblichem Drogeneinfluss stand. Sein Führerschein wurde einbehalten.

Noch am selben Abend rief Laller darauf bei der Transco GmbH an und teilte mit, dass er seine am kommenden Tag um 04.00 Uhr beginnende Tour nicht fahren könne. Er finde seinen Führerschein nicht mehr und die Polizei habe ihm gesagt, dass er ohne Führerschein nicht mehr fahren dürfe. Nachdem die Transco GmbH auf die Wichtigkeit der morgigen Tour hingewiesen hatte und darauf, dass kein Ersatzfahrer zur Verfügung stehe, führte Laller die Tour am 16.10.2024 durch. Ebenso arbeitete er an den Folgetagen.

Am 28.10.2024 sprach der Geschäftsführer der Transco GmbH den Laller auf das Telefonat am 15.10.2024 an: es könne nicht sein, dass die Polizei dem Laller nur wegen des nicht auffindbaren Führerscheins das Fahren verbiete. Laller gestand daraufhin unter Tränen, dass er am 15.10.2024 aufgrund des positiven Drogentests auf Amphetamin und Chystal Meth seinen Führerschein habe abgeben müssen.

Mit Schreiben vom 29.10.2024, welches Laller am selben Tag zuging, kündigte die Transco GmbH das bestehende Arbeitsverhältnis außerordentlich mit sofortiger Wirkung. Im vom Geschäftsführer der Transco GmbH unterzeichneten Kündigungsschreiben wird die Kündigung insbesondere mit dem Fahren unter Drogeneinwirkung, dem Verheimlichen des positiven Drogentests und dem Verlust des Führerscheins begründet.

Frage: Ist die außerordentliche Kündigung wirksam?

Vorüberlegungen

Fraglich ist, ob die von der Transco GmbH ausgesprochene außerordentliche Kündigung wirksam ist. Dazu müssten sämtliche Kündigungsvoraussetzungen vorliegen. Da eine außerordentliche, fristlose Kündigung ausgesprochen wurde, muss gemäß § 626 Abs. 1 BGB ein so wichtiger Grund vorliegen, dass der Transco GmbH die Fortsetzung des Arbeitsverhältnisses selbst bis zum nächsten ordentlichen Kündigungstermin unzumutbar ist. Dies ist mit der vom BAG entwickelten Zwei-Stufen-Prüfung zu klären. Das Fahren unter Drogeneinfluss und ohne Führerschein sowie das Verschweigen des Drogenkonsums und des Verlustes des Führerscheins sind schwerwiegende Verletzungen der arbeitsvertraglichen Pflichten des Laller. Da zu einer Drogenabhängigkeit keine Informationen vorliegen liegt der Kündigungsgrund im Verhalten des Kramer. Folglich stellt sich auch die Frage, ob nicht mildere Mittel (Abmahnung, ordentliche Kündigung) vorrangig gewesen wären und ob die Interessenabwägung zu Lasten des Laller ausfällt.

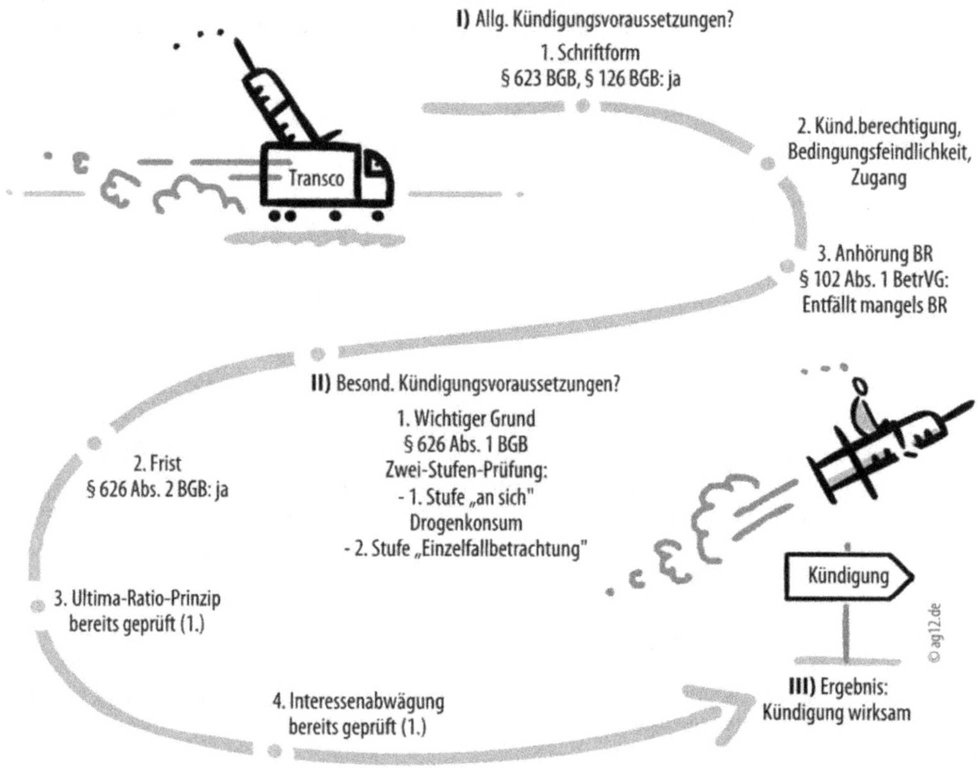

Lösungsskizze

Die Kündigung ist wirksam, wenn sämtliche Kündigungsvoraussetzungen gegeben sind.

I. Allgemeine Kündigungsvoraussetzungen

1. Schriftform gewahrt § 623 BGB, § 126 BGB: siehe Sachverhalt
2. Kündigungsberechtigung des Geschäftsführers der Transco GmbH, Bedingungsfeindlichkeit, Zugang der Kündigung: unproblematisch
3. Anhörung des Betriebsrats § 102 Abs. 1 BetrVG: entfällt mangels Betriebsrat

II. Besondere Kündigungsvoraussetzungen

1. Wichtiger Grund, der die Fortsetzung des Arbeitsverhältnisses unzumutbar macht, § 626 Abs. 1 BGB; nach dem BAG wird dies mit der »Zwei-Stufen-Prüfung« geprüft:

a. Erste Stufe: Ist der Grund »an sich« ausreichend? Zu bejahen, wenn das Arbeitsverhältnis durch den Vorfall objektiv belastet ist und sich diese Belastung auch in Zukunft negativ auf die Zusammenarbeit auswirkt.

Schwerwiegender Verstoß gegen die arbeitsvertraglichen Pflichten durch Verrichtung seiner Arbeit trotz Drogeneinnahme. Berufskraftfahrer haben aufgrund der besonderen Gefahren des öffentlichen Straßenverkehrs jeden die Fahrtüchtigkeit gefährdenden Drogenkonsum zu unterlassen. Dies gilt auch »abstrakt«, d. h. Drogenkonsum ist Verstoß gegen die arbeitsvertraglichen Pflichten, auch wenn es trotz der Drogeneinnahme nicht zu einer konkreten Einschränkung der Fahrtüchtigkeit oder zu einer kritischen Verkehrssituation kommt. Jedenfalls bei den von Laller gefahrenen Touren am 14.10.2025 und 15.10.2025 stand dieser noch unter Drogeneinfluss. Ab dem 16.10.2024 führte Laller zudem weitere Touren durch, ohne noch im Besitz seines Führerscheins zu sein.

Auf der ersten Stufe ist das Verhalten des Laller also »an sich« geeignet, die fristlose Kündigung zu begründen.

Da dies so ist:

b. Zweite Stufe: Ist der Vorfall auch unter Berücksichtigung aller Umstände des konkreten Einzelfalles ausreichend, um die fristlose Kündigung zu rechtfertigen:

(Anmerkung: Der Prüfungsaufbau folgt hier dem BAG; das heißt, die eigentlich dogmatisch zu trennenden Prüfungspunkte 3 und 4 werden mit auf der »Zweiten Stufe« des wichtigen Grundes geprüft.)

Gesamtwürdigung erforderlich, bei der das Interesse des Arbeitgebers an der sofortigen Beendigung des Arbeitsverhältnisses gegen das Fortsetzungsinteresse des Arbeitnehmers abzuwägen sind.

Bei steuerbarem Verhalten setzt eine ordentliche wie eine außerordentliche Kündigung grundsätzlich eine Abmahnung voraus (Ultima-Ratio-Prinzip). Nur ausnahmsweise ist die Abmahnung entbehrlich, nämlich bei einem objektiv schweren und nicht hinnehmbaren Verstoß oder wenn der Arbeitnehmer ersichtlich nicht gewillt ist, sein vertragswidriges Verhalten künftig zu unterlassen.

Die Einnahme von sogenannten »harten Drogen« wie Amphetamin und Chrystal Meth gefährdet die Fahrtüchtigkeit in einem solch hohen Maß, dass jede Eignung zum Führen von Kraftfahrzeugen entfällt. Zudem hat ein Berufskraftfahrer den Verlust seiner Fahrerlaubnis seinem Arbeitgeber unverzüglich mitzuteilen. Außerdem hat Laller seinen Arbeitgeber im Telefonat am 15.10.2024 bewusst getäuscht, indem er behauptet hat, ihm sei aufgrund Nichtauffindens seines Führerscheins das Fahren von der Polizei verboten worden. Er hat also versucht, die wahren Umstände zu verheimlichen. Es handelt sich daher um objektiv so schwerwiegende Verstöße, dass eine vorherige Abmahnung nicht angezeigt ist.

Für Laller sprechen keine ersichtlichen Gründe. Er ist noch nicht einmal ein volles Jahr bei der Transco GmbH beschäftigt, kinderlos und unverheiratet und hat folglich keine Unterhaltspflichten.

Die außerordentliche Kündigung ist keine unverhältnismäßige Reaktion auf die gravierenden Pflichtverletzungen des Laller.

Interessenabwägung fällt zuungunsten des Laller aus. Eine Beschäftigung auf einem anderen Arbeitsplatz ist nicht möglich, da die Transco GmbH ausschließlich Lkw-Fahrer beschäftigt.

2. Ausschlussfrist des § 626 Abs. 2 BGB gewahrt: Die Transco GmbH hat am 28.10.2024 von den für die Kündigung maßgebenden Tatsachen Kenntnis erlangt. Die Kündigung am darauffolgenden Tag erfolgte innerhalb der Zwei-Wochen-Frist des § 6262 Abs. 2 BGB.

3. (Ultima-Ratio-Prinzip gewahrt: bereits geprüft)

4. (Interessenabwägung fällt zugunsten des Arbeitgebers aus: bereits geprüft)

III. Ergebnis

Die Kündigung ist wirkam.

Ausformulierte Falllösung

Die außerordentliche Kündigung des zwischen der Transo GmbH und Lukas Laller bestehenden Arbeitsverhältnis ist wirksam, wenn sämtliche Kündigungsvoraussetzungen gegeben sind.

I. Zunächst müssten die sogenannten allgemeinen Kündigungsvoraussetzungen gegeben sein.

1. Die Kündigung wurde laut Sachverhalt mi einem Schreiben, also schriftlich ausgesprochen, sodass das Schriftformerfordernis der §§ 623, 126 BGB gewahrt ist.

2. Die Kündigung wurde nach den Angaben im Sachverhalt vom Geschäftsführer der Transco GmbH unterzeichnet, welcher unproblematisch zur Kündigung berechtigt ist. Die Kündigung war nicht mit einer Bedingung versehen und ist Lukas Laller am 29.10.2024 zugegangen.

3. Da bei der Transco GmbH kein Betriebsrat errichtet ist, entfällt die sonst gemäß § 102 Abs. 1 BetrVG erforderliche Anhörung.

II. Des Weiteren müssten auch die sogenannten besonderen Kündigungsvoraussetzungen vorliegen.

1. Gemäß § 626 Abs. 1 BGB kann ein Arbeitsverhältnis aus wichtigem Grund fristlos gekündigt werden, wenn Tatsachen vorliegen, aufgrund derer dem Kündigenden unter Berücksichtigung aller Umstände des Einzelfalles und Abwägung der Interessen beider Vertragsteile die Fortsetzung des Arbeitsverhältnisses selbst bis zum Ablauf der eigentlichen ordentlichen Kündigungsfrist nicht zugemutet werden kann. Ausgehend von der vom BAG entwickelten Zwei-Stufen-Prüfung ist dabei zunächst zu prüfen, ob der Sachverhalt ohne seine besonderen Umstände »an sich«, das heißt typischerweise als wichtiger Grund geeignet ist (»Erste Stufe«). Ist dies zu bejahen so ist weiter zu prüfen, ob dem Kündigenden die Fortsetzung des Arbeitsverhältnisses unter Berücksichtigung der konkreten Umstände des Falls und der Abwägung der Interessen beider Vertragsteile nicht einmal mehr bis zum Ablauf der Kündigungsfrist zumutbar ist oder nicht (»Zweite Stufe«).

a. Laller müsste seine arbeitsvertraglichen Pflichten also zunächst in so erheblicher Weise verletzt haben, dass ein »an sich« geeigneter fristloser Kündigungsgrund zu bejahen ist. Dies ist zu bejahen, wenn das Arbeitsverhältnis durch den Vorfall objektiv belastet ist und sich diese Belastung auch in Zukunft negativ auf die Zusammenarbeit auswirkt. Laller hat in schwerwiegender Weise gegen seine arbeitsvertraglichen Pflichten verstoßen, indem er trotz der Einnahme von Amphetamin und Methamphetamin (Chrystal Meth) seine Tätigkeit als Lkw-Fahrer verrichtet hat. Ein Arbeitnehmer ist verpflichtet, sich nicht in einen Zustand zu versetzen, in dem er seine arbeitsvertraglichen Pflichten nicht erfüllen oder bei der Erbringung seiner Arbeitsleistung sich oder andere gefährden kann. Dabei macht es keinen Unterschied, ob die Fähigkeit zur sicheren Erbringung der geschuldeten Arbeitsleistung durch ein Verhalten während oder außerhalb der Arbeitszeit eingeschränkt wurde. Gerade ein Berufskraftfahrer hat aufgrund der besonderen Gefahren des öffentlichen Straßenverkehrs jeden die Fahrtüchtigkeit beeinträchtigten Drogenkonsum zu unterlassen. Dabei kann es auch nicht darauf ankommen, ob die Fahrtüchtigkeit »konkret« beeinträchtigt ist. Der arbeitsvertragliche Pflichtenverstoß liegt vielmehr bereits in der massiven Gefährdung der Fahrtüchtigkeit: es ist davon auszugehen, dass die Einnahme derart »harter Drogen« die Fahrtüchtigkeit in einem solchen Maße gefährdet, dass bereits dies für sich genommen bei einem Berufskraftfahrer, der trotzdem seine Arbeit verrichtet, eine Verletzung des Arbeitsvertrages darstellt. Die drogenbedingte Gefährdung der Fahrtüchtigkeit bewirkt jedenfalls abstrakt auch eine Gefährdung der Sicherheit des Straßenverkehrs. Ein Berufskraftfahrer ist im Rahmen seiner arbeitsvertraglichen Verpflichtungen gehalten, solche Gefährdungen zu verhindern. Daher verletzt Laller seine Verpflichtungen schuldhaft auch dann, wenn es trotz des Drogenkonsums nicht zu einer konkreten Einschränkung der Fahrtüchtigkeit oder zu kritischen Verkehrssituationen kommt. Laller konsumierte am Sonntag Drogen und verrichtet trotzdem ab dem darauffolgenden Tag ab 4.00 Uhr seine Tätigkeit als Lkw-Fahrer. Jedenfalls am Montag, 14.10.2024 und am Dienstag, 15.10.2024 stand Laller noch unter Drogeneinfluss. Die Aufnahme der Fahrtätigkeit trotz des Drogenkonsums ist ein erheblicher Verstoß gegen die arbeitsvertraglichen Pflichten.

Hinzu kommt, dass Laller ab dem 16.10.2024 weiter Touren gefahren ist, obwohl aufgrund des festgestellten Drogenkonsums nicht mehr im Besitz seines Führerscheins war.

Folglich ist das Arbeitsverhältnis zwischen der Transco GmbH und Laller jetzt und auch zukünftig belastet.

Auf der »Ersten Stufe« ist daher festzustellen, dass die erheblichen arbeitsvertraglichen Pflichtverletzungen »an sich« geeignet sind, die fristlose Kündigung zu begründen.

b. Auf der »Zweiten Stufe« müsste die ausgesprochene fristlose Kündigung auch unter Berücksichtigung aller Umstände des konkreten Einzelfalles gerechtfertigt sein. Hierbei ist in einer Gesamtwürdigung das Interesse des Arbeitgebers an der sofortigen Beendigung des Arbeitsverhältnisses gegen das Interesse des Arbeitnehmers an dessen Fortbestand – jedenfalls bis zum nächsten ordentlichen Kündigungstermin – abzuwägen.

Es hat eine Bewertung des Einzelfalles unter Beachtung des Verhältnismäßigkeitsgrundsatzes zu erfolgen. Zu berücksichtigen sind regelmäßig das Gewicht und die Auswirkungen der Vertragspflichtverletzung, der Grad des Verschuldens des Arbeitnehmers, eine mögliche Wiederholungsgefahr sowie die Dauer des Arbeitsverhältnisses und dessen störungsfreier Verlauf. Eine außerordentliche Kündigung kommt als ultima-ratio nur in Betracht, wenn es keinen anderen angemessenen Weg gibt, das Arbeitsverhältnis fortzusetzen, weil dem Arbeitgeber sämtliche milderen Reaktionsmöglichkeiten unzumutbar sind. Es dürfte also kein »schonenderes« Gestaltungsmittel wie Abmahnung, Versetzung, ordentliche Kündigung vorrangig zumutbar sein, um das Risiko künftiger Störungen - und nicht die Sanktion des pflichtwidrigen Verhaltens - des Arbeitsverhältnisses zu erreichen. Da die fristlose Kündigung des Laller auf dessen Fehlverhalten, mithin also steuerbarem Verhalten, beruht, ist grundsätzlich davon auszugehen, dass sein künftiges Verhalten bereits durch die Androhung von Folgen für den Bestand des Arbeitsverhältnisses positiv beeinflusst werden kann. Daher setzt die fristlose verhaltensbedingte Kündigung ebenso wie die ordentliche verhaltensbedingte Kündigung grundsätzlich eine vorherige Abmahnung voraus. Nur dann, wenn bereits ex ante erkennbar ist, dass eine Abmahnung keine Verhaltensänderung bewirken wird oder es sich um einen objektiv schweren und für den Arbeitgeber nicht hinnehmbaren Verstoß handelt, kann eine Abmahnung ausnahmsweise entbehrlich sein.

Die Einnahme von sogenannten »harten Drogen« wie Amphetamin und Chrystal Meth gefährdet die Fahrtüchtigkeit in einem solchen Maße, dass die Eignung zum Führen von Kraftfahrzeugen entfällt. Der maßgebliche kündigungsrelevante Pflichtenverstoß des Laller liegt bereits in der Gefährdung einer Fahrtüchtigkeit durch den Drogenmissbrauch vor Fahrtantritt. Ob seine Fahrtüchtigkeit bei den ab dem 14.10.2024 durchgeführten Fahrten konkret beeinträchtigt war und deshalb eine erhöhte Gefahr für den Straßenverkehr bestand, ist dabei ohne Bedeutung. Laller hat durch sein Verhalten nicht nur sich selbst sondern auch andere Verkehrsteilnehmer sowie die Rechtsgüter der Transco GmbH zumindest potenziell in Gefahr gebracht. Erschwerend ist zu berücksichtigen, dass Laller als Berufskraftfahrer im Rahmen seiner arbeitsvertraglichen Pflicht auf die Interessen seines Arbeitgebers Rücksicht zu nehmen, auch verpflichtet ist, diesen im Rahmen des Zumutbaren unaufgefordert und rechtzeitig über Umstände zu informieren, die einer Erfüllung der Arbeitspflicht entgegenstehen. Laller hat als Lkw-Fahrer also den Verlust seines Führerscheins unverzüglich mitzuteilen, da er diesen für die Erbringung seiner Arbeitsleistung zwingend benötigt. Schließlich hat Laller seinen Arbeitgeber auch noch bewußt getäuscht, in dem er im Telefonat am 15.10.2024 wahrheitswidrig behauptet hat, dass ihm aufgrund des Nichtauffindens seines Führerscheins seitens der Polizei das Fahren verboten worden sei. Laller hat also versucht, die wahren Umstände, nämlich den Drogenkonsum, zu verheimlichen. Diese Verstöße wiegen so schwer, dass eine vorherige Abmahnung nicht erforderlich ist. Es handelt sich um objektiv schwere und für den Arbeitgeber nicht hinnehmbare Verstöße.

Für Laller mag sprechen, dass es sich wohl um einen erstmaligen Verstoß handelt. Allerdings ist er noch nicht einmal ein volles Jahr beider Transco GmbH beschäftigt und hat als kinderloser Junggeselle auch keine Unterhaltspflichten zu erfüllen. Außerdem hat er seinen Drogenkosum nicht eingeräumt, sondern sogar noch bewusst versucht, den Arbeitgeber zu täuschen. Die außerordentliche Kündigung ist keine unverhältnismäßige Reaktion auf die massiven Pflichtverletzungen des Laller. Eine Weiterbeschäftigung auf einem anderen Arbeitsplatz ist nicht möglich, da die Transco GmbH ausschließlich Lkw-Fahrer beschäftigt. Die Pflichtverletzungen wiegen so schwer, dass selbst deren einmalige Hinnahme durch den Arbeitgeber nach objektiven Maßstäben unzumutbar und offensichtlich ausgeschlossen ist.

at Kramer Auch sein Fehlverhalten bereits im Erstgespräch sofort eingeräumt, sich bei der Maier entschuldigt und dieser auch ein Schmerzensgeld gezahlt. Maier hat die Entschuldigung des Kramer auch angenommen.

Obgleich das Verhalten des Kramer einen schweren Verstoß gegen seine arbeitsvertraglichen Pflichten darstellt, handelt es sich dennoch um eine erstmalige und auch einmalige Entgleisung. Dabei ist auch zu berücksichtigen, dass sich Kramer über die Unerwünschtheit seines Verhaltens geirrt hat.

Insgesamt ist davon auszugehen, dass bereits das mildere Mittel Abmahnung zu einem künftigen störungsfreien Verhalten des Kramer führt. Daher wäre eine Abmahnung ausreichend und erforderlich gewesen.

So hat es das BAG entschieden, wogegen die Vorinstanzen die außerordentliche Kündigung für unwirksam gehalten haben. Beide Instanzgerichte hielten das mildere Mittel einer ordentlichen, fristgerechten Kündigung für vorrangig und zumutbar. Sie sehen also auch hier, dass mit entsprechender Begründung auch ein anderes Ergebnis vertretbar ist.

2. Die Zwei-Wochen-Ausschlussfrist des § 626 Abs. 2 BGB müsste eingehalten worden sein. Die Frist beginnt mit dem Zeitpunkt, in dem der Kündigungsberechtigte von den für die Kündigung maßgebenden Tatsachen Kenntnis erlangt. Dies ist der Fall, sobald zuverlässige und hinreichend vollständige Kenntnis der einschlägigen Tatsachen besteht, so dass eine Entscheidung möglich ist, ob das Arbeitsverhältnis fortgesetzt werden soll oder nicht. Die Transco GmbH hat am 28.10.2024 von den maßgeblichen Umständen Kenntnis erlangt und am Folgetag, dem 29.10.2024, und damit innerhalb der Zwei-Wochen-Frist, gekündigt.

III. Ergebnis

Die durch die Transco GmbH gegenüber Lukas Laller am 29.10.2024 ausgesprochene außerordentliche Kündigung ist wirksam.

Kapitel 19
Fall 15: Trau – Schau – Wem

Hauptthemen: Verdachtskündigung; fristlose Kündigung; Einhalten der Zwei-Wochen-Frist

Sachverhalt

Monika Maier ist seit rund zwei Jahren bei der Frisch-Frosch GmbH als Kassiererin beschäftigt. Die Frisch-Frosch GmbH betreibt mit insgesamt 7 Mitarbeitern ein Einzelhandelsgeschäft mit Bioprodukten. Ein Betriebsrat besteht nicht.

Franka Frosch, Inhaberin und alleinige Geschäftsführerin der Frisch-Frosch GmbH stellt seit einigen Wochen fest, dass es bei den abendlichen Abrechnungsabgleichen zwischen erzielten Einnahmen und ausgegebenen Waren, zunehmende Unstimmigkeiten gibt. Wiederholt fehlen insbesondere Biowaren der Produktreihe »Schör«, obwohl diese nicht im Kassensystem als verkauft verbucht wurden.

Frosch beauftragt daraufhin die Detektei »TSW« mit der Überwachung der Verkaufs- und Betriebsräume. Kurz vor Ladenschluss am 21.07.2025 prüfen die Inhaberin der »TSW« und einer ihrer Mitarbeiter den Warenbestand der »Schör«-Produkte. Außer den beiden Detektiven ist nur noch Monika Maier im Geschäft, welche – so die Beobachtung der beiden Detektive – mit einer überdimensionierten Handtasche »verstohlen« durch die Regale und anschließend zu ihrem Auto geht.

Noch vor der Geschäftsöffnung am 22.07.2025 stellt Frosch auf Basis des Berichts der beiden »TSW«-Detektive fest, dass es gegenüber dem dokumentierten »Schör«-Warenbestand des Vorabends einen weiteren erheblichen Schwund gibt: Es fehlen 12 Packungen Bio-Nudeln sowie 12 Packungen Bio-Brotbackmischung.

Nachdem Frosch in den folgenden Tagen nochmals die Anwesenheitszeiten von Monika Maier mit den jeweils fehlenden Warenbeständen abgeglichen und entsprechende zeitliche Übereinstimmungen festgestellt hat, ist sie fest davon überzeugt, dass sie von Monika Maier systematisch bestohlen wird. Nur an den Abenden, an denen Maier als Letzte im Geschäft ist, kommt es zu Fehlbeständen.

Frosch bittet Maier daraufhin zu einem Gespräch und bittet diese unter Hinweis auf ihre Erkenntnisse, ihr dadurch erschüttertes Vertrauen und eine sich daher abzeichnende Kündigung den bestehenden Verdacht zu entkräften, was Maier entrüstet zurückweist.

Frosch übergibt Maier daraufhin am 30.07.2025 die schriftlich verfasste fristlose Kündigung des Arbeitsvertrages. Begründet wird die Kündigung mit dem »schwerwiegenden Verdacht strafbarer Handlungen, insbesondere Entwendung von im Eigentum des Arbeitgebers stehenden Lebensmitteln und der damit verbundenen Zerstörung jeglicher Vertrauensbasis«.

Frage: Ist die Kündigung wirksam?

Vorüberlegungen

Fraglich ist, ob die von Frosch ausgesprochene fristlose Kündigung wirksam ist. Auch wenn es im Sachverhalt starke Hinweise auf ein strafbares Verhalten von Monika Maier gibt, kann - nicht zuletzt aufgrund der Unschuldsvermutung - nicht mit absoluter Sicherheit von einer tatsächlich begangenen Straftat ausgegangen werden. Eine sogenannte »Tatkündigung« kommt daher nicht in Betracht. Sofern nicht rechtskräftig nachgewiesen ist, dass Maier die Waren tatsächlich entwendet hat, besteht nur ein Verdacht. Folglich sind die besonderen Voraussetzungen der Verdachtskündigung zu prüfen. Diese sind gemeinsam mit den allgemeinen und besonderen Voraussetzungen der außerordentlichen, fristlosen Kündigung nach § 626 BGB im Einzelnen darzustellen.

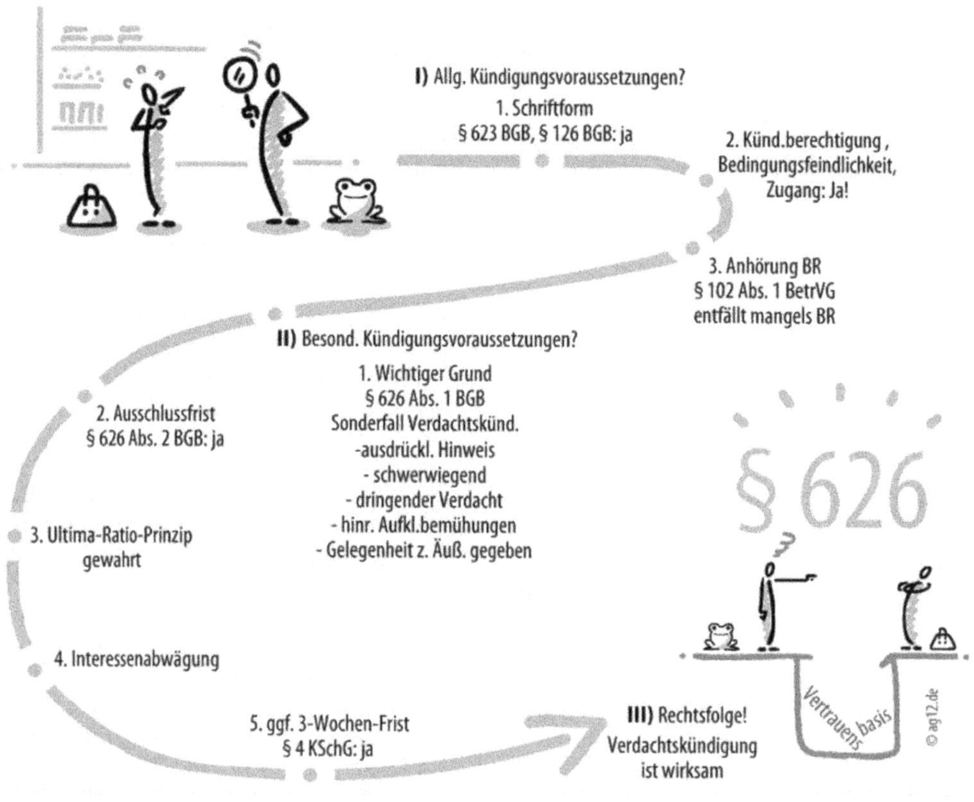

Lösungsskizze

Die ausgesprochene Kündigung ist wirksam, wenn alle Kündigungsvoraussetzungen vorliegen.

I. Allgemeine Kündigungsvoraussetzungen

1. Schriftform gewahrt § 623 BGB, § 126 BGB: vergleiche Sachverhalt

2. Kündigungsberechtigung, Bedingungsfeindlichkeit, Zugang der Kündigung: unproblematisch

3. Anhörung des Betriebsrats erfolgt § 102 Abs. 1 BetrVG: entfällt mangels Betriebsrat

II. Besondere Kündigungsvoraussetzungen

1. Wichtiger Grund, der die Fortsetzung des Arbeitsverhältnisses unzumutbar macht, § 626 Abs. 1 BGB: Sonderfall Verdachtskündigung

   a. Kündigung erfolgt unter ausdrücklichem Hinweis auf den Verdacht einer strafbaren Handlung des Arbeitnehmers: Kündigungsschreiben nennt dies explizit.

   b. Die Straftat, derer der Arbeitnehmer verdächtigt wird, muss so schwerwiegend sein, dass sie die Fortsetzung des Arbeitsverhältnisses unzumutbar macht: (wiederholte) Entwendungen (Diebstahl, Unterschlagung).

   c. Es besteht ein dringender, durch objektive Tatsachen begründeter Tatverdacht gegen den Arbeitnehmer: Monika Maier wurde durch TSM beobachtet; Schwund nur an den Abenden, an denen Maier als Letzte alleine im Geschäft ist.

   d. Der Arbeitgeber hat sich hinreichend um die Aufklärung des Sachverhalts bemüht (keine Verdachtskündigung »ins Blaue hinein«): Frosch hat neben den durch TSM erhaltenen Hinweisen durch Abgleich der Anwesenheitszeiten und der Warenfehlbestände überprüft, dass ein zeitlicher Zusammenhang besteht. Auch stehen keine anderen Mitarbeiter im Verdacht.

   e. Dem Arbeitnehmer wurde Gelegenheit gegeben, sich zu dem ihm gegenüber bestehenden Verdacht zu äußern und diesen zu entkräften: entsprechende Gelegenheit wurde Maier durch Frosch gegeben

2. Ausschlussfrist des § 626 Abs. 2 BGB gewahrt: Kündigung am 30.07.2025; Kenntnis der Frosch am 22.07.2025 durch Information seitens TSM; Zwei-Wochen-Frist gewahrt

3. Ultima-Ratio-Prinzip gewahrt

4. Interessenabwägung fällt zugunsten des Arbeitgebers aus

5. Sofern nach der Kündigungsschutzklage gefragt ist: 3-Wochen-Frist zur Erhebung der Klage gewahrt § 4 KSchG

III. Ergebnis

Die Verdachtskündigung ist wirksam.

Ausformulierte Falllösung

Die gegenüber Monika Maier ausgesprochene Kündigung ist wirksam, wenn sämtliche Kündigungsvoraussetzungen einer wirksamen Verdachtskündigung vorliegen.

I. Zunächst müssten die sogenannten allgemeinen Kündigungsvoraussetzungen gegeben sein.

1. Die Kündigung wurde laut Sachverhalt formgerecht, also schriftlich ausgesprochen, sodass das Schriftformerfordernis der §§ 623, 126 BGB gewahrt ist.

2. Die Kündigung wurde nach den Angaben im Sachverhalt von Franka Frosch als Inhaberin und Geschäftsführerin der Frisch-Frosch GmbH ausgesprochen, war nicht mit einer Bedingung versehen und ist der Maier am 30.07.2025 auch zugegangen.

3. Da bei der Frisch-Frosch GmbH kein Betriebsrat besteht, entfällt die sonst gemäß § 102 Abs. 1 BetrVG erforderliche Anhörung.

II. Des Weiteren müssten auch die sogenannten besonderen Kündigungsvoraussetzungen vorliegen.

1. Gemäß § 626 Abs. 1 BGB kann ein Arbeitsverhältnis aus wichtigem Grund fristlos gekündigt werden, wenn Tatsachen vorliegen, aufgrund derer dem Kündigenden unter Berücksichtigung aller Umstände des Einzelfalles und Abwägung der Interessen beider Vertragsteile die Fortsetzung des Arbeitsverhältnisses selbst bis zum Ablauf der Kündigungsfrist nicht zugemutet werden kann.

Die Begehung von Straftaten gegenüber dem eigenen Arbeitgeber ist – vor allem wenn diese vorsätzlich, also mit Wissen und Wollen begangenen werden - grundsätzlich »an sich« geeignet, eine fristlose Kündigung zu rechtfertigen. Allerdings erfolgt die Kündigung der Maier hier nicht aufgrund einer feststehenden Straftat sondern aufgrund des Verdachts. Eine Verdachtskündigung liegt vor, wenn und so weit der Arbeitgeber seine Kündigung damit begründet, gerade der Verdacht eines (nicht erwiesenen) strafbaren bzw. arbeitsvertragswidrigen Verhaltens habe das für die Fortsetzung des Arbeitsverhältnisses erforderliche Vertrauen zerstört. Genau dies ist der Kündigung der Frisch-Frosch GmbH zu entnehmen. Dort ist explizit ausgeführt, dass die Kündigung aufgrund »schwerwiegendem Verdacht strafbarer Handlungen, insbesondere Entwendung von im Eigentum des Arbeitgebers stehenden Lebensmitteln und der damit verbundenen Zerstörung jeglicher Vertrauensbasis« erfolgt. Da eine Verdachtskündigung grundsätzlich auch einen unschuldigen Arbeitnehmer treffen kann sind an deren Wirksamkeit besondere, strenge Anforderungen zu stellen.

a. Zunächst müsste festzustellen sein, dass die Kündigung der Frisch-Frosch GmbH unter ausdrücklichem Hinweis auf den Verdacht einer strafbaren Handlung von Monika Maier erfolgt. Das Kündigungsschreiben nennt explizit den gegen Maier bestehenden Verdacht auf Entwendung von im Eigentum der Frisch-Frosch GmbH stehenden Lebensmitteln.

b. Des Weiteren muss die Straftat, derer der Arbeitnehmer verdächtigt wird, so schwerwiegend sein, dass sie die Fortsetzung des Arbeitsverhältnisses unzumutbar macht. Im Raum steht der Verdacht der (wiederholten) Entwendung von Eigentum des Arbeitgebers. Ein Arbeitnehmer, der im Zusammenhang mit seinem Arbeitsverhältnis Straftaten wie beispielsweise Diebstahl oder Unterschlagung begeht verletzt in erheblicher Art und Weise seine arbeitsvertraglichen Pflichten und missbraucht zugleich das ein Arbeitsverhältnis gerade einer Kassiererin erheblich prägende Vertrauen seines Arbeitgebers. Vertrauen kann nicht nur durch eine nachgewiesene Tat sondern auch durch einen begründeten Verdacht zerstört sein.

c. Es besteht auch ein dringender, durch objektive Tatsachen begründeter Tatverdacht gegen Monika Maier. Dese wurde durch zwei Angehörige der »TSW« beim »verstohlenen« Gehen durch die Regale kurz vor Ladenschluss mit überdimensionierter Handtasche beobachtet. Zudem steht fest, dass es nur an den Abenden, an denen Maier als Letzte alleine im Geschäft ist zum Schwund beim Warenbestand gekommen ist. Es liegen also starke Verdachtsmomente vor, die sich auf objektive Tatsachen gründen.

d. Die Frisch-Frosch GmbH hat sich auch hinreichend um die Aufklärung des Sachverhalts bemüht. Frosch hat neben den durch TSM erhaltenen Hinweisen die Übereinstimmung von Maiers Anwesenheitszeiten mit den Warenfehlbeständen überprüft und einen diesbezüglichen zeitlichen Zusammenhang festgestellt. Frosch hat alle ihr zumutbaren Anstrengungen unternommen, um den Sachverhalt vollständig aufzuklären. Auf Basis der bestehenden Verdachtsmomente kann festgehalten werden, dass es sich nicht um eine Verdachtskündigung »ins Blaue hinein« handelt.

e. Schließlich müsste Monika Maier Gelegenheit gegeben worden sein, sich zu dem ihr gegenüber bestehenden Verdacht zu äußern und diesen zu entkräften. Die Gewährung dieser Gelegenheit zur Stellungnahme ist Wirksamkeitsvoraussetzung der Verdachtskündigung. Frosch hat Maier diese Gelegenheit explizit gegeben, indem sie diese vor der Kündigung gebeten hat, zum bestehenden Verdacht Stellung zu nehmen und diesen zu entkräften.

f. Zwischenergebnis: Es kann daher zunächst festgehalten werden, dass die besonderen Anforderungen an eine wirksame Verdachtskündigung erfüllt sind.

2. Des Weiteren müsste die Ausschlussfrist des § 626 Abs. 2 BGB gewahrt sein. Frosch hat am 22.07.2025 von dem Verdacht Kenntnis erlangt. Die Kündigung erfolgte am 30.07.2025. Die Zwei-Wochen-Frist des § 626 BGB ist somit eingehalten worden.

3. Durch die vorherige Anhörung von Monika Maier wurde das Ultima-Ratio-Prinzip gewahrt. Eine als mildere Mittel grundsätzlich in Betracht kommende Abmahnung könnte die durch den bestehenden Verdacht eingetretene Zerstörung des Vertrauensverhältnisses nicht beseitigen. Das Verweigern jeglicher Erklärung oder gar Entkräftung des Verdachts seitens Maier hat zu einer nachhaltigen Loyalitätsstörung geführt, welche durch mildere Mittel nicht beseitigt werden kann.

4. Schließlich fällt auch die Interessenabwägung zugunsten des Arbeitgebers aus. Weder die nur zweijährige Betriebszugehörigkeitsdauer noch der bislang wohl beanstandungsfreie Beschäftigungsverlauf von Maier können das erheblich zerstörte Vertrauen und die bestehenden dringenden Verdachtsmomente gegenüber einer Kassiererin aufwiegen.

III. Ergebnis

Die Verdachtskündigung ist wirksam.

Auch hier kann mit entsprechender Argumentation ein anderes Ergebnis vertreten werden.

Lassen Sie sich bei der Lektüre von Urteilen zur Verdachtskündigung nicht »entmutigen«. Die Gerichte folgen nicht immer stringent einem oder gar demselben »Prüfungsschema«. Gerade bei der Verdachtskündigung wird die ansonsten bei der außerordentlichen Kündigung vorzufindende Zwei-Stufen-Prüfung häufig zugunsten der Konzentration auf die besonderen Voraussetzungen der Verdachtskündigung »vernachlässigt«. Wichtig ist im Ergebnis wie immer, dass Sie die besonderen Voraussetzungen kennen, benennen und systematisiert und argumentativ unterlegt abarbeiten.

Kapitel 20

Fall 16: Ein großzügiger Arbeitgeber

Hauptthemen: Anspruch aus betrieblicher Übung; Sondervergütung »Weihnachtsgeld«; Beseitigung einer betrieblichen Übung

Sachverhalt

Gerhard Groß ist geschäftsführender Alleingesellschafter der Groß GmbH, einem mittelständischen Logistikdienstleister mit insgesamt 75 Mitarbeitern. Nachdem die Gesellschaft einige schwierige Jahre hinter sich gebracht hat, gelingt es Groß im Jahr 2020, mit dem Automobilhersteller Rorsche AG einen lukrativen Rahmenvertrag abzuschließen. Um seine Belegschaft an der erfreulichen wirtschaftlichen Entwicklung teilhaben zu lassen, zeigt sich Groß großzügig: In den Jahren 2021, 2022, 2023 und 2024 zahlt er jeweils mit dem Novembergehalt ein »Weihnachtsgeld« in Höhe eines 1,5-fachen Monatsgehalts an alle seine Arbeitnehmerinnen und Arbeitnehmer. In den Arbeitsverträgen findet sich hierzu keine Regelung; die Groß GmbH ist auch nicht tarifgebunden.

2025 kündigt die Rorsche AG den Rahmenvertrag, worauf sich die wirtschaftliche Lage der Groß GmbH spürbar verschlechtert. Als Groß auf der Weihnachtsfeier 2025 verkündet, dass er »dieses Jahr« und voraussichtlich auch in den kommenden Jahren kein Weihnachtsgeld mehr zahlen werde, stößt er auf lautstarken Protest, zumal Groß zur Weihnachtsfeier mit seinem neuen Geschäftswagen, einem Forsche 918 Spyder (885 PS; Listenpreis 868.062,- €) vorgefahren ist.

Frage: Ist die Groß GmbH auch 2025 zur Zahlung des Weihnachtsgeldes verpflichtet?

Aufgrund der zunehmenden Unzufriedenheit wählt die Belegschaft der Groß GmbH Anfang 2026 erstmals einen Betriebsrat. Groß gelingt es, den Betriebsrat von den wirtschaftlichen Problemen der Groß GmbH zu überzeugen. Betriebsrat und Groß schließen daraufhin eine Betriebsvereinbarung, die »bis auf Weiteres« den Entfall des Weihnachtsgeldes vorsieht.

Frage: Ist die Groß GmbH auch 2026 zur Zahlung des Weihnachtsgeldes verpflichtet?

Vorüberlegungen

Der in zwei Abschnitte aufgeteilte Sachverhalt enthält zwei unterschiedliche Aufgabenstellungen. Hinsichtlich des Jahres 2025 ist fraglich, ob Groß zur Zahlung des Weihnachtsgeldes verpflichtet ist. Hier spielt insbesondere die Frage eine Rolle, ob und welche Auswirkungen die Weihnachtsgeldzahlungen der Vorjahre auf das Jahr 2025 haben. Es geht folglich um die Voraussetzungen eines Anspruchs aus betrieblicher Übung. Hinsichtlich des Weihnachtsgeldes 2026 besteht eine Betriebsvereinbarung, die den Entfall des Weihnachtsgeldes regelt. Hier geht es folglich um die Frage, ob und wie eine betriebliche Übung wieder beseitigt werden kann.

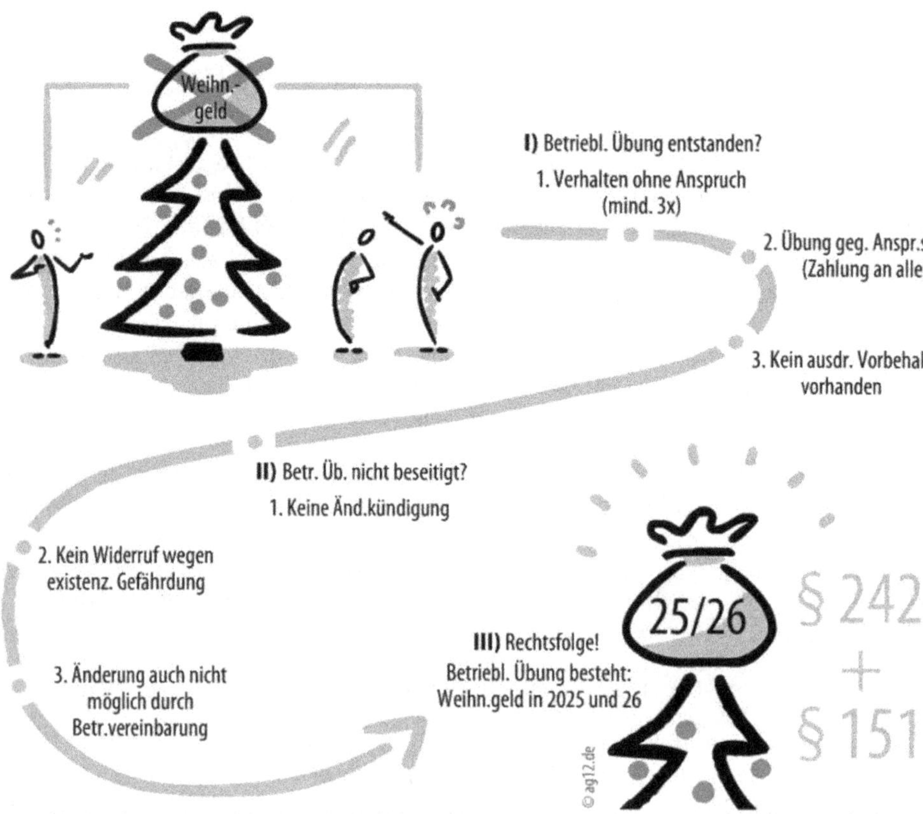

Lösungsskizze

Frage 1: Zahlungspflicht des Groß für das Weihnachtsgeld 2025 aus betrieblicher Übung?

I. Betriebliche Übung entstanden?

1. Wiederholtes (mindestens 3-maliges), gleichförmiges Verhalten des Arbeitgebers durch Gewährung einer zusätzlichen Leistung, auf die nach dem Arbeitsvertrag (oder sofern einschlägig nach einem Tarifvertrag) kein Anspruch besteht: Zahlung von »Weihnachtsgeld« in den Jahren 2021–2024
2. Übung auch gegenüber dem Anspruchsteller: Zahlung erfolgt an alle Arbeitnehmerinnen und Arbeitnehmer der Groß GmbH.
3. Kein ausdrücklicher Widerrufs- oder Freiwilligkeitsvorbehalt: Vorbehalt nicht vorhanden

II. Betriebliche Übung nicht beseitigt

1. Änderungskündigung: nicht ersichtlich
2. Widerruf (nur möglich bei existenzieller Gefährdung des Betriebs): nicht ersichtlich

III. Ergebnis

Betriebliche Übung besteht; Groß muss auch 2025 Weihnachtsgeld bezahlen.

Frage 2: Zahlungspflicht auch für 2026?

I. Betriebliche Übung entstanden?

ja; siehe oben

II. Betriebliche Übung beseitigt durch Betriebsvereinbarung?

Nein; Beseitigung durch Betriebsvereinbarung nicht möglich

Andere Beendigungsgründe nicht ersichtlich

III. Ergebnis

Betriebliche Übung besteht weiterhin; Groß muss auch 2026 Weihnachtsgeld bezahlen.

Ausformulierte Falllösung

Frage 1:

Fraglich ist, ob die Groß GmbH auch 2025 zur Zahlung des Weihnachtsgeldes in Höhe eines 1,5-fachen Monatsgehalts verpflichtet ist.

Da weder Arbeitsvertrag noch Tarifvertrag die Zahlung eines Weihnachtsgeldes vorsehen, kommt als Anspruchsgrundlage eine betriebliche Übung in Betracht.

I. Dazu müsste zunächst überhaupt eine betriebliche Übung entstanden sein.

Die betriebliche Übung ist ein gleichförmiges und wiederholtes Verhalten des Arbeitgebers, das geeignet ist, vertragliche Ansprüche auf eine Leistung oder sonstige Vergünstigung zu begründen.

Erforderlich ist, dass die Arbeitnehmer aus dem Verhalten des Arbeitgebers unter Berücksichtigung des Grundsatzes von Treu und Glauben (§ 242 BGB) schließen dürfen, dass ihnen die Leistung oder Vergünstigung auch künftig gewährt wird. Verhält sich Arbeitgeber wiederholt gleichförmig, so wird dem eine konkludente Willenserklärung entnommen, die vom Arbeitnehmer gemäß § 151 BGB (also ohne Annahmeerklärung gegenüber dem Arbeitgeber) angenommen werden kann. Dadurch wird ein vertragliches Verhältnis geschaffen, aus dem bei Entstehen einer betrieblichen Übung ein einklagbarer Anspruch auf die üblich gewordene Vergünstigung erwächst.

Eine betriebliche Übung kann dabei nur entstehen, wenn keine andere kollektivrechtliche oder individualrechtliche Anspruchsgrundlage für die Gewährung der Vergünstigung besteht.

Da bei der Groß GmbH weder in den Individualarbeitsverträgen noch in einem anwendbaren Tarifvertrag ein Weihnachtsgeld vorgesehen ist, besteht keine anderweitige Anspruchsgrundlage.

Groß hat zudem über einen Zeitraum von vier Jahren (2021 bis 2024) Weihnachtsgeld bezahlt. Es liegt ein gleichförmiges und wiederholtes Verhalten vor. Mit der Rechtsprechung des BAG ist davon auszugehen, dass bei mindestens 3-maliger Wiederholung eine betriebliche Übung entsteht.

Die Arbeitsverträge der Arbeitnehmerinnen und Arbeitnehmer der Groß GmbH haben sich folglich »stillschweigend« um die Gewährung eines jährlichen Weihnachtsgeldes in Höhe eines 1,5-fachen Monatsgehalts erweitert.

Die Groß GmbH hat die Zahlung auch nicht mit einem ausdrücklichen Freiwilligkeits- oder Widerrufsvorbehalt versehen.

II. Gründe, die die entstandene betriebliche Übung wieder beseitigt haben könnten, sind nicht ersichtlich. Insbesondere enthält der Sachverhalt keine Hinweise auf von Groß ausgesprochene Änderungskündigungen oder eine existenzielle Gefährdung des Betriebs durch Zahlung des Weihnachtsgeldes. Der einstmals großzügige Groß muss sich also auch 2025 nicht nur für sich selbst (Forsche 918 Spyder), sondern auch für seine Belegschaft weiterhin »großzügig« zeigen.

III. Ergebnis

Die Groß GmbH ist aufgrund entstandener betrieblicher Übung verpflichtet, auch für das Jahr 2025 ein Weihnachtsgeld in Höhe eines 1,5-fachen Monatsgehalts zu bezahlen.

Frage 2:

Fraglich ist, ob die Groß GmbH auch für 2026 zur Zahlung des Weihnachtsgeldes verpflichtet ist.

I. Wie unter Frage 1 Punkt I. bereits festgestellt, besteht eine entsprechende betriebliche Übung, aus der den Arbeitnehmerinnen und Arbeitnehmern ein Anspruch auf Zahlung eines jährlichen Weihnachtsgeldes in Höhe von 1,5 Monatsgehältern zusteht.

Es ist ausreichend und legitim, hier nach oben zu verweisen. Die erneute Prüfung der Entstehensvoraussetzungen der betrieblichen Übung ist nicht erforderlich und kostet Sie in der Klausur nur wertvolle Zeit.

II. Fraglich ist, ob die entstandene betriebliche Übung durch die mit dem mittlerweile errichteten Betriebsrat geschlossene Betriebsvereinbarung wieder entfallen ist.

Eine einmal entstandene betriebliche Übung kann nur unter sehr engen Voraussetzungen beseitigt werden. Weder eine »gegenläufige« Übung über einen längeren Zeitraum noch eine Anfechtung oder einseitiger Widerruf sind hierzu geeignet.

Auch die hier abgeschlossene Betriebsvereinbarung kann die betriebliche Übung nicht beseitigen. Die betriebliche Übung hat die einzelnen Arbeitsverträge der Arbeitnehmerinnen und Arbeitnehmer der Groß GmbH ergänzt. Dies bedeutet, dass den Arbeitnehmerinnen und Arbeitnehmern jeweils ein individualrechtlicher Anspruch zusteht. In diese Individualansprüche kann auch der Betriebsrat nicht zulasten der Belegschaft eingreifen. Ihm steht insofern keine Regelungskompetenz zu. Zudem würde dies gegen das arbeitsrechtliche Günstigkeitsprinzip verstoßen. Dieses lässt zwar in einer Betriebsvereinbarung Regelungen zu, die gegenüber dem Individualarbeitsvertrag günstiger sind, nicht aber ungünstigere Regelungen.

Die einzigen Möglichkeiten des Groß, die betriebliche Übung zu beseitigen, besteht daher in der Aussprache einer Änderungskündigung, wobei die Arbeitnehmer deren Wirksamkeit mittels einer Änderungskündigungsschutzklage vor dem Arbeitsgericht überprüfen lassen können. Oder aber der Groß kann darlegen und beweisen, dass eine Fortsetzung der Weihnachtsgeldzahlungen zu einer Existenzgefährdung des Betriebes führt. Beide Wege sind für den Arbeitgeber also mit hohen Hürden versehen.

III. Ergebnis

Aufgrund der bestehenden betrieblichen Übung muss die Groß GmbH auch für 2026 das Weihnachtsgeld in Höhe eines 1,5-fachen Monatsgehaltes bezahlen.

Kapitel 21

Fall 17: Tariflohnerhöhung oder nicht

Hauptthemen: Anspruch aus einem Tarifvertrag; Tarifbindung; Verweisungsklausel im Arbeitsvertrag

Sachverhalt

Arbeitgeberverband Süd-West-Blech und Gewerkschaft IG-Blech haben bereits im Herbst 2025 in einem schriftlich niedergelegten Tarifvertrag zum 01.10.2026 eine Lohn-und Gehaltserhöhung von vier Prozent vereinbart. Die dem Arbeitgeberverband angehörende Maestro GmbH, bei der rund 600 Arbeitnehmer beschäftigt sind, hat in der Vergangenheit ungeachtet der Gewerkschaftszugehörigkeit allen ihren Mitarbeitern die Tariferhöhungen bezahlt. Da sich die Maestro GmbH aber seit Mitte des Jahres 2026 in einer schweren Krise befindet, beschließt Allein-Geschäftsführer Gernot Gries, alle Möglichkeiten zu nutzen, um eine weitere Kostensteigerung zu vermeiden.

Er kündigt im März 2026 im Namen der Maestro GmbH wirksam deren Mitgliedschaft im Arbeitgeberverband zum 30.06.2026 und zahlt ab Oktober die bisherigen Löhne und Gehälter unverändert fort.

Andreas Auer, der Mitglied der tarifvertragschließenden Gewerkschaft ist, will wissen, ob er einen Anspruch auf die Zahlung des um vier Prozent erhöhten Entgelts ab 01.10.2026 hat.

Auch Bernd Boller, der zwar nicht Mitglied der Gewerkschaft ist, in dessen Arbeitsvertrag aber ein Verweis auf »die Anwendung des Tarifvertrages in seiner jeweils geltenden Fassung« angebracht ist, möchte wissen, ob ihm das erhöhte Entgelt zusteht.

Frage: Können Andreas Auer und Bernd Boller ab 01.10.2026 die um vier Prozent erhöhten Gehälter fordern?

Vorüberlegungen

Fraglich ist, ob den zwei Mitarbeitern die aus dem Tarifvertrag folgenden Gehaltssteigerungen zustehen. Dies ist der Fall, wenn Tarifbindung besteht, der Tarifvertrag also auf das jeweilige Arbeitsverhältnis anwendbar ist. Dabei ist gegebenenfalls zu berücksichtigen, dass die Maestro GmbH zum Zeitpunkt der Wirkung der Tariferhöhung nicht mehr Mitglied des Arbeitgeberverbands ist und die zwei Mitarbeiter rechtlich unterschiedlich zu behandeln sind: Auer ist Mitglied der tarifvertragsschließenden Gewerkschaft und damit unmittelbar im Geltungsbereich des Tarifvertrages; Boller ist dagegen kein Gewerkschaftsmitglied. Aufgrund der arbeitsvertraglichen Bezugnahme auf den Tarifvertrag könnte Boller einen Anspruch aus dem Arbeitsvertrag in Verbindung mit dem Tarifvertrag haben.

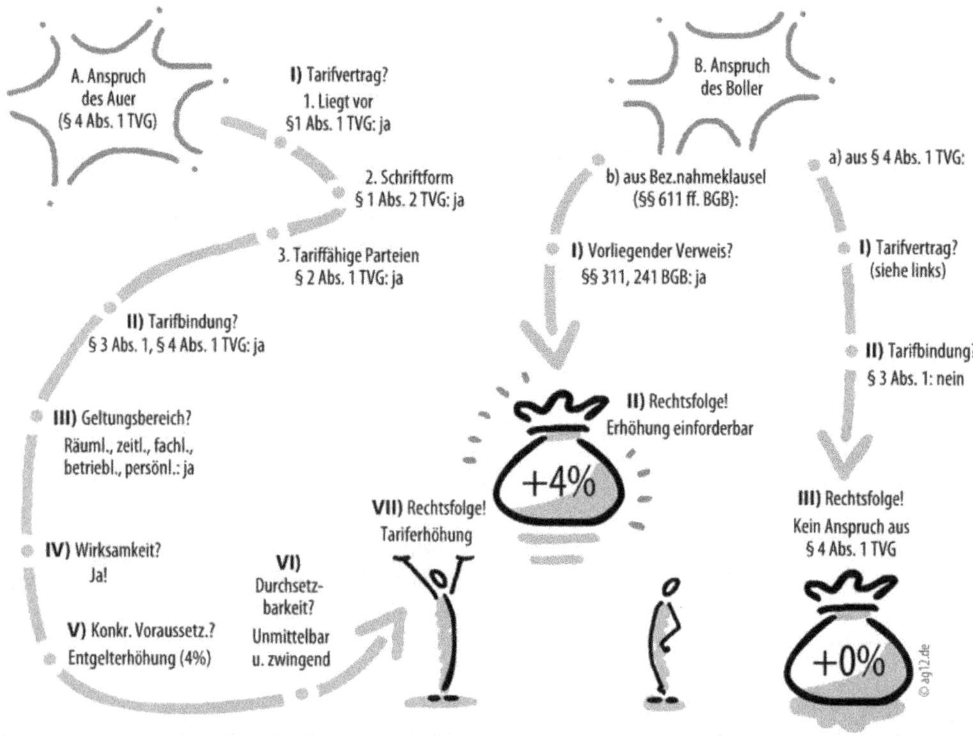

Lösungsskizze

A. Anspruch des Auer aus § 4 Abs. 1 TVG

I. Bestehen eines Tarifvertrages

1. Vorliegen eines Tarifvertrages 1 Abs. 1 TVG: laut Sachverhalt gegeben
2. Schriftform § 1 Abs. II TVG: laut Sachverhalt eingehalten
3. Vertragsparteien sind tariffähig § 2 TVG und tarifzuständig (gemäß ihren Satzungen): Arbeitgeberverband und Gewerkschaft sind tariffähig gemäß § 2 Abs. 1 TVG.

II. Tarifbindung

Anspruchsteller und Anspruchsgegner sind tarifgebunden § 3 Abs. 1, § 4 Abs. 1 TVG, Auer ist Mitglied der tarifvertragsschließenden Gewerkschaft, Maestro GmbH war zum Zeitpunkt des Abschlusses Mitglied des tarifvertragsschließenden Arbeitgeberverbands; der Austritt lässt die Tarifbindung unberührt, solange der Tarifvertrag besteht, § 3 Abs. 3 TVG.

III. Geltungsbereich des Tarifvertrages eröffnet

Räumlich, zeitlich, fachlich, betrieblich, persönlich: unproblematisch

IV. Wirksamkeit der tarifvertraglichen Regelung: unproblematisch

V. Voraussetzungen der konkreten Tarifvertragsnorm: Entgelterhöhung von vier Prozent zum 01.10.2026

VI. Durchsetzbarkeit des Anspruchs § 4 Abs. 1 TVG: Für Auer wirkt der Tarifvertrag unmittelbar und zwingend.

VII. Ergebnis:

Auer kann die Tariferhöhung gem. § 4 Abs. 1 TVG fordern.

B. Anspruch des Boller

a. aus § 4 Abs. 1 TVG

I. Bestehen eines Tarifvertrages: siehe oben

II. Tarifbindung § 3 Abs. 1 TVG:
Boller ist nicht Mitglied der Gewerkschaft und daher nicht tarifgebunden.

III. Ergebnis:
Boller hat mangels Tarifbindung keinen Anspruch aus § 4 Abs. 1 TVG.

b. aus der Bezugnahmeklausel im Arbeitsvertrag §§ 611 ff. BGB in Verbindung mit dem Tarifvertrag

I. Arbeitsvertrag verweist auf den Tarifvertrag in seiner jeweils geltenden Fassung. Dieser sieht Entgelterhöhung von vier Prozent zum 01.10.2026 vor.

Bezugnahme von Vertragsfreiheit (§§ 311, 241 BGB) gedeckt und wirksam

II. Ergebnis:

Boller kann die Tariferhöhung gemäß der arbeitsvertraglichen Vereinbarung fordern.

Ausformulierte Falllösung

A. Anspruch des Auer auf Zahlung des erhöhten Entgelts

Auer könnte von der Maestro GmbH ab 01.10.2026 die Zahlung eines um vier Prozent erhöhten Arbeitsentgeltes fordern, wenn diese Tariferhöhung für ihn gelten würde gemäß § 4 Abs. 1 TVG.

Dazu müssten folgende Voraussetzungen gegeben sein.

I. Es müsste ein wirksamer Tarifvertrag bestehen.

1. Laut Sachverhalt bestand zwischen dem Arbeitgeberverband Süd-West-Blech und der Gewerkschaft IG-Blech im Herbst 2025 ein wirksamer Tarifvertrag, § 1 Abs. 1 TVG.
2. Der Tarifvertrag wurde auch in der gemäß § 1 Abs. 2 TVG gesetzlich vorgeschriebenen Schriftform (§ 126 BGB) abgeschlossen.
3. Sowohl der Arbeitgeberverband Süd-West-Blech als auch die Gewerkschaft IG-Blech sind tariffähig gemäß § 2 Abs. 1 TVG. Auch an ihrer satzungsgemäßen Tarifzuständigkeit bestehen keine Zweifel.

II. Maestro GmbH und Auer müssten auch tarifgebunden sein, §§ 3 Abs. 1, 4 Abs. 1 TVG.

Als Mitglied der tarifvertragschließenden Gewerkschaft IG-Blech ist der Auer gemäß § 3 Abs. 1 TVG tarifgebunden.

Auch die Maestro GmbH war zum Zeitpunkt des Abschlusses des Tarifvertrages im Herbst 2025 Mitglied des tarifvertragsschließenden Arbeitgeberverbandes Süd-West-Blech und folglich tarifgebunden. Fraglich ist, ob ihr zwischenzeitlicher Austritt zum 30.06.2026 die Tarifbindung entfallen lässt.

Gemäß § 3 Abs. 3 TVG bleibt die Tarifbindung bestehen, bis der Tarifvertrag endet.

Damit wirkt der zum Zeitpunkt der Mitgliedschaft abgeschlossene Tarifvertrag trotz des Austritts der Maestro GmbH für die Dauer seiner Laufzeit fort. Die Tarifbindung der Maestro GmbH für den einschlägigen Tarifvertrag besteht.

III. Der räumliche, zeitliche, fachliche, betriebliche und persönliche Geltungsbereich des Tarifvertrages ist unproblematisch eröffnet.

IV. Gleiches gilt für die Wirksamkeit der tarifvertraglichen Regelung. Unwirksamkeitsgründe sind nicht ersichtlich.

V. Der Tarifvertrag regelt die 4%ige Erhöhung der Löhne und Gehälter zum 01.10.2026.

VI. Gemäß § 4 Abs. 1 TVG gilt die Tariflohnerhöhung unmittelbar und zwingend zwischen den beiderseits Tarifgebundenen, die unter den Geltungsbereich des Tarifvertrages fallen. Dies ist sowohl für die tarifgebundene Maestro GmbH als auch für den als Gewerkschaftsmitglied tarifgebundenen Auer der Fall.

VII. Ergebnis:

Auer kann von der Maestro GmbH ab 01.10.2026 die Zahlung des erhöhten Entgelts fordern gemäß § 4 Abs. 1 TVG.

B. Anspruch des Boller auf Zahlung des erhöhten Entgelts

a. Boller könnte von der Maestro GmbH ab 01.10.2026 die Zahlung eines um vier Prozent erhöhten Arbeitsentgeltes fordern, wenn diese Tariferhöhung für ihn gelten würde gemäß § 4 Abs. 1 TVG.

Dazu müssten folgende Voraussetzungen gegeben sein.

I. Es müsste ein wirksamer Tarifvertrag bestehen gemäß §§ 1, 3 TVG. Wie bereits oben unter A. geprüft und festgestellt, liegt ein wirksamer Tarifvertrag zwischen dem Arbeitgeberverband Süd-West-Blech und der Gewerkschaft IG-Blech vor.

II. Die Maestro GmbH und der Boller müssten auch tarifgebunden sein, §§ 3 Abs. 1, 4 Abs. 1 TVG.

Die Tarifbindung der Maestro GmbH wurde bereits festgestellt (siehe oben).

Boller ist dagegen nicht Mitglied der tarifvertragsschließenden Gewerkschaft und folglich auch nicht tarifgebunden gemäß § 3 Abs. 1 TVG.

III. Ergebnis:

Boller kann mangels Tarifbindung die Zahlung des erhöhten Entgelts nicht gemäß § 4 Abs. 1 TVG fordern.

b. Boller könnte aber aus der Bezugnahmeklausel auf den Tarifvertrag in seinem Arbeitsvertrag in Verbindung §§ 611 ff. BGB einen Anspruch auf Zahlung der um vier Prozent erhöhten Vergütung fordern.

I. Der Arbeitsvertrag des Boller verweist auf den »Tarifvertrag in seiner jeweils geltenden Fassung«. Damit haben die Maestro GmbH und Boller den Tarifvertrag zum Inhalt des Arbeitsvertrages gemacht.

Eine solche Einbeziehung ist im Rahmen der Vertragsfreiheit (§§ 311, 241 BGB) zulässig und in der Praxis auch häufig anzutreffen.

Dass hiermit der Boller sogar besser steht als der Auer, da für diesen neue Tarifverträge aufgrund des Austritts der Maestro GmbH aus dem Arbeitgeberverband und damit endender Tarifbindung nicht mehr wirken, ist hinzunehmen. Der Boller hat aufgrund seiner vertraglichen Regelung nicht nur einen Anspruch auf Gleichstellung mit den gewerkschaftlich organisierten Arbeitnehmern (sogenannte Gleichstellungsabrede), sondern einen eigenständigen arbeitsvertraglichen Anspruch.

II. Ergebnis:

Boller kann von der Maestro GmbH ab 01.10.2026 die Zahlung des erhöhten Entgelts fordern. Der Anspruch ergibt sich aus der Bezugnahmeklausel seines Arbeitsvertrages.

Kapitel 22

Fall 18: Am schönen Bodensee

Hauptthemen: Anspruch auf Nachteilsausgleich, Betriebsänderung, Interessenausgleich, Sozialplan

Sachverhalt

Die Unruh GmbH, ein mittelständischer Werkstoffspezialist für Leichtbaustrukturen, betreibt in Friedrichshafen und Ulm jeweils einen Betrieb. In Friedrichshafen werden rund 300 Mitarbeiter mit Forschungs- und Entwicklungstätigkeiten beschäftigt, am Hauptsitz in Ulm wird mit rund 1500 Mitarbeitern produziert. In beiden Betrieben bestehen seit längerer Zeit ordnungsgemäß errichtete Betriebsräte.

Aufgrund unternehmensweiter Kostensenkungsbedürfnisse beschließt die Geschäftsführung der Unruh GmbH Anfang 2026, den Standort Friedrichshafen zu schließen und die Forschungs- und Entwicklungsaktivitäten künftig ausschließlich am Standort Ulm zu konzentrieren. Von den 300 Friedrichshafener Mitarbeitern sollen 200 in Ulm weiterbeschäftigt werden; den übrigen 100 soll dagegen betriebsbedingt gekündigt werden. Die Betriebsräte in Friedrichshafen und Ulm werden Ende Januar 2026 über die beabsichtigte Schließung des Betriebs in Friedrichshafen und die vorgesehenen Kündigungen und Versetzungen informiert und dabei aufgefordert, mit dem Arbeitgeber einen Interessenausgleich zu beraten.

Da die Betriebsräte untätig bleiben, kündigt die Unruh GmbH Ende Februar 2026 den betroffenen 100 Friedrichshafen-Mitarbeitern aus betriebsbedingten Gründen jeweils ordentlich unter Einhaltung der einschlägigen Kündigungsfrist. Unter den gekündigten Arbeitnehmern ist auch der 43-jährige Burkhard Bader, der bei einer Betriebszugehörigkeit von acht Jahren zuletzt € 4.000,-/Monat verdient hat. Bader, der mit seinem Arbeitgeber immer ein sehr gutes Verhältnis hatte und am High-Tech-Standort Friedrichshafen ohne Probleme eine neue Anstellung findet, unternimmt nichts gegen die Kündigung. Er möchte allerdings wissen, ob ihm ein Anspruch auf Zahlung einer Abfindung zusteht.

Unter den ordnungsgemäß nach Ulm versetzten Mitarbeitern befindet sich auch der 36-jährige Anton Arglos. Dieser möchte wissen, ob ihm die Unruh GmbH die durch die Versetzung entstehenden erhöhten Fahrtkosten von Friedrichshafen nach Ulm erstatten muss. Aus privaten Gründen möchte Arglos nämlich nicht nach Ulm ziehen, sondern am schönen Bodensee wohnen bleiben.

Frage: Welche Ansprüche haben Bader und Arglos gegen die Unruh GmbH?

Vorüberlegungen

Fraglich ist, ob Bader einen Anspruch auf Abfindung und Arglos einen Anspruch auf Erstattung erhöhter Fahrtkosten geltend machen kann. Für den gekündigten Bader, der keine Kündigungsschutzklage erhoben hat, kann sich ein etwaiger Abfindungsanspruch nur aus § 113 Abs. 3 und Abs. 1 BetrVG in Verbindung mit § 10 KSchG ergeben. Dazu müsste die Unruh GmbH eine Betriebsänderung ohne den Versuch eines Interessenausgleichs durchgeführt haben. Ergänzend ist die Frist für die Geltendmachung des Anspruchs zu thematisieren. Für Auer, der seinen Arbeitsplatz nicht verloren hat, kann ebenfalls nur § 113 Abs. 3 BetrVG einschlägig sein, da individualarbeitsvertraglich dem Sachverhalt keine Angaben entnommen werden können.

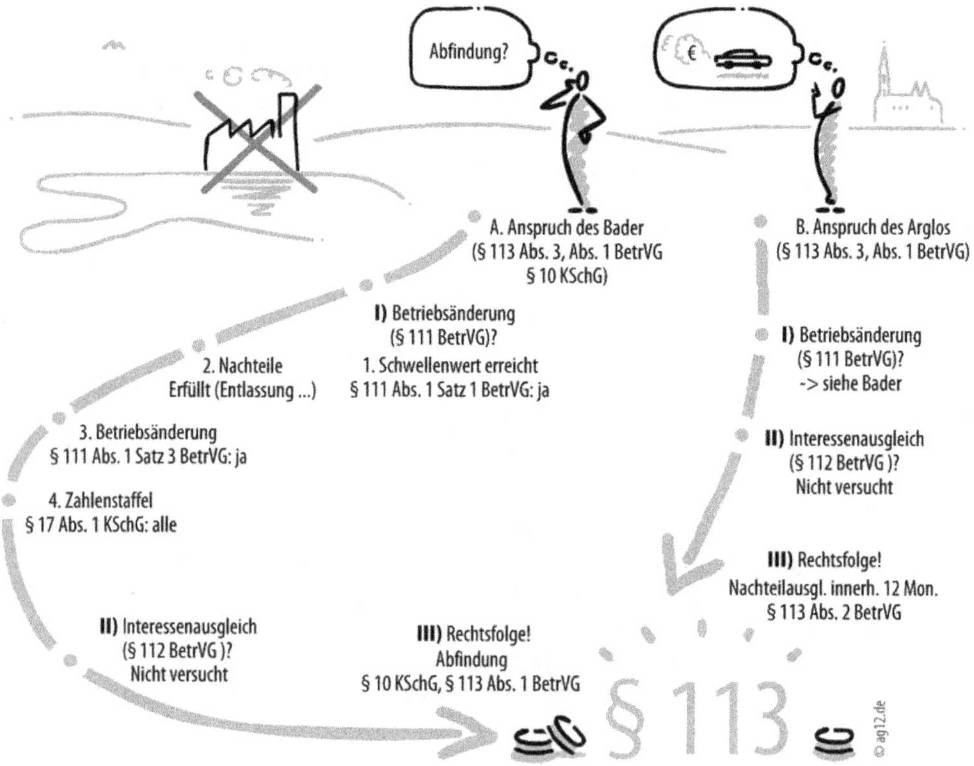

Lösungsskizze

A. Anspruch des Bader auf Zahlung einer Abfindung gemäß § 113. Abs. 3, Abs. 1 BetrVG in Verbindung mit § 10 KSchG

I. Vorliegen einer Betriebsänderung gemäß § 111 BetrVG

1. Schwellenwert erreicht § 111 Abs. 1 Satz 1 BetrVG: Im Unternehmen der Unruh GmbH sind mehr als zwanzig Arbeitnehmer beschäftigt.

2. Mögliche wesentliche Nachteile für Belegschaft oder erhebliche Teile der Belegschaft: erfüllt durch Entlassung, Versetzung und Standortschließung

3. Betriebsänderung nach § 111 Abs. 1 Satz 3 BetrVG: Der Betrieb Friedrichshafen wird geschlossen; dies ist eine Betriebsänderung gemäß § 111 Satz 3 Nr. 1 BetrVG.

4. Bei bloßem Personalabbau gilt die Zahlenstaffel des § 17 Abs. 1 KSchG analog; bei Betrieben mit mehr als 500 Arbeitnehmern müssen mindestens fünf Prozent der Belegschaft von der Betriebsänderung betroffen sein: von den in Friedrichshafen beschäftigten 300 Mitarbeitern sind alle betroffen (Kündigung oder Versetzung).

II. Interessenausgleich nicht versucht

»Versuch« erfordert vollständiges Durchlaufen des § 112 BetrVG (inklusive Anrufung der Einigungsstelle): nicht erfolgt; Betriebsräte blieben untätig

III. Ergebnis:

Entlassene Arbeitnehmer Abfindung entsprechend § 10 KSchG, § 113 Abs. 1 BetrVG: Bader wurde entlassen

B. Anspruch des Arglos auf Erstattung seiner erhöhten Fahrtkosten gemäß § 113. Abs. 3, Abs. 1 BetrVG

I. Vorliegen einer Betriebsänderung gemäß § 111 BetrVG: siehe oben

II. Interessenausgleich nicht versucht: siehe oben

III. Ergebnis:

Andere wirtschaftliche Nachteile sind bis zu einem Zeitraum von zwölf Monaten auszugleichen § 113 Abs. 2 BetrVG.

Ausformulierte Falllösung

A. Bader könnte gegen die Unruh GmbH einen Anspruch auf Zahlung einer Abfindung haben gemäß § 113 Abs. 3, Abs. 1 BetrVG in Verbindung mit § 10 KSchG.

I. Dazu müsste die Schließung des Betriebs Friedrichshafen der Unruh GmbH eine Betriebsänderung im Sinne des § 111 BetrVG darstellen.

1. Da bei der Unruh GmbH insgesamt 1800 Mitarbeiter beschäftigt sind, ist der Schwellenwert für die Anwendbarkeit des § 111 BetrVG (»mehr als zwanzig ... Arbeitnehmer«) erreicht, § 111 Satz 1 BetrVG.

2. Die Schließung des Betriebes Friedrichshafen ist mit Kündigungen und Versetzungen der dortigen Mitarbeiter verbunden. Die Betriebsänderung hat folglich wesentliche Nachteile für die dortige Belegschaft. Es ist auch eine größere Anzahl von Mitarbeitern betroffen.

3. Der Betrieb Friedrichshafen der Unruh GmbH wird vollständig geschlossen. Dies stellt eine Betriebsänderung gemäß § 111 Satz 3 Nr. 1 BetrVG (»... Stilllegung des ganzen Betriebes ...« dar.

Wenn die Betriebsänderung ausschließlich im Abbau von Arbeitsplätzen besteht, ist für die Frage, ob die Belegschaft oder erhebliche Teile der Belegschaft durch die Betriebsänderung betroffen ist, auf die Zahlenstaffel des § 17 Abs. 1 KSchG zuzugreifen.

4. Die dortigen Zahlen gelten entsprechend (analog) mit der Ergänzung, dass bei einer Belegschaftsstärke von mehr als 500 Arbeitnehmern mindestens fünf Prozent der Belegschaft betroffen sein müssen, damit die Erheblichkeitsschwelle erreicht ist.

Zieht man von den 300 in Friedrichshafen beschäftigten Arbeitnehmern »nur« die gekündigten 100 Arbeitnehmer heran, so ist gemäß § 17 Abs. 1 Nr. 2 KSchG die Erheblichkeitsschwelle erreicht. Es sind mehr als zehn Prozent und mehr als 25 Arbeitnehmer betroffen. Zieht man – was aufgrund auch deren Betroffenheit von der Betriebsänderung erforderlich ist – auch die 200 versetzten Mitarbeiter hinzu, ist die gesamte Belegschaft betroffen, sodass in jedem Fall die Erheblichkeit zu bejahen ist.

II. Fraglich ist, ob die Unruh GmbH die Betriebsänderung durchgeführt hat, ohne vorab einen Interessenausgleich mit dem Betriebsrat versucht zu haben, § 113 Abs, 3 BetrVG.

Zunächst löst eine geplante Betriebsänderung »nur« eine Unterrichtungs- und Beratungspflicht gegenüber dem Betriebsrat aus, § 111 Satz 1 BetrVG.

Allerdings legt § 113 Abs. 3 BetrVG fest, dass einzelnen Arbeitnehmern dann ein Anspruch auf Nachteilsausgleich gemäß § 113 Abs. 1 BetrVG zusteht, wenn der Unternehmer nicht versucht hat, mit dem Betriebsrat einen Interessenausgleich zu vereinbaren oder von einem solchen ohne zwingenden Grund abweicht.

Ein Interessenausgleich regelt das »Ob«, »Wann« und »Wie« einer geplanten Betriebsänderung und ist nicht mit dem die sozialen Folgen einer Betriebsänderung regelnden (zwingenden) Sozialplan zu verwechseln.

Die Unruh GmbH hat die Betriebsräte zwar Ende Januar 2026 über die geplante Betriebsänderung unterrichtet und zur Beratung eines Interessenausgleichs aufgefordert.

Dies genügt jedoch nicht, um als »Versuch« im Sinne des § 113 Abs. 3 BetrVG zu gelten.

Versucht hat der Unternehmer den Interessenausgleich nur dann, wenn er das hierzu in § 112 Abs. 2 und Abs. 3 BetrVG vorgesehene Verfahren vollständig ausschöpft.

Hierzu gehört auch, dass er für den Fall, dass der Betriebsrat untätig bleibt oder eine Einigung nicht erzielt wird, die Einigungsstelle anruft. Gerade das Einigungsstellenverfahren ist folglich zwingend, um vom »Versuch« eines Interessenausgleichs zu sprechen.

Es ist folglich festzustellen, dass die Unruh GmbH die Betriebsänderung durchgeführt hat, ohne einen Interessenausgleich mit dem Betriebsrat zu versuchen, § 113 Abs. 3 BetrVG.

III. Dem Bader steht gemäß § 113 Abs. 3, Abs. 1 BetrVG folglich eine Abfindung zu. Die Höhe der Abfindung bemisst sich nach § 10 KSchG. Da der 43-jährige Bader seit acht Jahren für ein Bruttomonatsgehalt von zuletzt € 4.000,- beschäftigt ist, beträgt seine Abfindung gemäß § 10 Abs. 1 KSchG maximal zwölf Monatsverdienste, das heißt € 48.000,-.

Zur Differenzierung der Abfindungshöhen hat sich in der arbeitsgerichtlichen Praxis eine »Faustformel« etabliert. Nach dieser wird pro Jahr Betriebszugehörigkeit in der Regel ein 0,5-faches Monatsbruttogehalt zugrunde gelegt.

Bei Bader beträgt die Abfindung nach dieser »Praxis-Faustformel« somit 8 x € 2.000,-, mithin also € 16.000,-.

Bader kann von der Unruh GmbH Zahlung einer Abfindung verlangen gemäß § 113 Abs. 3, Abs. 1 BetrVG in Verbindung mit § 10 KSchG. Der Abfindungsbetrag beträgt maximal € 48.000,-; realistisch dürfte die Abfindungshöhe bei € 16.000,- liegen.

B. Arglos könnte gegen die Unruh GmbH einen Anspruch auf Erstattung seiner erhöhten Fahrtkosten haben gemäß § 113. Abs. 3, Abs. 1 BetrVG.

I. Dazu müsste zunächst eine Betriebsänderung im Sinne des § 111 Satz 1 BetrVG vorliegen. Wie bereits ausgeführt, liegt mit der Schließung des Betriebes Friedrichshafen eine Betriebsänderung gemäß § 111 Satz 3 Nr. 1 BetrVG vor.

II. Die Unruh GmbH hat diese Betriebsänderung auch durchgeführt, ohne vorab einen Interessenausgleich mit dem Betriebsrat versucht zu haben gemäß § 113 Abs. 3 BetrVG. Auch insofern kann auf die obigen Ausführungen verwiesen werden.

III. Ergebnis

Gemäß § 113 Abs. 3, Abs. 1 BetrVG hat die Unruh GmbH die jenseits der Kündigung liegenden »anderen wirtschaftlichen Nachteile« auszugleichen, die ein Arbeitnehmer aufgrund der Betriebsänderung erleidet. Die erhöhten Fahrtkosten für die Strecke Friedrichshafen-Ulm sind für den Arglos solche anderen wirtschaftlichen Nachteile.

Der Umfang der Ausgleichspflicht ist allerdings gemäß § 113 Abs. 2 BetrVG auf einen Zeitraum von bis zu zwölf Monaten begrenzt.

Arglos kann von der Unruh GmbH den Ausgleich seiner erhöhten Fahrtkosten für die Dauer von maximal zwölf Monaten verlangen gemäß § 113 Abs. 3, Abs. 1 in Verbindung mit Abs. 2 BetrVG.

Kapitel 23

Fall 19: Betriebsratsallerlei

Hauptthemen: Beteiligung des Betriebsrats bei personellen Einzelmaßnahmen; Einstellung; Zustimmungsersetzung durch das Arbeitsgericht

Sachverhalt

Beim insgesamt rund 1000 Mitarbeiter beschäftigenden Automobilzulieferer Zorner AG bestehen bereits seit Längerem Meinungsverschiedenheiten zwischen dem Vorstand und dem ordnungsgemäß errichteten Betriebsrat. Während der Betriebsrat nachhaltig die Einstellung weiterer eigener Arbeitnehmerinnen und Arbeitnehmer fordert, setzt der Vorstand zunehmend auf »flexible Personalbeschaffungsmaßnahmen« insbesondere durch den Einsatz von Leiharbeitnehmern.

Als die Zorner AG einen zusätzlichen Auftrag eines wichtigen Kunden erhält, der kurzfristig zu Auslastungsspitzen führt, bittet der Vorstand den Betriebsrat unter Vorlage der erforderlichen Unterlagen, dem Einsatz weiterer 35 Leiharbeitnehmer für einen Zeitraum von sechs Monaten zuzustimmen. Der Betriebsrat ist hierzu wegen »grundsätzlicher Bedenken gegen Leiharbeit« und wegen Unterlassens der geforderten innerbetrieblichen Stellenausschreibung nicht bereit.

Frage: Kann der Betriebsrat die beabsichtigte Beschäftigung der Leiharbeitnehmer verhindern? Angenommen, der Betriebsrat kann die Beschäftigung der Leiharbeitnehmer verhindern: Welche Möglichkeiten hat die Zorner AG, dennoch deren Einsatz durchzusetzen?

Vorüberlegungen

Fraglich ist zunächst, ob der Betriebsrat den geplanten Einsatz der Leiharbeitnehmer verhindern kann. Hierzu muss geprüft werden, ob der Betriebsrat bei der Beschäftigung von Leiharbeitnehmern überhaupt zu beteiligen ist, ihm also über § 99 BetrVG ein Mitwirkungsrecht zusteht. Bei einer Verweigerung der Zustimmung sieht § 99 Abs. 4 BetrVG für den Arbeitgeber die Möglichkeit vor, das Arbeitsgericht anzurufen. Eine weitere Möglichkeit, den Einsatz kurzfristig zu ermöglichen, enthält § 100 BetrVG mit einer sogenannten »vorläufigen personellen Maßnahme«.

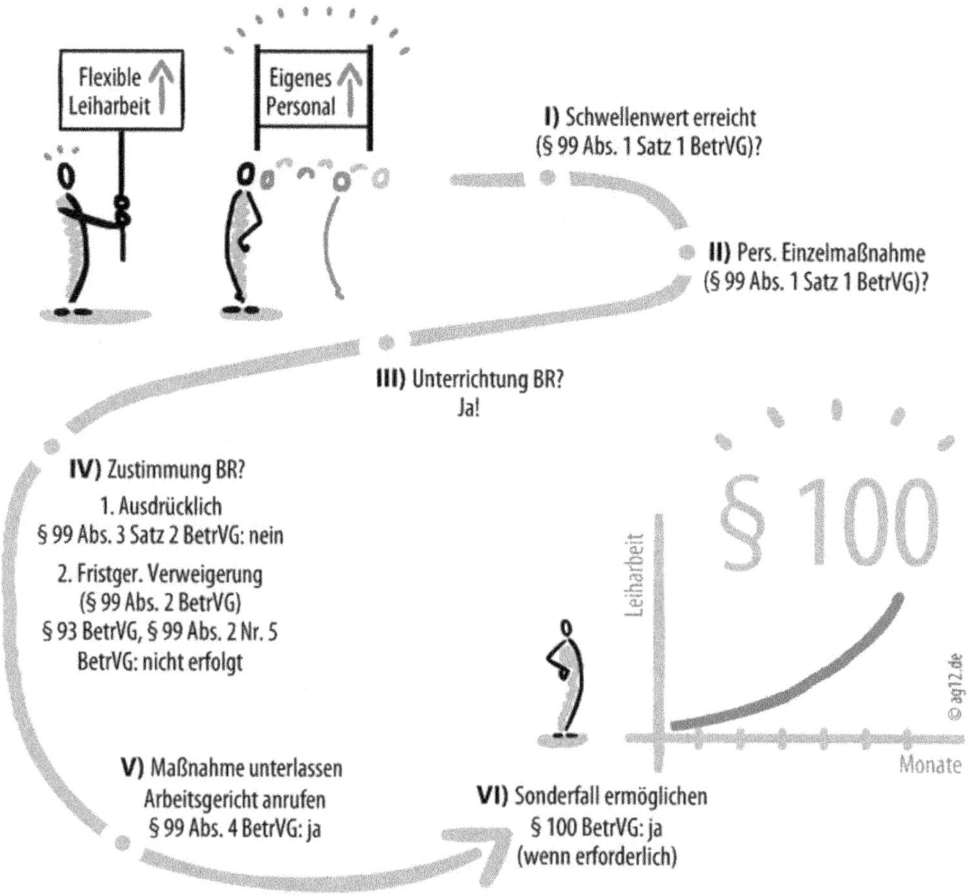

Lösungsskizze

I. Schwellenwert erreicht gemäß § 99 Abs. 1 Satz 1: mehr als 20 Beschäftigte

II. Vorliegen einer personellen Einzelmaßnahme gemäß § 99 Abs. 1 BetrVG

Einstellung: Eingliederung in den Betrieb; Leiharbeitnehmer erhalten zwar keinen Arbeitsvertrag bei der Zorner AG, werden aber in den Betriebsablauf eingegliedert, sodass eine Einstellung vorliegt.

III. Ordnungsgemäße Unterrichtung des Betriebsrats unter Vorlage der erforderlichen Unterlagen: laut Sachverhalt gegeben

IV. Zustimmung des Betriebsrats

1. Ausdrücklich oder durch Fristablauf fingiert gemäß § 99 Abs. 3 Satz 2 BetrVG: keine Zustimmung

2. Fristgerechte Verweigerung der Zustimmung des Betriebsrats gemäß § 99 Abs. 3 Satz 1, § 99 Abs. 2 BetrVG nur möglich aufgrund eines der in § 99 Abs. 2 BetrVG explizit aufgeführten Gründe:

Allgemeine Bedenken gegen Leiharbeit genügen nicht.

Aber: Eine aufgrund Verlangen des Betriebsrates erforderliche betriebliche Ausschreibung ist unterblieben § 93 BetrVG, § 99 Abs. 2 Nr. 5 BetrVG.

V. Bei fehlender Zustimmung ist die Maßnahme zu unterlassen; der Arbeitgeber kann das Arbeitsgericht anrufen § 99 Abs. 4 BetrVG: Dies kann die Zorner AG tun.

VI. Sonderfall: Vorläufige personelle Maßnahme § 100 BetrVG

Die Zorner AG kann auch nach § 100 BetrVG vorgehen, wenn der Einsatz der Leiharbeitnehmer dringend erforderlich ist; Verfahren richtet sich dann nach § 100 Abs. 2 und Abs. 3 BetrVG.

Ausformulierte Falllösung

Der Betriebsrat der Zorner AG könnte die beabsichtigte Beschäftigung der 35 Leiharbeitnehmer verhindern, wenn ihm ein entsprechendes Verweigerungsrecht nach § 99 BetrVG zustehen würde.

I. Da bei der Zorner AG insgesamt rund 1000 Mitarbeiter beschäftigt sind, ist der Schwellenwert (»mehr als zwanzig … Arbeitnehmer) des § 99 Abs. 1 Satz 1 erreicht.

II. Fraglich ist, ob es sich bei dem Einsatz der Leiharbeitnehmer um eine personelle Einzelmaßnahme im Sinne des § 99 Abs. 1 BetrVG handelt.

Personelle Einzelmaßnahmen sind Einstellung, Eingruppierung, Umgruppierung und Versetzung.

Der Arbeitgeber hat den Betriebsrat vor einer solchen Einzelmaßnahme zu unterrichten und dessen Zustimmung einzuholen.

Bei dem Einsatz der 35 Leiharbeitnehmer könnte es sich um eine »Einstellung« handeln.

Eine Einstellung liegt vor, wenn Personen tatsächlich in den Betrieb eingegliedert werden, um mit den dort bereits tätigen Arbeitnehmern weisungsgebundenen Tätigkeiten nachzugehen. Auf den formalen Abschluss eines Arbeitsvertrages kommt es folglich nicht an. Maßgeblich ist die tatsächliche Eingliederung in die betriebliche Organisation.

Bei der Arbeitnehmerüberlassung werden die Leiharbeitnehmer in den Betriebsablauf des Entleihers (Zorner AG) eingegliedert. Auch erhalten die Leiharbeitnehmer während ihres Einsatzes Weisungen seitens der Zorner AG. Es liegt daher eine beabsichtigte Einstellung im Sinne des § 99 Abs. 1 BetrVG vor.

III. Die Zorner AG hat den Betriebsrat durch Vorlage der erforderlichen Unterlagen laut Sachverhalt von der geplanten Einstellung auch ordnungsgemäß unterrichtet.

IV. Fraglich ist, ob der Betriebsrat seine nach § 99 Abs. 1 Satz 1, 2. Halbsatz erforderliche Zustimmung verweigern kann.

1. Gemäß § 99 Abs. 3 BetrVG kann der Betriebsrat seine Zustimmung nicht grundlos verweigern, sondern nur, wenn er einen der in § 99 Abs. 2 BetrVG explizit aufgezählten Verweigerungsgründe geltend machen kann. Dabei hat der Betriebsrat seine Zustimmungsverweigerung innerhalb einer Woche nach der Unterrichtung durch den Arbeitgeber diesem schriftlich mitzuteilen. Anderenfalls gilt seine Zustimmung als erteilt (§ 99 Abs. 3 Satz 2 BetrVG).

2. Fraglich ist, ob der Betriebsrat sich auf einen der in § 99 Abs. 2 BetrVG genannten Zustimmungsverweigerungsgründe berufen kann.

   Hierzu ist zunächst festzustellen, dass die »grundsätzlichen Bedenken gegen Leiharbeit« keinen hinreichenden Zustimmungsverweigerungsgrund des Betriebsrats darstellen. Grundsätzliche Bedenken gegen bestimmte Beschäftigungsformen sind kein gesetzlich anerkannter Grund, um eine Zustimmungsverweigerung zu belegen.

Allerdings bestimmt § 99 Abs. 2 Nr. 5 BetrVG explizit, dass der Betriebsrat seine Zustimmung verweigern kann, wenn eine nach § 93 BetrVG erforderliche (Stellen-)Ausschreibung im Betrieb unterblieben ist. Da die Zorner AG dem Verlangen des Betriebsrats nach einer innerbetrieblichen Stellenausschreibung nicht nachgekommen ist, kann dieser seine Zustimmung gemäß § 99 Abs. 2 Nr. 5 BetrVG verweigern.

Festzuhalten ist somit, dass der Betriebsrat innerhalb der Wochenfrist des § 99 Abs. 3 BetrVG seine Zustimmung durch entsprechende schriftliche Mitteilung an die Zorner AG verweigern kann. Die Zorner AG hat dann den Einsatz der Leiharbeitnehmer zu unterlassen.

V. Fraglich ist, ob die Zorner AG die Zustimmungsverweigerung des Betriebsrats hinnehmen muss oder Möglichkeiten hat, den Einsatz der Leiharbeitnehmer trotzdem durchzusetzen.

Gemäß § 99 Abs. 4 BetrVG hat die Zorner AG die Möglichkeit, beim Arbeitsgericht die fehlende Zustimmung des Betriebsrats ersetzen zu lassen.

Ruft der Arbeitgeber das Arbeitsgericht nicht an, so hat der geplante Einsatz der Leiharbeitnehmer zu unterbleiben. Gleiches gilt, wenn das Arbeitsgericht den Antrag des Arbeitgebers auf Ersetzung der Zustimmung ablehnt.

Führt der Arbeitgeber die Maßnahme dennoch durch, so kann der Betriebsrat beim Arbeitsgericht beantragen, dem Arbeitgeber aufzugeben, die personelle Maßnahme aufzuheben. Kommt der Arbeitgeber der Anordnung des Arbeitsgerichts nicht nach, so kann der Betriebsrat auch die Verhängung von Zwangsgeld gegen den Arbeitgeber beantragen (§ 101 BetrVG).

VI. Alternativ könnte die Zorner AG auch über § 100 Abs. 1 BetrVG vorgehen, wenn es aus sachlichen Gründen dringend erforderlich ist, die Einstellung der 35 Leiharbeitnehmer vorläufig vorzunehmen (sogenannter Eilfall). Ein sachlicher Grund könnten etwa drohende Vertragsstrafenforderungen des Kunden sein, wenn dieser die beauftragten Leistungen und Lieferungen nicht rechtzeitig erhält.

Bei Geltendmachung der Eilbedürftigkeit der personellen Maßnahme muss der Arbeitgeber (Zorner AG) die betroffenen Arbeitnehmer entsprechend aufklären und den Betriebsrat unverzüglich unterrichten. Bestreitet der Betriebsrat die Eilbedürftigkeit, muss der Arbeitgeber die vorläufige personelle Maßnahme beenden oder innerhalb von drei Tagen das Arbeitsgericht anrufen (vgl. § 100 Abs. 2 und Abs. 3 BetrVG).

Kapitel 24

Fall 20: Ein Arbeitsk(r)ampf

Hauptthemen: Rechtmäßigkeit eines Streiks; Warnstreik in Abgrenzung zum Erzwingungsstreik; Folgen für streikende Arbeitnehmer

Sachverhalt

Der zwischen dem Arbeitgeberverband Süd-Nord-Macher und der Gewerkschaft IG-Mach bestehende Entgelttarifvertrag läuft zum 30.09.2025 aus. Mit dem Ende der Friedenspflicht treffen sich Vertreter beider Seiten, um einen neuen Entgelttarifvertrag auszuhandeln. Die IG-Mach hat pünktlich zum Start der Verhandlungen eine Forderung in Höhe von 8% Lohn- und Gehaltssteigerungen sowie eine nur kurze Laufzeit von 12 Monaten gefordert, was seitens des Arbeitgeberverbandes als „vollkommen unverhältnismäßig" zurückgewiesen wurde. Um die Ernsthaftigkeit ihrer Forderung und die Streikbereitschaft ihrer Mitglieder zu demonstrieren, ruft die IG-Mach nach Scheitern der ersten Verhandlungsrunde zum Start der zweiten Verhandlungsrunde zu einem dreistündigen Streik auf. Bestreikt werden alle Unternehmen, die dem Arbeitgeberverband Süd-Nord-Macher angehören, so auch die Werke des Unternehmers Ungemach. Ungemach ist über die Ankündigung des Streiks so erbost, dass er allen seinen Mitarbeitern per Rundmail mitteilt, dass sie bei einer Teilnahme mit arbeitsrechtlichen Sanktionen bis hin zur Kündigung rechnen müssten. Der bei Ungemach beschäftigte Maschinenschlosser Manni Mau nimmt trotzdem am Streik teil und legt wie etliche seiner Kollegen für die dreistündigen Kundgebungen seine Arbeit nieder.

Frage: Muss Manni Mau aufgrund der Streikteilnahme mit arbeitsrechtlichen Sanktionen rechnen?

Vorüberlegungen

Fraglich ist, ob Manni Mau aufgrund seiner Teilnahme am von der IG-Mach initiierten Streik arbeitsrechtliche Sanktionen (Abmahnung, Kündigung) zu fürchten hat. Dies ist davon abhängig, ob der Streik rechtmäßig oder rechtswidrig ist. Während eines rechtmäßigen Streiks werden die Hauptpflichten der Arbeitsvertragsparteien suspendiert. Dies bedeutet, dass Manni Mau nicht arbeiten und Ungemach nicht bezahlen muss. Ist der Streik dagegen rechtswidrig, stellt eine Teilnahme einen Verstoß gegen die arbeitsvertragliche Hauptpflicht des Manni Mau – Erbringen der Arbeitsleistung – dar. Folglich sind die einzelnen Rechtmäßigkeitsvoraussetzungen des Streiks zu prüfen. Da es sich um einen Streik von nur kurzer Dauer (drei Stunden) handelt, der zudem begleitend zu den noch laufenden Tarifverhandlungen stattfindet, ist dieser Streik nicht als Erzwingungsstreik sondern als Warnstreik einzustufen. Spezifische gesetzliche Regelungen zur Frage der Rechtmäßigkeit bzw. Rechtswidrigkeit von Arbeitskämpfen sind nicht vorhanden. Die zu prüfenden Voraussetzungen basieren auf der Rechtsprechung des Bundesarbeitsgerichts und der rechtswissenschaftlichen Literatur.

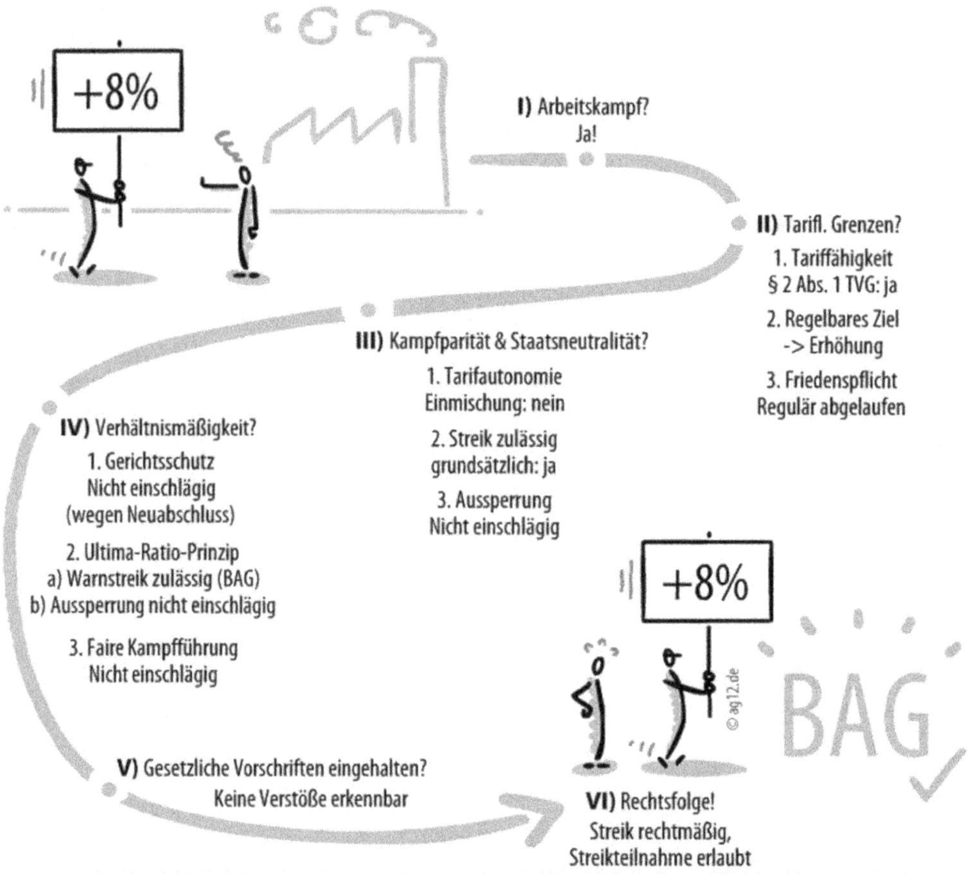

Lösungsskizze

I. Vorliegen eines Arbeitskampfes: kollektive Maßnahme zur Störung der Arbeitsbeziehungen, um ein bestimmtes Ziel zu erreichen. Hauptfälle Streik und – weniger praxisrelevant – Aussperrung. Hier: Aufruf an alle Beschäftigten in Unternehmen, die dem Arbeitgeberverband angehören

II. Einhalten der tariflichen Grenzen: Kampfziel Tarifvertrag

1. Tariffähigkeit der Kampf-Parteien (nur Gewerkschaften, Arbeitgeberverbände und einzelne Arbeitgeber; nie einzelne Arbeitnehmer oder Arbeitnehmergruppen): Sowohl der Arbeitgeberverband Süd-Nord-Macher als auch die Gewerkschaft IG-Mach sind tariffähig (vgl. auch § 2 Abs. 1 TVG)

2. Tarifvertraglich regelbares Ziel (kein politischer Arbeitskampf): Es geht um eine Erhöhung der tariflichen Arbeitsentgelte

3. Kein Verstoß gegen die Friedenspflicht: Friedenspflicht ist mit dem Ende des früheren Tarifvertrages abgelaufen (siehe Angabe im Sachverhalt)

III. Einhalten von Kampfparität und Staatsneutralität: Waffengleichheit

1. Neutralität des Staates (Wahrung der Tarifautonomie): Ein Einmischen staatlicher Organe liegt nicht vor

2. Streik durch Gewerkschaft nach Auffassung BAG grds. zulässig: nach BAG (str.) ist die Gewerkschaft grds. die „schwächere" Seite; daher sind Streiks grds. zulässig

3. Aussperrung durch Arbeitgeberseite grds. nur als Abwehraussperrung und nicht als Angriffsaussperrung zulässig: nicht einschlägig

IV. Einhalten des Gebotes der Verhältnismäßigkeit: Arbeitskampf muss geeignet, erforderlich und angemessen sein

1. Sofern vorrangig Gerichtsschutz besteht ist dieser geltend zu machen: es geht nicht um einen Verstoß gegen einen geltenden Tarifvertrag im Sinne von Einhaltung der vertraglichen Pflichten sondern um einen Neuabschluss; Gerichtsschutz nicht einschlägig

2. Beachtung des ultima-ratio-Prinzips:

   a. Streik: Nach BAG sind jedenfalls Warnstreiks auch schon während Verhandlungen zulässig (str.): eigentlich besagt das ultima-ratio-Prinzip, dass Arbeitskämpfe erst als letztes Mittel zulässig sind und zuvor alle milderen Mittel, wie beispielsweise Verhandlungen und gegebenenfalls eine Schlichtung erfolglos durchlaufen werden müssen. Dies gilt nach umstrittener aber herrschender Auffassung insbesondere des BAG nicht bei Warnstreiks, da diese förderlich auf die Verhandlungen einwirken können. Hier „nur" dreistündiger Streik, d. h. Warnstreik und kein (dauerhafter, unbefristeter) Erzwingungsstreik

b. Aussperrung: Die vom BAG festgelegten quantitativen Grenzen der Abwehraussperrung sind zu beachten: nicht einschlägig

3. Gebot fairer Kampfführung (Aktionen unzulässig, die auf die Zerstörung des Gegners zielen): nicht einschlägig

V. Einhalten der gesetzlichen Vorschriften: kein Verstoß gegen Verfassungsrecht, öffentliches Dienstrecht, Betriebsverfassungsrecht, Strafrecht, etc.: aus dem Sachverhalt sind keine Gesetzesverstöße erkennbar

VI. Rechtsfolgen

Da es sich um einen rechtmäßigen Streik handelt verstößt Manni Mau mit der Streikteilnahme nicht gegen seine arbeitsvertraglichen Pflichten. Seine Arbeitspflicht ist für die Dauer des rechtmäßigen Streiks suspendiert (ausgesetzt). Dies gilt allerdings auch für die Pflicht des Ungemach zur Zahlung des Arbeitsentgelts. Mau hat keine arbeitsrechtlichen Sanktionen zu befürchten.

Ausformulierte Falllösung

Manni Mau muss nicht mit arbeitsrechtlichen Sanktionen für seine Teilnahme am Streik rechnen, sofern dieser Streik rechtmäßig ist.

I. Zunächst müsste ein Arbeitskampf vorliegen. Ein Arbeitskampf ist eine kollektive Maßnahme zur Störung der Arbeitsbeziehungen, um ein bestimmtes Ziel zu erreichen. Hauptfälle in der Praxis sind der Streik und – weniger praxisrelevant – die arbeitgeberseitige Aussperrung. Die Niederlegung der Arbeit erfolgt, um die Ernsthaftigkeit der Tarif-Forderung der Gewerkschaft IG-Mach und die Streikbereitschaft ihrer Mitglieder zu demonstrieren. Der Aufruf zur Teilnahme richtet sich an alle in den Mitgliedsunternehmen des Arbeitgeberverbandes Süd-Nord Macher Beschäftigen und damit an eine Vielzahl von Arbeitnehmern. Kollektiv sollen die Arbeitsbeziehungen durch die Arbeitsniederlegung gestört werden, um die geforderte Entgelterhöhung zu erreichen. Es handelt sich bei dem von der IG-Mach ausgerufenen dreistündigen Streik also um einen Arbeitskampf.

II. Damit der Streik rechtmäßig ist müssten die tariflichen Grenzen eingehalten werden. Dazu müsste das mit dem Streik verfolgte Arbeitskampfziel der Abschluss eines Tarifvertrages sein.

1. Dies setzt zunächst die Tariffähigkeit der Kampf-Parteien voraus. Tariffähig sind auf Arbeitnehmerseite ausschließlich Gewerkschaften und niemals einzelne Arbeitnehmer oder Arbeitnehmergruppen, auf Arbeitgeberseite Arbeitgeberverbände und einzelne Arbeitgeber. Sowohl der Arbeitgeberverband Süd-Nord-Macher als auch die Gewerkschaft IG-Mach sind tariffähig. Dies ergibt sich neben der gesetzlichen Regelung des § 2 Abs. 1 TVG auch aus dem Umstand, dass es bereits einen vorab abgeschlossenen Entgelttarifvertrag gibt, der nun zeitlich ausläuft.

2. Zudem müsste Inhalt der Auseinandersetzung und damit das erstrebte Kampfziel auch tarifvertraglich regelbar, also Gegenstand eines Tarifvertrages sein können. Hieraus folgt, dass auf gesetzliche Regelungen zielende Arbeitskämpfe immer rechtswidrig sind, da diese sogenannten politischen Arbeitskämpfe keine tarifvertraglich regelbaren Ziele verfolgen. Im von der IG-Mach initiierten Streik geht es um den Abschluss eines neuen Tarifvertrages zur Erhöhung der tariflichen Arbeitsentgelte. Dies ist ein – klassisches – tarifvertraglich regelbares Ziel.

3. Schließlich dürfte der Streik nicht gegen die Friedenspflicht verstoßen. Die sogenannte relative Friedenspflicht verbietet Arbeitskämpfe über die bereits tarifvertraglich geregelten Themen während der Laufzeit des jeweiligen Tarifvertrages und ist immer zu beachten. Die sogenannte absolute Friedenspflicht verbietet dagegen jeglichen Arbeitskampf währen der Laufzeit, auch über noch nicht tarifvertraglich geregelte Themen und ist nur einschlägig, wenn dies explizit zwischen den Tarifvertragsparteien vereinbart wurde. Mangels entsprechenden Hinweises im Sachverhalt wurde eine absolute Friedenspflicht nicht vereinbart. Auch ein Verstoß gegen die – immer geltende – relative Friedenspflicht liegt nicht vor: Der bisherige Entgelttarifvertrag ist abgelaufen und damit gemäß der expliziten Angabe im Sachverhalt auch die mit diesem Tarifvertrag verbundene realtive Friedenspflicht.

III. Des Weiteren müssten die Kampfparität und die Staatsneutralität eingehalten sein. Es muss Waffengleichheit zwischen den um den Tarifvertrag ringenden Parteien herrschen. Nur dann ist hinreichend gesichert, dass sich beide Parteien in etwa gleich stark und gleich mächtig mit ihren jeweiligen Forderungen und Vorstellungen Gehör verschaffen und durchsetzen können.

1. Ein Verstoß gegen die Neutralitätspflicht des Staates liegt nicht vor. Ein Einmischen staatlicher Organe und/oder Behörden erfolgt nicht. Die grundgesetzlich gewährleistete Tarifautonomie (Art. 9 Abs. 3 GG) ist gewahrt.

2. Nach umstrittener aber herrschender Auffassung insbesondere des Bundesarbeitsgerichts (BAG) sind Gewerkschaften bei Arbeitskämpfen grundsätzlich die „schwächere" Seite. Daraus ist abzuleiten, dass Streiks jedenfalls vom Grundsatz her regelmäßig zulässig sind. Die Gewerkschaften können (nur) durch Streiks ihre Mitglieder mobilisieren und damit entsprechendes Gewicht und Durchsetzungsmacht erreichen.

3. Für die – hier nicht einschlägige - Aussperrung durch die Arbeitgeberseite ist nach herrschender Auffassung zu beachten, dass diese grundsätzlich nur als Abwehraussperrung und nicht als Angriffsaussperrung zulässig ist, damit die Waffengleichheit bzw. Kampfparität gewahrt bleibt.

IV. Das Gebot der Verhältnismäßigkeit müsste eingehalten werden. Der Streik der IG-Mach müsste geeignet, erforderlich und angemessen sein.

1. Hieraus ist abzuleiten, dass bei vorrangig bestehendem Gerichtsschutz dieser zunächst in Anspruch zu nehmen ist. Dreht sich die Auseinandersetzung zwischen den Tarifvertragsparteien also um Streitpunkte, für die der Gerichtsweg eröffnet ist, so ist dieser zunächst zu beschreiten. Dies ist insbesondere der Fall, wenn sich die Parteien über Inhalte bestehender Tarifverträge und die aus diesen resultierenden jeweiligen Rechte und Pflichten uneinig sind. Beim Streik der IG-Mach geht es um den (Neu)Abschluss eines Entgelttarifvertrages. Hierfür besteht kein vorrangiger Gerichtsschutz.

2. Fraglich ist, ob das ultima-ratio-Prinzip beachtet wurde. Aus dem ultima-ratio-Prinzip folgt, dass zunächst mildere Mittel auszuschöpfen sind bevor härtere Mittel ergriffen werden dürfen. Dies erscheint hier fraglich, da die IG-Mach und der Arbeitgeberverband Süd-Nord-Macher sich noch in Verhandlungen befinden, die durchaus zu einem einvernehmlichen Ergebnis führen können. Die Verhandlungen sind weder gescheitert noch beendet und auch das gegenüber einem Streik ebenfalls mildere Mittel einer Schlichtung wurde noch nicht ausgeschöpft.

a. Nach der umstrittenen Auffassung des BAG stellen jedenfalls Warnstreiks auch schon während laufenden Verhandlungen keinen Verstoß gegen das ultima-ratio-Prinzip dar. Dabei ist zu beachten, dass Warnstreiks im Gegensatz zu sogenannten Erzwingungsstreiks von vornherein nur einen begrenzten Zeitraum von in der Regel einigen Stunden bis hin zu wenigen Tagen umfassen dürfen. Begründet wird dies mit einer möglichen fördernden und befriedenden Wirkung von Warnstreiks. Wenn die Arbeitgeberseite durch den Warnstreik die

Ernsthaftigkeit und Mitgliederunterstützung erkennt, kann dies – jedenfalls nach Auffassung des BAG – zu einem schnelleren Verhandlungsergebnis führen. Die insbesondere im arbeitsrechtlichen Schrifttum vertretene Gegenauffassung kritisiert die vom BAG vertretene Position und ordnet – teilweise grundsätzlich, teilweise in bestimmten Grenzen – Warnstreiks als Verstoß gegen das ultima-ratio-Prinzip ein. Im Hinblick auf den nur eng begrenzten Zeitraum von gerade einmal drei Stunden ist dem nicht zu folgen. Mit dem BAG ist zu konstatieren, dass der Warnstreik der IG-Mach keinen Versoß gegen das ultima-ratio-Prinzip darstellt und folglich verhältnismäßig ist.

Selbstverständlich können Sie mit entsprechender Argumentation auch ein anderes Ergebnis vertreten. Aus klausurtaktischen Gründen bietet es sich allerdings an, der Auffassung des BAG zu folgen, da Sie dann „automatisch" die weiteren Rechtmäßigkeitsvoraussetzungen prüfen. Bei Bejahung eines Verstoßes gegen das ultima-ratio-Prinzip bleibt Ihnen dafür nur der Weg über ein „Hilfsgutachten".

b. Die besonderen Herausforderungen beim Einhalten des ultima-ratio-Prinzips bei der arbeitgeberseitigen Aussperrung hinsichtlich der vom BAG festgelegten quantitativen Grenzen der Abwehraussperrung sind mangels Aussperrung im Sachverhalt nicht einschlägig.

3. Schließlich ist das Gebot fairer Kampfführung zu beachten. Nach diesem sind auch während eines im Übrigen rechtmäßigen Arbeitskampfes Aktionen unzulässig, die auf die Zerstörung des Gegners zielen. So sind beispielsweise wartungs- oder aufsichtsintensive Maschinen und sonstige Betriebsmittel nicht zu gefährden. Mangels Angaben im Sachverhalt ist davon auszugehen, dass kein Verstoß gegen das Gebot der fairen Kampfführung vorliegt.

V. Schließlich müssten die gesetzlichen Vorschriften eingehalten sein. Es dürfen keine Verstöße gegen das Verfassungsrecht, das öffentliche Dienstrecht, das Betriebsverfassungsrecht, das Strafrecht, usw. erfolgen. So ist beispielsweise Beamten die Teilnahme an Streiks untersagt und Aufrufe zum Streik dürfen nicht seitens des Betriebsrats erfolgen. Zudem haben die Arbeitskampfparteien mäßigend auf ihre jeweiligen Mitglieder einzuwirken, falls die Gefahr von strafbarem oder sonstigem rechtswidrigen Verhalten besteht. Aus dem Sachverhalt ergeben sich keinerlei derartige Gesetzesverstöße.

VI. Rechtsfolgen

Sa sämtliche Voraussetzungen eins rechtmäßigen Arbeitskampfes vorliegen, verstößt Manni Mau durch seine Teilnahme am von der IG-Mach initiierten Warnstreik nicht gegen seine arbeitsvertragliche Hauptleistungspflicht. Seine Arbeitspflicht ist für die Dauer des rechtmäßigen Streiks suspendiert (ausgesetzt). Mau hat folglich keine arbeitsrechtlichen Sanktionen zu befürchten, hat aber im Gegenzug auch keinen Zahlungsanspruch gegen Ungemach für die Dauer des streikbedingten Arbeitsausfalls.

Teil IV
Der Top-Ten-Teil

Besuchen Sie uns auf www.fuer-dummies.de oder unseren Social-Media-Kanälen:

Facebook
www.facebook.com/fuerdummies

Instagram
www.instagram.com/furdummies

YouTube
www.youtube.com/@dummies-mann

IN DIESEM TEIL …

Finden Sie zehn Tipps zur erfolgreichen Klausurbearbeitung. Aus langjähriger Korrekturerfahrung lassen sich Hinweise ableiten, die zugegebenermaßen in Teilen recht banal sind. Aber auch vermeintliche Selbstverständlichkeiten scheinen nicht allen Studierenden bekannt zu sein, daher müssen Sie da jetzt durch.

Außerdem finden Sie zehn typische Fragen rund um die Kündigung des Arbeitsvertrages. Das Thema Kündigung ist sowohl in der Ausbildung als auch in der Praxis besonders beliebt, da sich hier die häufigsten Rechtsstreitigkeiten entwickeln.

IN DIESEM KAPITEL

Dinge, die Sie bei der Klausur beachten sollten

Dinge, die Sie bei der Klausur unterlassen sollten

Kapitel 25 Zehn Tipps zur Klausurbearbeitung

Für eine erfolgreiche Klausurbearbeitung gibt es viele Tricks und Kniffe. Zehn der wichtigsten Tipps habe ich hier für Sie zusammengefasst. Berücksichtigen Sie diese – wenn Sie dann noch inhaltlich etwas »drauf« haben, wird sich das in Ihrem Prüfungsergebnis positiv widerspiegeln.

Achten Sie auf Sprache und Form

Bei der Bewertung Ihrer Klausurleistung spielen auch Ihr sprachliches Ausdrucksvermögen und Ihre Argumentationsfähigkeit eine Rolle. Legen Sie Wert auf konzentrierte, überlegte und schlüssig nachvollziehbare Ausführungen und denken Sie dabei auch an das Schriftbild. Auch Ihr Professor ist nur ein Mensch und korrigiert lieber Lesbares als Unlesbares!

Der Weg ist das Ziel

Nicht selten kann eine Fallfrage mit einem einfachen »Ja« oder »Nein« beantwortet werden. Eine solche einfache Antwort ist aber im Rahmen eines Hochschulstudiums nicht gefragt. Erwartet wird eine logisch-stringente Darlegung des Begründungsweges. Zen-buddhistisch ausgedrückt: »Der Weg ist das Ziel«. Daher bringt alleine die Nennung des korrekten Ergebnisses keine oder allenfalls nur sehr wenige Punkte. Stürzen Sie sich also nicht vorschnell auf das vermeintlich richtige Ergebnis, sondern konzentrieren Sie sich auf die genaue Untersuchung und Darstellung des Lösungsweges.

Arbeiten Sie mit dem Gesetz

Nennen Sie immer die gesetzlichen Bestimmungen, die Sie in Ihrer Lösung bearbeiten. Zitieren Sie dabei genau unter Nennung des jeweiligen Absatzes und des Satzes der Norm (»§ 280 Abs. 1 Satz 2 BGB« und nicht: »§ 280 BGB«).

Nie den roten Faden verlieren

Achten Sie bei Ihren Ausführungen auf den »roten Faden« und die Verständlichkeit Ihrer Ausführungen. Führen Sie den Leser durch Ihr Gutachten. Dies überzeugt vor allem dann, wenn die Reihenfolge Ihrer Ausführungen logisch ist und der gesetzlichen Systematik entspricht. Bauen Sie Ihre Ausführungen argumentativ aufeinander auf und vermeiden Sie logische wie sprachliche »Brüche«.

Mut zum klaren Ergebnis

Führen Sie Ihr Gutachten hin zu einer eindeutigen Lösung. Vermeiden Sie das »Offenlassen« von bearbeiteten Rechtsproblemen. Formulieren Sie ein klares Ergebnis (»die Kündigung ist unwirksam« und nicht: »die Kündigung könnte unwirksam sein«). Der Korrektor erwartet, dass Sie das von Ihnen für korrekt gehaltene Ergebnis auch explizit benennen.

Abschreiben bringt keine Punkte

Ersparen Sie sich selbst (aus Zeitgründen) und dem Korrektor (aus Ermüdungsgründen), den Sachverhalt zu wiederholen oder den Gesetzestext umfangreich abzuschreiben. Beides ist dem Korrektor bekannt und das bloße »Abschreiben« bringt Ihnen keine Punkte.

Keine Zeit verschwenden

Konzentrieren Sie Ihre Ausführungen auf die rechtlich problematischen Punkte. Handeln Sie Unproblematisches kurz ab; führen Sie Problematisches dagegen dezidiert und begründet aus.

Schummeln lohnt sich nicht

Führen Sie nur die zulässigen Hilfsmittel in der Klausur mit sich. Dies ist regelmäßig der einschlägige, unkommentierte Gesetzestext. Arbeiten Sie mit dem Gesetz; wenn Sie sich nicht zurechtfinden, verwenden Sie das Stichwortverzeichnis und/oder lesen Sie die einführenden Seiten – oft finden sich dort wertvolle Hinweise. Verzichten Sie auf jegliches unzulässiges Hilfsmittel (Kommentierungen, Spickzettel, Handy, dieses Buch etc.). Wenn Sie beim »Schummeln« erwischt werden, führt dies zum Nichtbestehen der Prüfung.

Auch die Farbe zählt

Schreiben Sie mit blauer oder schwarzer Farbe; vermeiden Sie Bleistifte und verwenden Sie auf keinen Fall einen roten Stift, da die Farbe Rot dem Korrektor vorbehalten ist.

Machen Sie keine Formfehler

Beschriften Sie Ihre Klausurblätter grundsätzlich nur einseitig und lassen Sie am linken oder rechten Seitenrand Platz für Korrekturanmerkungen. Nummerieren Sie Ihre Blätter durch und unterschreiben Sie auf dem letzten Blatt Ihrer Ausführungen – damit verdeutlichen Sie, dass Ihre Klausurlösung hier zu Ende ist.

IN DIESEM KAPITEL

Zehn typische Fragen rund um die Kündigung

Ordentliche und außerordentliche Kündigung

Kapitel 26
Zehn klassische Fragen zur Kündigung

Besteht Ihre Klausur (auch) aus Wissensfragen, so kann es gut sein, dass Ihnen (auch) hier das Thema Kündigung begegnet. Ich habe daher zehn »übliche Verdächtige« aus dem Kündigungsrecht für Sie, deren Kenntnis unerlässlich ist.

Was verstehen Sie unter einer Kündigung?

Eine Kündigung ist die einseitige, rechtsgestaltende und empfangsbedürftige Willenserklärung, durch die der Wille zur Beendigung des Arbeitsverhältnisses unzweifelhaft zum Ausdruck gebracht wird.

Welche Kündigungsarten kennen Sie?

Die Kündigung des Arbeitsverhältnisses ist in zwei grundsätzlichen Varianten möglich:

- ✔ **Fristlose/außerordentliche Kündigung:** Die außerordentliche Kündigung beendet das Arbeitsverhältnis fristlos, also mit sofortiger Wirkung.
- ✔ **Fristgerechte/ordentliche Kündigung:** Die ordentliche Kündigung beendet das Arbeitsverhältnis nach Ablauf einer gewissen Zeitspanne, der sogenannten Kündigungsfrist, die je nach Dauer der Beschäftigung unterschiedlich sein kann.

Welcher Form bedarf die Kündigung?

Die Kündigung des Arbeitsverhältnisses bedarf zwingend der Schriftform gemäß § 623 BGB. Dies bedeutet, dass die Kündigung eigenhändig zu unterschreiben ist (§ 126 BGB). Eine ohne Beachtung der Schriftform ausgesprochene Kündigung ist nichtig (§ 125 BGB). Eine Kündigung mittels Telefax, E-Mail, SMS oder WhatsApp ist daher ebenso unwirksam wie eine nur mündlich ausgesprochene Kündigung.

Muss die Kündigung begründet werden?

Für die Wirksamkeit der Kündigung ist die Nennung eines Kündigungsgrundes grundsätzlich nicht erforderlich. Allerdings hat der gekündigte Arbeitnehmer im Anwendungsbereich des Kündigungsschutzgesetzes sowie bei einer außerordentlichen Kündigung einen Anspruch auf nachträgliche Begründung der Kündigung, da er nur so die Erfolgsaussichten einer Kündigungsschutzklage prüfen kann.

Welche Rolle spielt ein Betriebsrat bei der Kündigung?

Besteht ein Betriebsrat, so muss dieser vor jeder Kündigung angehört werden. Eine ohne Anhörung des Betriebsrats ausgesprochene Kündigung ist (immer) unwirksam, § 102 Abs. 1 BetrVG. Der Betriebsrat kann dem Arbeitgeber die aus seiner Sicht gegen die beabsichtigte Kündigung sprechenden Gründe mitteilen. Ein Recht zur Verhinderung der Kündigung hat der Betriebsrat aber nicht.

Welche Kündigungsfristen sind einzuhalten?

Bei der ordentlichen Kündigung ergeben sich die einzuhaltenden Fristen zunächst aus § 622 Abs. 1 und Abs. 2 BGB. Die Grundkündigungsfrist beträgt für den Arbeitgeber wie für den Arbeitnehmer vier Wochen zum 15. oder zum Ende eines Kalendermonats. Ab einer Dauer des Arbeitsverhältnisses von zwei Jahren verlängert sich die vom Arbeitgeber einzuhaltende Kündigungsfrist nach einer Staffel auf bis zu sieben Monate zum Monatsende. Die Kündigungsfrist des Arbeitnehmers bleibt nach dem Gesetz dagegen vorbehaltlich einer anderen arbeits- oder tarifvertraglichen Regelung unverändert.

Durch den Arbeitsvertrag können längere als die gesetzlichen Kündigungsfristen vereinbart werden. Durch Tarifvertrag kann die Frist sowohl verlängert als auch verkürzt werden (§ 622 Abs. 4 und Abs. 5 BGB).

Bei der außerordentlichen Kündigung muss keine Frist eingehalten werden; das Arbeitsverhältnis wird fristlos beendet.

Wann kann eine fristlose Kündigung erfolgen?

Außerordentlich (fristlos) kann nur gekündigt werden, wenn Tatsachen vorliegen, aufgrund derer dem Kündigenden unter Berücksichtigung aller Umstände des Einzelfalles und unter Abwägung der Interessen beider Vertragsteile die Fortsetzung des Arbeitsverhältnisses bis zum Ablauf der Kündigungsfrist oder bis zur vereinbarten Beendigung des Arbeitsverhältnisses nicht zugemutet werden kann (§ 626 Abs. 1 BGB). Regelmäßig bedarf es also eines schweren Verstoßes gegen die arbeitsvertraglichen Pflichten.

Ob ein hinreichend wichtiger Grund für die fristlose Kündigung vorliegt, klären Sie anhand der vom BAG entwickelten Zwei-Stufen-Prüfung:

1. Auf der ersten Stufe prüfen Sie, ob der konkrete Vorfall an sich einen wichtigen Grund darstellt, der die Fortsetzung des Arbeitsverhältnisses unzumutbar macht.
2. Auf der zweiten Stufe nehmen Sie eine umfassende Interessenabwägung vor, bei der sämtliche Umstände des konkreten Einzelfalles zu berücksichtigen und zu werten sind.

Nur wenn auf beiden Stufen das Interesse an der sofortigen Beendigung des Arbeitsverhältnisses überwiegt, ist die fristlose Kündigung wirksam.

Ist eine fristlose Kündigung fristgebunden?

Der für die fristlose Kündigung herangezogene wichtige Grund muss innerhalb einer Ausschlussfrist von zwei Wochen ab Kenntnis zur Kündigung führen, § 626 Abs. 2 BGB. Nach Ablauf der Zwei-Wochen-Frist kann die fristlose Kündigung nicht mehr auf diesen Grund gestützt werden.

Wann besteht für den Arbeitnehmer Kündigungsschutz?

Kündigungsschutz besteht, wenn zugunsten des Arbeitnehmers das Kündigungsschutzgesetz (KSchG) eingreift. Dieses erfordert

- ✔ in persönliche Hinsicht, dass das Arbeitsverhältnis bereits länger als sechs Monate besteht, § 1 Abs. 1 KSchG
- ✔ in sachlicher Hinsicht, dass im Betrieb des Arbeitnehmers der Schwellenwert von mehr als zehn regelmäßig beschäftigten Arbeitnehmern erreicht wird, § 23 KSchG.

Welche Folgen hat das Eingreifen des Kündigungsschutzgesetzes?

Ist das KSchG anwendbar, so bedarf die Kündigung durch den Arbeitgeber der sozialen Rechtfertigung. Diese liegt nur dann vor, wenn einer der drei von § 1 Abs. 2 KSchG genannten Gründe vorliegt:

- ✔ Personenbedingt
- ✔ Verhaltensbedingt
- ✔ Betriebsbedingt

Stichwortverzeichnis

Diese Bücher könnten Sie auch interessieren

A. Niedostadek

Handels- und Gesellschaftsrecht für Dummies

3. Auflage 2023 **ISBN:** 978-3-527-71895-5

364 Seiten

Format: 176 mm x 240 mm

Ladenpreis: 20,- €*

Erscheinungstermin: August 2023

Wenn Sie sich im Studium mit Wirtschaft beschäftigen, führt oft kein Weg am Handels- und Gesellschaftsrecht vorbei. André Niedostadek führt Sie in diesem Buch in diesen Bereich des Rechts ein.

F. Herzog

Strafrecht Allgemeiner Teil für Dummies

2. Auflage 2023 **ISBN:** 978-3-527-72071-2

320 Seiten

Format: 176 mm x 240 mm

Ladenpreis: 22,- €*

Erscheinungstermin: April 2023

Wann ist eine Person strafrechtlich verantwortlich? Das ist die Kernfrage des Allgemeinen Strafrechts, die Felix Herzog in diesem Buch beantwortet und mit anschaulichen Beispielen, verständlichen Erklärungen und logisch gewandten Argumentationen mit Leben füllt.

P. Eisenbarth und M. Grau

Sachenrecht für Dummies

1. Auflage 2018 **ISBN:** 978-3-527-71304-2

400 Seiten

Format: 176 mm x 240 mm

Ladenpreis: 24,- €*

Erscheinungstermin: September 2018

Nach einem einführenden Teil in wichtige Begrifflichkeiten des Sachenrechts wie Sache, Besitz und Eigentum stellt Ihnen Michael Grau das Mobiliarrecht und Peter Eisenbarth das Immobiliarrecht vor und erwecken so das Sachenrecht mit anschaulichen Beispielen zum Leben.

*Der €-Preis gilt nur für Deutschland. Preisänderungen und Irrtümer vorbehalten.